Library GSL Hokkaido U.

かなしむ人間

人文学で問う生き方

鈴木幸人 編著

Yukito Suzuki

北海道大学出版会

はしがき

本書『かなしむ人間』は、平成三〇(二〇一八)年度に北海道大学大学院文学研究科(今春、二〇一九年四月の改組によって、現在は「文学研究院」と改まっています。)が開催した公開講座での講義がもとになっています。

私たち、北海道大学大学院文学研究院では、思想、宗教、芸術、文学、語学、歴史学、心理学、行動科学、社会学、生態学、地理学、文化人類学……など、多様な領域での教育研究が日々行われています。こうした学問・研究の諸相にふれていただくため、毎年、一般向けの公開講座を開催してきましたが、この年度のテーマは「かなしむ人間」として、前々回の「悩める人間」(二〇一七年)、前回の「恋する人間」(二〇一八年)につづいて、いわば「人間」三部作を目論んだところでした。

「かなしみ」、――悲、哀、愛、愁、歎、憂、そして涙――、は古今東西、人間と社会に、否応なく存在してきたといえるでしょう。しかしながら、だからこそ、かなしみと共にあることが、実のところ、人間の根源のあり方なのかもしれない。こうした思いをもとに、かなしみの諸相を、多様で多彩な研究分野からの視点や方法論によって、問いかけ、探って行きたいという企画でありました。

本書は、その講義の内容をさらに多くの方々に知っていただくために編集されたもので、各章では執筆者の専門の領域から、「かなしみ」にまつわって、様々な話題が紹介されています。第一章では、まずインド哲学仏教学の分野から、「仏教における「悲」」について、そのかなしみとあわれみの二つの側面、凡夫の悲しみと仏のあわれみが説明されます。次の第二章では、キリスト教美術に題材を取って、美術史の分野から、「母と子の悲しみ」として、聖母マリアと幼児イエスキリストの姿を絵画に表すことと、キリスト教の教義の平行性が示されます。つづく第三章では、映画論の立場から、ジャン゠リュック・ゴダールの著名な傑作を取り上げて、その映像の手法に切り出される主人公の女性の「かなしむ身体」の様相が分析されます。第四章は、少し趣きを違えて、日常使用する紙、その「紙の原料産地」の直面している現状が、詳細なデータの分析から、隠された物語、すなわち現場の名もなき人々の語りから浮かびあがる現場のリアリティ、その掘り起こしがめざされます。第五章は、翻って、文献史学の中国史の立場から、清朝最後の皇帝として名高い溥儀の紫禁城からの退去にかかわる史料の再検討から故宮博物院の成立も含めて、「溥儀の悲憤」を読み解きつつ歴史の再解釈を迫ります。第六章は、日本史の分野で、これも著名な「心の一紙」の「和漢の境をまぎらかす」の文言を、「珠光の嘆き」の観点から一休や仏教との関連において解釈しなおす位置付けが試みられます。第七章では、近世文芸の人形浄瑠璃について、死を介して去る者と残る者が生まれ、登場人物たちそれぞれの嘆きが描かれること、その「愁嘆」をクライマックス、本質とする芸能であることが示されます。そして第八章では、「晋の予譲が例を引き」という浄瑠璃の文言から、わが国の絵馬や絵画、芸能にしばしば登場した悲憤の忠臣説話の展開が紹介されます。

本書に扱われる対象は広範囲であって、一見、かなしみとは縁が薄いと思われるものもあるかもしれませんし、さらには、それらを扱う方法論もまた様々です。しかし「かなしみ」というひとつのテーマから、これほど多様に語りうることこそ、私たち人文学の基盤であって同時に目標であるところ、――思考や方法の多様性――、そのたしかなあり方を示しているように思われるのです。

いずれにしても本書が、「かなしむ人間」というテーマ、その問題そして方法論の多様なあり方をとおして、編者がひそかに考えるところの人文学がめざすべき根本的な問い、――人間とは何か、社会とは何なのか――、その問いへの契機となることを、これもひそかに、期待しております。

編　者

目　次

第一章　仏教における「悲」

――凡夫の「悲《かなしみ》」とブッダの「悲《あわれみ》」

林寺正俊

はじめに

誰でも「かなしみ」を感じたことがあると思います。ここでは最初に「かなしみ」「かなしむ」という言葉そのものについて見ておきたいと思います。

和語の「かなし」

「かなしみ」と言いますと、何らかの不幸や不運によって涙を流すような悲哀の感情をイメージする方が多いのではないかと思います。しかし、この言葉は本来、そうした悲哀だけを意味するものではありません。『日本国語大辞典』（小学館）によりますと、「かなしい」という言葉は、「対象への真情が痛切にせまってはげしく心が揺さぶられるさまを広く表現する」もので、「死、別離などに直面して心が強くいたむ」という悲哀の意味のほかに、「男女、親子などの間での切ない愛情」という愛憐の意味もあるとされています。『角川古語大辞典』（角川書店）には和語の「かなし」の用例が数多く挙げられていますが、それによりますと、この「かなし」という言葉は『万葉集』以来、悲哀の意味のみならず、「肉親や恋人をせつないまでにかわいく思う気持」「他人の不運や逆境に同情する心のさま」という意味でも使われてきたことがわかります。「かなしみ」は、現代語ではほぼ悲哀に限定されて使われるようになりましたが、本来は切ない愛情や苦しい境遇にある人への同情をも示す言葉なのです。こうした「かなし」の語源についてはいくつか学説があるようですが、国語学者の大野晋は次のように説明しています。

カネとカナシとは同じ源から起った言葉のようである。「かなし」は、「かね」の、力及ばず、事を果し得ない感じだというところにその起源があるのではあるまいか。前に向って張りつめた切ない気持が、自分の力の限界に至って立ち止まらなければならないとき、力の不足を痛く感じながら何もすることができないでいる状態、それがカナシである。

（『日本語の年輪』新潮文庫、一九六六年、九〇―九一頁）

つまり、「かなし」の「かな」は、「見るに見かねて」などのように、何かをしようとする意思がくじけてしまうことを意味する「かね」と同じ起源をもつというのです。この解釈に従うと、悲哀であろうと、愛情・同情であろうと、自分の力の限界を痛感して何も為し得ないところに感じる切ない気持ちが「かなし」という言葉で表されている、ということになりましょう。

漢字の「悲」「哀」

では、漢字についてはどうでしょうか。伝統的に「かなし」と訓じられてきた漢字はおもに「悲」と「哀」ですが、藤堂明保編『学研漢和大字典』（学習研究社）では、「悲」について、「非は、羽が左右に開いたさま。両方に割れる意を含む。悲は「心＋非」の会意兼形声文字で、心が調和統一を失って裂けること。胸が裂けるようなせつない感じのこと」、「哀」について、「衣は、かぶせて隠す意を含む。哀は「口＋衣」の会意兼形声文字で、思いを胸中におさえ、口を隠してむせぶこと」と説明されています。

和語の「かなし」は、悲しみにせよ、愛情・同情にせよ、自分の力の及ばないところに起こる切ない気持ちを意味していましたが、「悲」「哀」という漢字もそれぞれ、心が張り裂けるような思い、衣で口もとを隠してむせぶほどの思いを表しているというのですから、「悲」「哀」という漢字にも自分の力では制御し難いというニュアンスがあると言えるかもしれません。そして、より重要なのは、「悲」「哀」のいずれにも、和語の「かなし」と同じく、「悲しみ」のほかに「あわれみ」「同情」という意味があることです。そうした用例は中国の一般文献にもあるようですが、特に漢訳仏典において顕著に見られます。漢訳仏典において「悲」「哀」という漢字は、現代語の「悲しい」という意味で用いられることも確かにありますが、「慈悲」という言葉に含まれる「悲」や「哀愍《あいみん》」「慈哀」という言葉に含まれる「哀」のように、実は「あわれみ」という意味で使われていることが圧倒的に多いのです。漢訳仏典はサンスクリット語などのインド語で伝えられていた原典を中国で翻訳したものですから、当然のことながら、「悲」「哀」に対応する原語が想定されることになります。

サンスクリット語・パーリ語の「カルナー」

仏典中の「悲」「哀」に対応する原語は一つに限定されるわけではありませんが、慈悲の「悲」はおもにサンスクリット語およびパーリ語の「カルナー」(karuṇā)を訳したものです(この言葉は「哀」「哀愍」と訳されることもあります)。この語はインドの文献において「あわれみ」「同情」を意味する女性名詞ですが、もとは「カルナ」(karuṇa)という形容詞に由来します。実はこの形容詞には、「あわれみ(同情心)のある」という意味のほかに、「かなしんでいる」「かなしげな」という意味もあるのです。つまり、「カルナ」という語にも、和語の「かなし」と同様に、「悲しみ」と「あわれみ」の両方の意味があるということです。しかも、和語の「かなし」とサンスクリット語の「カルナ」は、偶然でしょうが、面白いことに二つの音のうちの「か」と「な」という二音までもが共通しています。

「かなし」という言葉に共通する二面性

以上には、「かなし」という和語、「悲」「哀」という漢字、漢訳仏典中の「悲」「哀」に対応する

「カルナー」というサンスクリット語（パーリ語）について簡単に見てきました。委細に見ていけば意味やニュアンスの違いなどもあるのでしょうが、大きくとらえれば、いずれの言葉にも「悲しみ」と「あわれみ」という両方の意味が含まれる点で共通性が見いだせるのではないかと思います。これらの言葉にこうした共通性が見られるのは、悲しんでいる人や苦しんでいる人に対して感じる私たち人間の感性が共通していて、そうした或る種の普遍性がそれぞれの言葉に反映しているということなのかもしれません。

そこで本稿では、「かなし」という言葉のもつ「悲しみ」と「あわれみ」という二つの面に注目し、まず仏典において人々の「悲しみ」がどのように説かれているのかについて、次に仏典において「あわれみ」を意味する「悲」はどのように解釈されているのかについて解説したいと思います。

一　愛別離苦の悲しみ

四聖諦

仏教の開祖釈尊によって弟子たちに示された最初の教えは「四聖諦《ししょうたい》」であったと伝えられています（「聖」を略して、単に「四諦」とも言います）。四聖諦とは四つの聖なる真理という意味で、順に苦聖諦、集《じっ》聖諦、滅聖諦、道聖諦から成ります（苦諦、集諦、滅諦、道諦とも言います）。そのうち、苦聖諦とは苦という真理ですが、仏教では「一切皆苦」と言われるように、この世は苦しみに満ちているととらえます。「そうは言っても、この世には楽しいこともたくさんあるじゃないか」という人もいるかもしれませんが、仏教ではそうした現実認識は誤りであるとされます。具体的に苦とされているのは、生、老、病、死の四つです。これらの四苦に加えて、さらに次の四つの苦が説かれます。すなわち、怨憎会《おんぞうえ》苦（憎い者に会うのは苦である）、愛別離《あいべつり》苦（愛する者と別れるのは苦である）、求不得《ぐふとく》苦（求めるものが得られないのは苦である）、五取蘊《ごしゅうん》苦（私たちを構成する色・受・想・行・識という五つの集まりは総じて苦である）です。先に挙げた生、老、病、死の四苦に、これら四つの苦を合わせて八苦と言います（「四苦八苦」という言葉はこれに由来します）。次に、集聖諦の「集」は苦をもたらす原因という意味ですが、これは苦が起こる原因は「渇愛《かつあい》」にあるという真理です。「渇愛」とは、「渇く」という漢字が当てられている通り、喉の渇いた人が水を欲してやまないような激しい執着のことを意味します。三番目の滅聖諦は、苦の原因たる渇愛（執着）を滅すれば、結果的に苦はなくなるという真理のことを言います。最後の道聖諦は、苦の滅へと導く道があるという真理で、その内容は八正道《はっしょうどう》であるとされています。八正道とは、正見《しょうけん》（正しい見解）、正思《しょうし》（正しい思惟）、正語《しょうご》（正しい言葉）、正業《しょうごう》（正しい身体行為）、正命《しょうみょう》（正しい生活）、正《しょう》精進《しょうじん》（正しい努力）、正念《しょうねん》（正しい注意力）、正定《しょうじょう》（正しい瞑想・精神統一）のことですが、これらを実践・体得することによって執着がなくなり、最終的に苦のない境地に至ることができるというのです。

愛別離苦――第二人称の「死」

悲しみとは、愛情や愛着をいだく何らかの対象を失うことによってひき起こされる感情であると定義することができると思いますが、生、老、病、死の四苦にも確かにそうした悲しみの感情は伴うかもしれません。たとえば、老苦は若さを失う悲しみ（私も最近、近くのものを見るときに眼鏡を外した方がかえってよく見えるようになり、老眼が進んでいることを悲しく感じています）、病苦は健康を失う悲しみというように。しかしながら、喪失感によってもたらされる悲しみのうちで最大のものは、何と言っても、愛別離苦、特に家族や親しい友人・知人との死別ではないかと思います。

「死」はテレビでも新聞でも日々たくさん報道されていて、私たちの周りに普段から溢れているのですが、そうした報道における「死」というのは、特に痛ましい事件や事故の場合に「何と悲惨なのだろう」などと感じることはあっても、正直なところ、どこか遠くに感じられるのではないでしょうか。それは、恐らく自分自身と亡くなった方とのあいだに何の接点もないためではないかと思います。ジャンケレヴィッチ（一九〇三―一九八五）という哲学者が、そうした死を第三人称の死と言っています（仲沢紀雄訳『死』みすず書房、一九七八年）。それに対して、「私自身も死ぬ」というのが第一人称の死です。自分の死も本当はいつ訪れるかわからないのですが、実際のところ、ほとんどの人は今日明日にも自分が死ぬと思って過ごしてはいないと思います。そういう意味では、第一人称の死もまたどこか遠くに感じられるものなのです。ちなみに、私自身も自分が死ぬということを普段はまず考えることがありません。ただ、自分の誕生日には「これで寿命の一年分を使った」と意識するようになりました。余談になりますが、そう考えるようになったのにはちょっとしたきっかけがあったのです。何年か前のことになりますが、私の誕生日にある生命保険会社の営業の女性が訪ねてきたことがあります。研究室に入るなり、「お誕生日おめでとうございます」と言って、「お祝いとして二つのプランを持ってまいりました」と満面の笑みで差し出されたのが、私が死ぬと掛け金の違いによっていくらの保険金が出るのかという三種類の見積書でした。自分の誕生日によもや死亡保険金のプランが提示されるとは思いもせず、随分と面食らったのですが、しかしよく考えてみると、誕生日を迎えたということは確実に一年分の寿命を使ったということでもあります。結局、その死亡保険には入りませんでしたが、まさにその営業員のおかげで誕生日に自分の死を意識するようになったのです。話が横道に逸れましたが、第三人称の死も第一人称の死もどこか遠くに感じられるとすると、私たちが最も近くに感じられる死とは、家族や親しい友人など、「あなた」という第二人称で認識される人の死なのです。そうした身近な人の死に直面したとき、私たちは深い悲しみを感じます。それこそが、四苦八苦の一つとして説かれた「愛別離苦」の悲しみなのです。

愛別離苦を数値化すると

仏教でいう「苦」は現代語で「ストレス」と言い換えることができるかもしれません。老いたり、病気に罹ったり、死を恐れたり、嫌いな人と会ったり、愛する人と別れたり、欲しいものを求めて得られなかったり、四苦八苦で示されることのほとんどは「ストレス」という言葉で言い表すことができるのではないかと思います。大阪樟蔭女子大学の夏目誠という心理学をご専門とする先生が、いろいろな出来事におけるストレスを点数化した表を作って公表しています。もともとはアメリカで作られた同様の表を日本風に若干アレンジして作られたもののようですが、この表を見ますと、仏教において「苦」として挙げられているものの多くが含まれており、その中でも愛別離苦に関係する出来事が高い点数になっていることがわかります。まず、ストレッサーの第一位として挙げられるのが配偶者の死で、八三点。第二位は会社の倒産で七四点ですが、その次の第三位が親族の死で七三点です。ここには親、兄弟姉妹、子どもや孫の死などが含まれるでしょう。そのほか、友人の死が第十六位で、五九点になっています。このように全部で六五項目のストレッサーに点数が付けられていますが、一年以内に体験したストレスの合計点が三〇〇点を越えると、その翌年に健康障害が起きる危険性が八〇パーセントになるとのことです。自分のストレス点数を実際に計算してみたいという方は、この表をインターネットでご覧になると良いでしょう（アドレスは末尾の読書案内に示してあります）。

悲しみを避けられない凡夫

それでは次に、愛別離苦について仏典で説かれる代表的な事例を見たいと思いますが、その前に、本稿の副題に掲げた「凡夫《ぼんぶ》」という言葉について説明します。凡夫とは、世俗的な事柄にとらわれ、仏教の真理を理解しない一般の人、つまり悟りにはほど遠い私たち一般人のことを言います。時代が下って仏教のいろいろな教理が体系化されてくると、煩悩のない清らかな眼で四聖諦を見ることができるようになる前の段階にある者すべてを「凡夫」と呼ぶようになります。つまり、出家した修行者でも四聖諦を正しく見ることができなければ、凡夫なのです。それに対して、清らかな眼で四聖諦をきちんと見ることができるようになると、その人は「聖者《しょうじゃ》」と呼ばれます（ただし、修行の進展度によっていくつかの階位に分けられます）。凡夫は聖者と違って多くの煩悩にさいなまれて四聖諦を見ることのない身ですから、当然、悲しみも避けられないということになります。

二　わが子を亡くしたキサー・ゴータミーの悲しみ

仏典には愛別離苦の悲しい体験をしながらも、その悲しみを克服した人の話が出ています。その中でもとりわけ有名なのが、幼いわが子を失ったキサー・ゴータミーという女性の話です。「キサー」とは「瘦せこけた」という意味です。彼女の話は『ダンマパダ』（真理のことば）という有名な原始仏典に対する注釈書の中に詳しく伝えられています。以下には、その注釈書中のストーリーを簡潔にまとめながら示していきます。

昔、インドのサーヴァッティー（舎衛城《しゃえいじょう》）という街にキサー・ゴータミーという若い女性がいた。彼女は貧しい少女時代を送っていたが、大金持ちを助けたことでその人の息子と結婚して男の子を産んだ。その子はよちよち歩きができるようになったときに死んでしまった。火葬にすべくその子の遺体が運ばれていくとき、彼女はそれを拒んで、わが子の遺体を腕に抱き、「私の子どもを生き返らせる薬を知りませんか」と泣きわめきながら街中を歩き回った。すると、人々は「死んだ子どもに薬を求めるなんて、彼女は正気を失っている」と言ったが、ある賢い人が「彼女はきっと初めて家族の死に直面したのだろう」と察して、「奥さん、私は薬のことは知りませんが、その薬をご存知の方なら知っていますよ。釈尊というお方です」と教えてあげた。

そこですぐさまゴータミーは釈尊のところに赴き、「どうか子どもを生き返らせる薬をお恵みください」と懇願した。釈尊は、「では、これまでに死者を出したことのない家から、ひとつまみほどの白からしの種をもらってきなさい」と彼女に伝えた。

話の舞台はサーヴァッティーという街になっていますが、この街は当時大国であったコーサラ国の首都だったところで、ここには仏教の重要な拠点（寺院）がありました。それが『平家物語』の冒頭に出る、かの有名な「祇園精舎」です。したがって、キサー・ゴータミーは祇園精舎にいる釈尊のもとを訪ねた、ということになります。

彼女は、幼い子どもを亡くして悲しみのあまり半狂乱の状態になっていたのですが、親切な人の教示によって釈尊のところに辿りつくのです。そこで、釈尊はどうしたかといいますと、「死んだ子どもを生き返らせる薬などないのだよ」と説法するのではないのです。あまりにも大きなショックを受けている人に真実を言ったところで、その人が受け入れないことはわかっていますから、そうは言わないわけです。そこで、「死者を出したことのない家から白からしの種をもらってくるように」と、何となく期待をもたせるような回答をするのです。もちろん、これはあくまでもキサー・ゴータミーが自分自身で気づくための方便ですが、そうと気づかない彼女は、釈尊の指示通りに白からしの種を求めてわが子を何とか生き返らせようと早速行動に移します。その続きです。

彼女は「かしこまりました」と言って、死んだ子を抱えたまま街に戻り、ある家の戸口に立って、「こちらのお宅に白からしの種はありますか。聞くところでは、それが私の子どもの薬になるというのですが」とたずねた。「ありますよ」と言われると、さらに付け加えて、「こちらのお宅で今までに亡くなった方は誰もいませんか」と尋ねた。すると、「何を言いますか！　うちでは、生きている者よりも死んだ者の方が多いのですよ」などという答えが得られるのだった。こうして同じように街中の家々をたずね歩いたが、結局は一軒の家からも白からしの種を得ることができなかった。夕刻になって彼女は気づいた、「私は自分の子どもだけが死んだと思っていたが、街では生きている人たちよりも死んだ人の方が多かった」と。こうして子どもに対する愛着によって弱まっていた心がしっかりすると、彼女はふたたび釈尊のもとを訪れ、事の次第を報告し、釈尊のもとで出家することを願い出た。

彼女はわが子を蘇生させるために必死に白からしの種を求めたのですが、ついに得られなかったことで、愛する者との死別が避けられないことにみずから気づいたのです。別の仏典には、彼女が出家して悟ったのちに説いたとされる詩が次のように伝えられています。

（第二一九偈）貧苦なる女（わたし）にとっては二人の子どもは死に、夫もまた路上に死に、母も父も兄弟も同じ火葬の薪で焼かれました。

（第二二一偈）……（中略）……わたしは、一族が滅び、夫が死んで、世のあらゆる人々には嘲笑されながら、不死〔の道〕を体得しました。

（第二二二偈）わたしは、八つの実践法よりなる尊い道、不死に至る〔道〕を実修しました。わたしは、安らぎを現にさとって、真理の鏡を見ました。

（中村元訳『尼僧の告白――テーリーガーター』岩波文庫、一九八二年）

彼女は子どもを失ったばかりではなく（しかも、二人とあります）、他の家族にも先立たれて、天涯孤独の身となったようです。しかし、八正道（四聖諦の道聖諦）を実修して悟りに至ったと述べています。このほかにも、森で瞑想した際に詠んだとされる彼女の詩も伝えられていますが、その中では「私は悲しまないし、泣くこともない」と述べて、これまでの深い悲しみを克服したことが説かれています。

三　釈尊入滅時の人々の悲しみ

以上には、わが子を亡くすという辛い体験をしたキサー・ゴータミーの話を紹介しました。私たちのような普通の人々にとって家族との死別は確かに悲しい出来事ですが、では家や家族から離れて修行に専念する出家者にとって「愛別離苦」というものはないのでしょうか。先に「凡夫」の説明で述べたように、たとえ出家の修行者であっても、まだ聖者になっていないならば悲しみは避けられない、ということになりましょう。では、出家者にとって最大の悲しみをもって受け止められた出来事は何かといいますと、釈尊在世時にあっては、やはり釈尊が亡くなることだったのではないかと思います。

人が亡くなることを普通は「死」と言いますが、「死」という言葉は次にまた生まれ変わること（輪廻転生）を前提としているため、悟りによって輪廻転生を超越したブッダの場合は「死」と言わず、「入滅《にゅうめつ》」とか「般涅槃《はつねはん》」（サンスクリット語の「パリニルヴァーナ」（parinirvāṇa）、あるいはパーリ語の「パリニッバーナ」（parinibbāna）の音写）という言い方をします。釈尊の最晩年と亡くなる直前までの様子を伝えた原始仏典に『マハー・パリニッバーナ経』（漢訳では『大般涅槃経』）という経典があります。この中では、釈尊が亡くなる際に人々がどう悲しんだのか、弟子たちはどう対応したのかが詳しく伝えられています。

重病に罹った釈尊

釈尊は八十歳で最後の旅（遊行）をしますが、そのルートは自分の生まれ故郷であるシャカ族の地に向かっていたもののようです（結局は到達できませんでしたが）。その旅の途上、パーヴァーという町で鍛冶職人のチュンダから食事を布施されたのですが、その食事が原因で釈尊は重い病に罹ってしまいます。どのような食べ物だったのかは不明で、豚肉を柔らかくした料理、あるいはキノコ料理などの学説があります。同経典には血便を示唆する描写がありますので、重度の食中毒か、あるいは赤痢のような激痛を伴う病気だったようです。それほどの重病に罹りながらも釈尊は一行とともに旅を続けたのですが、クシナーラーという町に到達したとき、ついに動けなくなってしまうのです。そのときの釈尊の様子が次のように伝えられています。

〔釈尊は〕アーナンダに告げて言った。「さあ、アーナンダよ。わたしのために、二本並んだサーラ樹（沙羅双樹）の間に、頭を北に向けて床を用意してくれ。アーナンダよ。わたしは疲れた。横になりたい」と。

（中村元訳『ブッダ最後の旅――大パリニッバーナ経』岩波文庫、一九八〇年、一二五頁）

描写からもわかるように、動けなくなった釈尊は頭を北に向けて休むのです。対応する漢訳仏典には「顔を西方に向けて」という句もあります。「頭北面西」ともいいますが、頭は北方向で、顔は西の方向を向き、右脇腹を下にして横臥するのです。釈迦涅槃像をご覧になったことがある方はその様子がおわかりになるかと思います。

アーナンダの悲しみ

こうした状況の中で、釈尊自身も弟子たちも、入滅が近づきつつあることを感じとるわけです。右の引用文に出るアーナンダは、釈尊の従弟にあたる人で、釈尊が故郷に帰ったときに出家して弟子になった人です。彼は二十五年もの長いあいだ、釈尊の付き人として身の周りのお世話をしながら、釈尊の説法をいろいろと聞いてきた人です。そのときのアーナンダの様子を経典は次のように伝えています。

若き人アーナンダは、住居に入って、戸の横木に寄りかかって、泣いていた。「ああ、わたしはまだこれから学ばなければならぬ者であり、まだ為すべきことがある。ところが、わたしを憐れんでくださる師がお亡くなりになるのだろう」と思って。

（同、一三六頁）

ここには、「アーナンダが泣いていた」とはっきり書かれています。この時点で釈尊はまだ亡くなっていないのですが、誰の目にもそう長くないことが明らかなのです。「学ぶことも為すべきこともまだあるのに、師が亡くなろうとしている」と、アーナンダは悲痛な思いとともに、ぽろぽろと涙を流して泣いていたというのです。そのことを知った釈尊はアーナンダのもとに人を遣わして自分のもとに呼び寄せます。臥せっている釈尊はアーナンダに次のように語りかけます。

「やめよ、アーナンダよ。悲しむな。嘆くな。アーナンダよ。わたしは、あらかじめこのように説いたではないか。すべての愛するもの・好むものからも別れ、離れ、異なるに至るということを。およそ生じ、存在し、つくられ、破壊さるべきものであるのに、それが破壊しないように、ということが、どうしてありえようか。アーナンダよ。そのようなことわりは存在しない。アーナンダよ。長い間、お前は、慈愛ある、ためをはかる、安楽な、純一なる、無量の、身とことばとこころとの行為によって、向上し来たれる人（＝ゴータマ）に仕えてくれた。アーナンダよ、お前は善いことをしてくれた。努めはげんで修行せよ。速やかに汚れのないものとなるだろう」。（同、一三七頁）

先ほどのキサー・ゴータミーの場合は、「白からしの種をもらってきなさい」という方便でもって教導した釈尊でしたが、アーナンダの場合は、二十五年も付き従ってきた出家の弟子ですから、言い方も「悲しむな」「嘆くな」とストレートです。「諸行は無常である、と今までずっと教えてきたではないか」と。しかしながら、釈尊はこうしたド直球の正論を言って諭すだけではないのです。このあたりの描写が私にはとてもリアルに感じられるのですが、釈尊は「長いあいだよく私に仕えてくれた」と、アーナンダにねぎらいと感謝の言葉もかけているのです。さらに、「速やかに汚れのないものとなるだろう」というのは「悟ること」を意味していて、「しっかり修行すれば、お前はすぐに悟りを開ける。頑張りなさい」と、まだ悟っていないことに不安を感じているアーナンダを励ましている言葉なのです。ここには引用しませんでしたが、以上の言葉に続けて釈尊は「アーナンダは、会っただけで人の心を喜ばしくする不思議な特徴がある」と大変褒め称えてもいます。釈尊がこれらの言葉を語りかけているあいだのアーナンダの様子を経典は何も伝えていませんが、「悲しむな」と言われながらも、恐らくアーナンダはこらえきれずに泣いていたのではないかと私は想像しています。

マッラ族の人々と弟子たちの悲しみ

さて、こうした釈尊とアーナンダの会話ののち、今晩にも釈尊が入滅しそうであることをアーナンダは町の人々に告知します。そのとき、町のマッラ族の人々の悲しんだ様子が次のように伝えられています。

若き人アーナンダからこのことを聞いて、マッラ族の人々、マッラ族の子たち、マッラ族の嫁たち、マッラ族の妻たちは、苦悶し、憂え、心の苦しみに圧せられて、或る人々は髪を乱して泣き、両腕を伸ばして突き出して泣き、砕かれた岩のように打ち倒れ、身をもだえさせた、「尊師がお亡くなりになるのが、あまりにも早い。幸いな方がお亡くなりになるのが、あまりにも早い。世の中の眼《まなこ》がおかくれになるのが、あまりにも早い」と言って。　（同、一四四頁）

描写からは、マッラ族の人々が髪を振り乱したり、腕を突き出したりして、激しく嘆き悲しんだことが知られます。このあと、マッラ族の人々はまさに入滅の近づいた釈尊のもとを訪れてつぎつぎに礼拝したと伝えられています。それに続いて、同経典は、まさに釈尊が亡くなったとき、付き従っていた弟子たち一行はどのような様子だったかについても伝えています。修行の進展度の違いによって彼らの様子が異なっていたことが次のように説かれています。

まだ愛執を離れていない若干の修行僧は、両腕をつき出して泣き、砕かれた岩のように打ち倒れ、のたうち廻り、ころがった、「尊師はあまりにも早くお亡くなりになりました。善き幸いな方はあまりにも早くお亡くなりになりました。世の中の眼はあまりにも早くお隠れになりました」と言って。

しかし愛執を離れた修行僧らは正しく念い、よく気をつけて耐えていた、「およそつくられたものは無常である。どうして（滅びないことが）あり得ようか」と言って。

そのとき、尊者アヌルッダは修行僧らに告げた、「止めなさい。友よ。悲しむな。嘆くな。尊師はかつてあらかじめ、お説きになったではないですか。すべての愛しき好む者どもとも、生別し、死別し、死後には境界を異にする」と。

（同、一六一―一六二頁）

このように「愛執」を離れているか否かによって、弟子たちの様子が異なって描写されているのです。「愛執」とは愛着する心のはたらきを意味します。仏教では、三毒といって、貪《とん》（むさぼり）・瞋《じん》（いかり）・癡《ち》（おろかさ）という三つの根本的な煩悩を数えますが、これはそのうちの「貪」に相当します。そうした愛執がまだある弟子たちは、マッラ族の人々と同じように激しく嘆き悲しんだというのです（ただし、みな剃髪しているので、「髪を振り乱す」という表現は使われていません）。このように泣き崩れている弟子たちに対して、尊者アヌルッダは、釈尊がアーナンダに語ったのとまったく同じように「悲しむな」と説いて諭しています。

釈尊の入滅は、当時の仏教徒にとって最大級のショックをもたらした出来事だったでしょうが、そのときのアーナンダをはじめとする弟子たちや人々の悲しみは以上のように伝えられているのです。

四　悲しみを経験しない聖者の理想

では、こうした愛別離苦の悲しみを克服するには、あるいは悲しみを経験しないためには、いったいどうすればよいと考えられているのでしょうか。先に説明した四聖諦では苦の原因は渇愛（執着）であり、したがって苦を経験しないためには渇愛（執着）をなくせばよいとされていました。そうしますと、愛別離苦の悲しみを経験しないためには、その原因となる愛着をなくせばよい、もっと具体的に言うと、愛する者をそもそも作らなければよい、というのが仏教的な解決法ということになります。煩悩の多い私たちには大変難しいことですが、しかし世俗的な絆を断って聖者となることを目指している出家者にとっては、愛する者や愛着の対象を作らないことが目標の一つとなります。仏典では次のように説かれています。

「およそ世間のさまざまな憂い・悲しみ・苦しみは、いかなるものでも、愛するものを縁として生ずる。愛するものがない場合には、これらは生じないのだ。それ故に、世間のいかなることがらに関しても愛するものをもたない人々は安楽であり、憂い（悲しみ）を離れている。だから、憂い（悲しみ）や塵のないことを望んでいる人は、世間のいかなることがらに関しても愛するものをつくってはならない」。

（『ウダーナ』第八章第八偈）

また、原始仏典の中でも特に有名な『ダンマパダ』では次のように説かれています。

（第二一〇偈）愛する人と会うな。愛しない人とも会うな。愛する人に会わないのは苦しい。また愛しない人に会うのも苦しい。

（第二一一偈）それ故に愛する人をつくるな。愛する人を失うのはわざわいである。愛する人も憎む人もいない人々には、わずらいの絆が存在しない。

（第二一二偈）愛するものから憂いが生じ、愛するものから恐れが生ずる。愛するものを離れたならば、憂いは存在しない。どうして恐れることがあろうか。

（中村元訳『ブッダの真理のことば　感興のことば』岩波文庫、一九七八年）

右の引用文中に「憂い」という語が出ています。現代語では「心配」というニュアンスが強い言葉かもしれませんが、原語は「悲しみ」と訳すこともできます。

釈尊が入滅した際に愛着の心がまだあった弟子たちは激しく嘆き悲しんだと伝えられているように、愛着こそが悲しみの原因であるとされているのです。「愛着がなければ悲しみも心配もない」というのが仏教でいう真理であり、したがって「愛する人（もの）を作らないこと」が聖者を目指す出家者にとっての理想なのです。

五　人々に対する釈尊の「悲《あわれみ》」

以上には仏典における「悲しみ」を中心に見てきましたが、次に、「悲」のもつもう一つの面、すなわち「あわれみ」を意味する「悲」が仏典においてどのように示されているかを見てみましょう。

説法を躊躇した釈尊

釈尊は三十五歳で悟りを開いて八十歳で亡くなるまでガンジス川中流域を中心に各地で説法をしたことはみなさんもよくご存じかと思います。では、菩提樹の下で悟りを開いてブッダとなったのち、自分の悟った深遠な法を人々に説くかどうかについて葛藤していたと伝えられていることはご存じでしょうか。仏典では、そのことが梵天（ブラフマー神）との対話形式によって伝えられています。まずは、釈尊の葛藤についての記述を見てみましょう（部分的に省略して引用します）。

初めてさとりを開かれたばかりのときであった。そのとき尊師は、ひとり隠れて、閑かに瞑想に耽っておられたが、心のうちにこのような考えが起こった。「わたしのさとったこの真理は深遠で、見がたく、難解であり、しずまり、絶妙であり、思考の域を超え、微妙であり、賢者のみよく知るところである。ところがこの世の人々は執著のこだわりを楽しんでいて、……道理は見がたい。……だからわたしが理法（教え）を説いたとしても、もしも他の人々がわたしのいうことを理解してくれなければ、わたしには疲労が残るだけだ。わたしには憂慮があるだけだ。……苦労してわたしがさとり得たことを、今説く必要があろうか。貪りと憎しみにとりつかれた人々が、この真理をさとることは容易ではない……」と。尊師がこのように省察しておられるときに、何もしたくないという気持ちに心が傾いて、説法しようとは思われなかった。

（中村元訳・前田專學編集『原始仏典Ⅱ　相応部経典【第一巻】』春秋社、二〇一一年、二一七―二一八頁。傍点筆者）

最後の文に傍点を付して示したように、悟りを開いたあとの釈尊は説法しようとは思わなかったのです。その理由として、煩悩の多い人々にいくら説法をしたところで、彼らは深遠な真理を理解できないから、結局は徒労に終わるだけだというのです。

仏教では、悟りを開いても自分自身で満足し、人々に説法をしない聖者が想定されています。サンスクリット語では「プラティエーカブッダ」(pratyekabuddha)、漢訳では「独覚」(縁覚)といいますが、「ただひとりで悟る者」という意味です。この言葉に「ブッダ」「覚」という語が含まれていることからも知られるように悟る者ではあるのですが、ただ、人々を教え導くことをしない存在なのです。釈尊が説法をするのは当たり前のように思われがちですが、けっしてそうではないということなのです。

梵天勧《かん》請《じょう》

このように釈尊は説法することを躊躇していたのですが、そのことを知った梵天（ブラフマー神）は危機感をいだいて釈尊の前に現れます。

そのとき世界の主である梵天は尊師の心の中の思いを心によって知って、次のように考えた。「ああ、この世は滅びる。ああ、この世は消滅する。実に修行を完成した人、尊敬されるべき人、正しくさとった人の心が、何もしたくないという気持に傾いて、説法しようとは思われないのだ！」と。ときに世界の主である梵天は、……世尊の前に現れた。……尊師に向かって合掌・敬礼して、世尊にこのように言った。「尊い方！　尊師は教え（真理）をお説きください。……この世には生まれつき汚れの少ない人々がおります。彼らは教えを聞かなければ退歩しますが、〔聞けば〕真理を悟る者となりましょう」と。……そのとき尊師は、梵天の懇請を知り、生きとし生ける者へのあわれみによって、さとった人の眼によって世の中を観察された。……世の中には、汚れの少ない者ども、汚れの多い者ども、精神的素質の鋭利な者ども、精神的素質の弱くて鈍い者ども、美しいすがたの者ども、醜いすがたの者ども、教えやすい者ども、教えにくい者どもがいて、ある人々は来世と罪過への怖れを知って暮らしていることを見られた。見終わってから、世界の主である梵天に呼びかけられた。「耳ある者たちに甘露（不死）の門は開かれた……」と。

（同、二一八―二二〇頁、傍点筆者）

梵天は「煩悩の少ない者はきっと理解できますから、どうか説法してください」とお願いするのですが、釈尊はそうした要請を聞き入れて説法を決意したとなっています。ここで大事なのは、傍点で示したように、「生きとし生ける者へのあわれみによって」とはっきり言われていることです。当箇所の「あわれみ」の原語は「カールンニャター」(kāruññatā)で、「あわれみがあること」くらいの意味ですが、これは冒頭の「はじめに」で説明した「カルナー」から派生した名詞です。悟りを開いた者が説法をするのは当たり前のことではないと述べましたが、同経典で伝えられているように、そもそも釈尊の説法は人々への「あわれみ」の気持ちがあるからこそ為されたものなのです。

六　仏教における「悲」とその実践

「慈」と「悲」の語義

では、この「あわれみ」を意味する「悲」はどのように解釈されているのでしょうか。「慈悲」といいますと、現代では一つのまとまった意味をもつ熟語として使われていますが、仏教では一般に「慈」と「悲」は異なる原語に由来するもので、その意味も若干異なります。ここでは、「慈」と「悲」の意味についてそれぞれ簡単に見ておきましょう。

まず、「慈」についてですが、これに相当するサンスクリット語は、「友」を意味する「ミトラ」(mitra)から派生した「マイトリー」(maitrī)で、真実の友情、親愛の念、いつくしみを意味します。

一方、「悲」の原語は、すでに説明したように「カルナー」(karuṇā)で、他者に対するあわれみ、同情を意味します。これがそれぞれの語義ですが、仏教の教理学的な解釈としては、一般に「慈」は「相手に利益・安楽をもたらそうと望むこと」(与楽《よらく》)、「悲」は「相手から不利益・苦痛を取り除こうと望むこと」(抜苦《ばっく》)とされています。

実践徳目としての「悲」――四無量心

私たちも、誰かをいつくしむこと(慈)がありますし、また苦しんでいる人をあわれみ、同情すること(悲)もあると思います。仏教では、こうした「慈」や「悲」は、身近な親しい人々に対してだけではなく、より広く、あらゆる衆生に対して行うべきものとして位置づけられています。それが「四無量心」と呼ばれるものです(四梵住とも呼ばれます)。これは、無量の衆生に対して慈、悲、喜(よろこび)、捨(平静)という四つの心を起こすことを言います。みなさんは蠅や蚊をパシッと平気で叩いたり、殺虫剤を吹きかけたりすることはありませんか。四無量心は「無量の衆生」「あらゆる衆生」に対して起こす心ですから、その中には蠅や蚊なども当然含まれています。したがって、蠅や蚊に対してもこうした心を起こさなければならないことになりますから、四無量心を完璧に実践するのはなかなか難しいことかもしれません。実際、四無量心は特に修行者が実践すべきものとされています。四無量心のそれぞれは具体的に次のように説明されています。

慈無量心　「いっさいの衆生は安楽であれ」と念ずることにより、利益と安楽とをもたらすことを願うこと。

悲無量心　「いっさいの衆生がこの苦しみから解放されますように」と念ずることにより、不利益や苦しみを除去しようと願うこと。

喜無量心　「衆生はじつに喜んでいる。彼らはみごとによく喜んでいる」と念ずることにより、彼らが利益と安楽から離れないように願うこと。

捨無量心　「自分の業によって表わされるのである」と思って、苦楽（快と不快）にわずらわされず、心を平静に保つこと。

悲無量心とは、「抜苦」という、「悲」の教理学的解釈と同じように、相手の不利益や苦しみを取り除いてあげたいと願う心のことをいうのです。修行者はあらゆる衆生のためにこうした四つの心を起こし、さらにそうした心を前後・上下などあらゆる方向へと遍満していく瞑想を行うよう求められています。

七　「悲」と「大悲」

では、右に見たような修行者の実践徳目として位置づけられる四無量心中の「悲」は、梵天勧請において説法決意の根拠となった釈尊の「悲」とはたして同じものなのでしょうか。結論から言いますと、四無量心における「悲」と釈尊のように悟りを開いてブッダとなった人の「悲」とは同じレベルのものではないと考えられています。修行者のもつ「悲」がどれほど優れたものであったとしても、それとブッダの「悲」とが同じであるはずがないと考えられたのでしょう。教理的・思想的に発展した形では、ブッダの「悲」は特に「大悲」(mahākaruṇā)という名称で呼ばれて区別され、ブッダだけにそなわる十八の徳(十八不共仏法《ふぐうぶっぽう》)のうちの一つであるとされるようになったのです。

「悲」と「大悲」の違い

では、「悲」と「大悲」は具体的にどう異なっていると考えられていたのでしょうか。両者の違いは、仏教教理を解釈するアビダルマ文献(論書)において詳しく説かれています。ヴァスバンドゥ(漢訳名は世親《せしん》、または天親《てんじん》。五世紀頃の人物)というインドの学僧によって著された『倶舎論《くしゃろん》』は、仏教教理を学ぶ際の教科書的な存在として、大乗・小乗を問わず、インド、チベット、中国、日本において広く学ばれた書物ですが、その中では「悲」と「大悲」との違いが八点ほど述べられています。教理解釈ですので難解なものも含まれていますが、そのうちわかりやすいものとしては、「実際に救うことができるかどうか」「あわれみのはたらきが平等かどうか」という二点です。順に説明しましょう。

まず、「実際に救うことができるかどうか」についてですが、「悲」はただ人々を「あわれむ」

「気の毒に思う」だけで実際に救うことはできないが、「大悲」は実際に人々を救うことができるとされています。この違いは、各種の教理解釈を数多く掲載している『大毘婆沙論《だいびばしゃろん》』という別の論書の中で、次のような比喩によって説明されています。

あたかも、二人の人が大河の岸にいたときに河で溺れている人を見かけたとして、一人はただ自分の手をかたく握りしめて悲しげに叫ぶだけで溺れている人を救うことができず、もう一人は身を投じて水中に入り、溺れている人を救うようなものである、と。

苦しんでいる人に対して気の毒に思う気持ちは私たちのいだく自然な感情であると思いますが、そうした「悲」は右の比喩によれば、相手を気の毒に思いながらも「ああ、どうしよう。大変だ」と、ただあたふたとしている人のようなものだというのです。それに対して、わが身を顧みず水中に飛び込んで相手を救出する、つまり実際の行動によって相手を救うのが「大悲」であるというのです。

次に、「あわれみのはたらきが平等かどうか」という点についてですが、普通の「悲」は苦しんでいる人に対してだけはたらくから不平等であり、「大悲」は苦しんでいる人は言うまでもなく、苦しんでいない人に対してもはたらくから平等である、と説明されています。ブッダの「大悲」は、どのような人に対しても等しくはたらいているというのです。

以上の二点からも知られるように、ブッダの「大悲」なるものは修行者が行う四無量心の「悲」

よりもはるかに優れた、絶対的なものであると考えられているのです。こうした「大悲」を強調する傾向は大乗仏教になるとさらに進み、「大悲は仏・菩薩の功徳の根本である」と見なされて、あらゆる人々を救おうとする菩薩の理想とされるようにもなります。たとえば、さまざまなあり方で人々を救済するとされる観音菩薩は諸菩薩の中でも特に広く信仰されていますが、観音菩薩には「大悲者」という別名があることからもそのことがわかります。

おわりに

本稿では、「悲」という言葉のもつ「悲しみ」と「あわれみ」という二つの面に注目して、仏典において「悲」がどのように説かれているかについて解説してきました。

仏教では、キサー・ゴータミーや釈尊入滅時のアーナンダの話に見られたように、愛着の心がある凡夫にとって「悲《かなしみ》」は不可避であると考えられていますが、その一方で、そうした「悲《かなしみ》」を避けることのできない凡夫を含め、あらゆる人々に対してブッダの大いなる「悲《あわれみ》」は等しくはたらいている、とも考えられているのです。

読書案内

夏日誠「ストレス点数表」(http://www.shinwa-kai.jp/data/documents/score.pdf)
　さまざまな出来事のストレスを点数化した表です。仏教において「苦」とされるものもこの表に含まれています。

中村元・増谷文雄監修『仏教説話大系12　比喩と因縁(四)』(すずき出版、一九八二年)

わが子を亡くしたキサー・ゴータミーの話が掲載されています。
中村元訳『ブッダ最後の旅――大パリニッバーナ経』（岩波文庫、一九八〇年）
釈尊の入滅の様子、およびそのときの弟子や人々の悲しみの様子が説かれています。
中村元訳『ブッダの真理のことば　感興のことば』（岩波文庫、一九七八年）
「ダンマパダ」の名称で知られる有名な仏典です。修行者の理想が素朴な言葉で説かれています。
中村元『サーラ叢書1　慈悲』（平楽寺書店、一九五六年）
仏教における「慈悲」について総合的に解説されています。

第二章　母と子の悲しみ
——聖母マリアとイエス・キリストの図像学

谷古宇　尚

一　神の母マリアと人の子イエス

古くから、キリスト教世界では数多くの「聖母子像」が描かれてきました。聖なる母子とは、イエス・キリストとその母マリアのことです。イエスは人間であり神である、そのためマリアは人間としての母であるとともに、神の母でもあります。イエスは神ですが、父と子と聖霊の三位一体の神というキリスト教の考え方からすると、子なるキリストであり、「父なる神」の子ということで、「神の子」とも呼ばれます。こうした教義は、古代ローマ帝国でキリスト教信仰が認められ、国の宗教となっていった四—五世紀に確立したものです。

マリアは、神の母であるので普通の人と異なりますが、女神ではありません。女神視されることはあるかもしれませんが、やはり人間で、人の親なのです。イエスは人間であり神である、というキリスト教の謎の教義のために（ほかにも「死者の復活」なども理解するのが難しいです）、早くも

図 2-1　アンブロージョ・ロレンツェッティ《聖母子》
1328-30 年頃，シエナ国立絵画館

話がごちゃごちゃしてきました。ただ、一つ押さえておきたいことは、神の側のことと人間の側のこと、この二つをイエスとマリアは結びつけてくれるということです。

神の領域は、永遠で普遍の世界。それに対して人間の領域は、時間と空間に限定されています。接点は日常的にはありません。しかし、神を見ることはできないはずなのに、人間となった神であるイエスは見ることができたのです。二千年ほど前にパレスチナ地方で起こったことです。逆に、マリアは人間でありながら、肉体もすでに天にあげられて栄光の内にいます。栄光というのは天にいる状態を形容する言葉ですが、天にいるのがいつのことなのかを言うことはできません。天上の世界は、時間や時刻と関係ないからです。その場所については、とりあえず「楽園《パラダイス》」と呼んでおきましょう。地上で暮らしたイエスも、十字架上の死を経て復活し、四十日の後に昇天しています。

普通「聖母子像」とは、若い母マリアが幼いイエスを抱いているものを指します（図 2-1）。この母と子の組み合わせは、やや年取った姿でも表されます。それは、マリアが十字架から降ろされたイエスの亡骸とともにいる情景を描いたもので「ピエタ」と呼ばれています（図 2-2）。この言葉はイタリア語で、哀悼という意味です。年を取ったといっても、イエスは三十三歳くらいで亡くなっていますし、マリアは若いときに(十二—十六歳頃とされます)イエスを身ごもっていますので、まだ四十歳代後半です。当然ながら、息子を失ったマリアは悲しみに打ちひしがれています。

元に戻って「聖母子像」を見てみると、不思議なことに気づかされます。生まれて間もない子を抱くマリアが、しばしば寂しげな表情を浮かべているのです。子が生まれたことを、しかもその子が神の子であることを、マリアはもっと喜んでいても良いはずです。イエスは生後一月をいくらか過ぎた頃、神殿で聖別されます。そのとき老いた祭司シメオンから、マリア自身も「剣で心を刺し貫かれる」ような経験をすることが預言され、マリアは生まれたばかりの息子が将来、苦しみを受けることを知ってしまいます。マリアの憂いが「聖母子像」には、滲み出ているのです。

図2–2　ライン川中流域・マインツ？《ピエタ》
1380年頃，ミュンスター，LWL美術文化博物館

私たちは、マリアとイエスがすでに天上の存在であることを理解しました。天上は、永遠の至福を味わうところです。確かにそれは、彼らが地上の生を全うした後のことかもしれません。しかし神の子や神の母であった彼らは、苦しみや悲しみに満ちているかもしれないこの世にいる時すでに、将来の栄光を知っていても良い気がします。

そもそも神の子がなぜ人間として亡くならなければならないのか。天上と地上を結びつける存在が抱える矛盾、そしてそこから生まれる悲哀を、美術作品を通して見て行きたいと思います。

二 「聖母子像」の起源

キリスト教美術は、大きく二つに分けられます。肖像画と物語画（説話画）です。肖像と言っても、普通の人を描いたものではなく、天上の存在、すなわち神・天使・聖人を描いたものです。神とは、父なる神、子なるキリスト、聖霊の三位一体の神であり、この範疇に神の母マリアも含めておきましょう。もちろんマリアは聖人とも言えるのですが、いずれにしろ別格の存在です。ちなみに、聖人とは亡くなってすでに天上にいる人間のことです。

もう一つの物語画というのは、私たちのいるこの世で起こったエピソードを描いたものです。キリストやマリア、いろいろな聖人たちと普通の人々が登場します。聖なる肖像画と物語画は、ヨーロッパ言語を使ってイコンとナラティヴとも呼ばれます。

さて「聖母子像」といえば、通常マリアが幼子イエスを懐に抱いていますが、この像はどうやって作り出されたのでしょうか。もちろんイエスが生まれた紀元前四年頃に、実際の姿を画家が描き写したものではありません。これについては、次のような興味深い言い伝えがあります。福音書記者で使徒のルカが、イエスとマリアの肖像を描いたというものです。ルカは医者ですが、ギリシア人だったので絵も上手だったとされます。しかしルカは、イエスの直接の弟子ではなく、おそらくイエスが亡くなった後に活躍したパウロの世代の人です。しかし遅くとも八・九世紀にはこのように語られていましたし、マリアがまだ存命中に描いた彼女の肖像は、鏡に映したかのようだったそうです。

またルカ福音書は、他の三つの福音書に比べてキリスト幼児伝の記述が多いことから、成人した姿だけでなく、イエスの子供の頃の様子もよく知っていたとされ、幼いイエスのいる「聖母子像」もルカによって描かれたと考えられたのです。また、十二―十三世紀前後にはイタリアで多くの「聖母子像」が描かれましたが、この頃にはルカはざっとデッサンしただけだったのに、神の業によりあっという間に賦彩され、すばらしく仕上げられたという話まで付け加わります。「聖母子像」は、人間の肉体によってではなく、神の見えざる手によって完成されたので、奇跡を起こすこともできたというわけです。「人の手によらない」ということをギリシア語でアヒロピイトス（古代ギリシア語の発音では、アケイロポイエートス）といいます。イコンにおいては重要な概念なので、記しておきます。

ルカス・バルデスというスペインのバロック期の画家は、面白い絵を残しています（図2-3）。カンヴァスの前に天使が座り、肖像画に絵筆をふるっています。細かいところを描くときに腕を支えるために使うマールスティック（腕鎮）まで持っています。床には、ノックアウトされたかのように人間の画家が倒れています。パレットを手放さずに職人魂を見せつけていますが、神の使いの前で

図 2-3　ルカス・バルデス《聖フランチェスコ・ディ・パオラの奇跡の肖像》
1710 年，セビリア美術館

はひとたまりもありません。油絵の肖像は、窓辺に立てかけられている版画の写しで、十五世紀から十六世紀初めにかけて隠修士的な生活を送ったフランチェスコ・ディ・パオラを描いています。これは聖人の肖像画ですが、やはり「人の手によらない」ものであるため、ただの美術作品ではなく、霊験あらたかなイコンとなるのです。

ルカの「聖母子像」に戻りましょう。十五世紀にフランドルで活躍したロヒール・ファン・デル・ウェイデンの作品では、ルカがちょうど聖母子の姿を描いているところです（図 2-4）。この絵の構図はロヒールの師匠格、ヤン・ファン・エイクの作品を元にしています（図 2-5）。ファン・エイクの作品では、フランドル公国の宰相ロランが、聖母子の前で手を合わせています。油絵の発明者といわれる画家がその技法を生かして（実際には、すでに油絵はありましたので、油絵技法を完成の域にまで高めたといったところですが）、細部にいたるまで精緻な描写力を発揮しています。マリアの頭上で天使が冠を捧げています。冠の金属の

図 2-5　ヤン・ファン・アイク《ロランの聖母》
1435 年頃，パリ，ルーヴル美術館

図 2-4　ロヒール・ファン・デル・ウェイデン《聖母子を描く聖ルカ》
1435/40 年頃，ボストン美術館

図 2-7　図 2-5 の部分

図 2-6　図 2-4 の部分

光沢、それだけでなく、石材やガラス、衣服、毛髪の質感の表現には目を見張るばかりです。背景には都市と自然の風景が広がっています。ゴシック様式の聖堂、他にも塔を備えた建造物がいくつも立ち、通りや広場、橋や川に浮かぶ船の上まで、小さく数限りない人が描かれています。丘や山は、手前から奥に向かって、緑から青白い色に変化していきます。画面の中央には二人の人物が描かれています（図2-7）。小さく描かれていますが、一人は胸壁の狭間から身を乗り出しており、ちょうど聖母子のいる前景と、後ろの風景を結び付ける役割を果たしています。

この要となる人物像は、ロヒールの心を引き付けたようです。ロヒールの作品では、おそらく夫婦であろう一組の人物に変えられており、男性が遠くを指さして、かなたまで広がる風景を眺めるよう、傍らにいる女性に促しているようです（図2-6）。ルネサンスの時代には、幾何学的遠近法や空気遠近法、色彩遠近法など、様々な遠近法を駆使して無限に広がる空間を有限の画面の上に表そうとしました。この男女は（もしかしたらマリアの両親であるヨアキムとアンナかもしれません）、絵画に表された無限の世界を眺めているのです。一方で、銀筆で聖母子をデッサンするルカは、普遍の存在である神を見つめています。この神は、普遍でありながら個別の人間として、かつてマリアとともにこの世にいました。だからこそその姿を見ることができるのであり、それをちょうど写しとっているところなのです。無限に広がる空間を眺めること、普遍の存在を見つめること。この二つのパラレルな関係をロヒールの作品は示そうとしているように思われます。これは、ファン・エイクの作品についても同じことが言えます。しかしロヒールの作品はそれだけでなく、絵画は無限を有限に変換する（背景の遠近法）、そして絵画は普遍を個に変換する（ルカの「聖母子像」）ことの間にあるパラレルな関係をも表しているのです。

ここには絵画の原理的なことがらが示されています。絵画は、いまここにない何かの代わりになるという機能をもっています。彫刻も時にそういった役割を果たします。肖像画は、亡くなった人の代わりになるものですし、存命中だったとしても目の前にいない人の代わりになります。聖母子はかつてこの世にいましたが、すでに昇天して天上にいますので、もう私たちの世界にはいません。「聖母子像」は、かつてここにいた過去の聖母子の、あるいはここには限られない永遠の領域にいる聖母子の代わりとなるものです。風景画は、いま自分がいる場所とは別の土地を描いています。人や場所が架空のこともあります。いずれにしろ、絵画はいま私たちがいるここにはないものを現出させることができるのです。一方イエスは、見えないはずの神を人間の姿で、見えるものにしてくれました。いまここにないので見えないものを見えるものにする絵画と、見えない神を見えるイエスにするキリスト教には、親和性がありそうです。最初に、イエスとマリアは神の側のことと人間の側のことを結びつけてくれると言いましたが、絵画も同じような仲立ちをしてくれるのです。

「聖母子像」の起源が、実際ルカによるものであったのかは不確かですが（おそらく史実ではないでしょう）、見えないものを見えるものに変えるには、いまここにないものをあるかのように描き出す技が必要であったことを、この伝承は教えてくれます。そうした絵画の奇跡的な技を「人の手によらない」とみなしたのでしょう。そしてロヒールの作品は、絵画の行っていること（変換）をわかりやすく説明してくれるのです。

ここで蛇足ながら付け加えておくと、キリスト教において人間の究極の目標は、何でしょうか。「救われること」「天国に行くこと」と普通にいって良いと思いますが、実は具体的には、救われて天国に行って、そこで「神を見る」ことです。見神ともいい、天上で神を直観する(直《じか》に観《み》る)ことを意味します。そしてその際、永遠の(超時間的な)至上の喜びを味わうのです。神を見てこうした喜びを味わうことをあわせて「至福直観」といいます。「至福直観」の状態で、人間や天使は神を賛美します。天上で私たちは(仮に天上に行けたとして、つまり聖人になれたとしてですが)、神をじっと見つめて神を称えることになるのです。天国の喜びは、少し退屈な気もしますが、もちろん地獄の苦しみよりは良いですね。ファン・エイクの宰相ロランとロヒールの聖ルカは、神であるキリストを見ることによって、地上ですでに至福直観を先取りしているということになります。両作品の中央にいる二人は、聖母子を見つめるロランやルカと意味的に関連するモチーフだと先ほど述べました。ということは、風景を眺める人物は至福直観の比喩なのでしょうか。無限に広がる空間と神の普遍性は類比的な関係にあるのかもしれません。

三　イコン(聖像画)の表情

さて、これから実際に「聖母子像」を見ていきましょう。マリアが神の母であるという教義が確定されたのは、五世紀前半のことです。四世紀からキリスト教がローマ帝国の宗教となっていく過程で、何回か公会議が開かれました。公会議とは、各地の司教が集まって教会の方針を決定する会議です。キリストが神であり人であるという教義は、四世紀の内に固まっていましたが（ニカイアとコンスタンティノポリスの公会議、しかし異論を唱える人は多くいました）、問題はマリアです。マリアは神ではありません。だからといってただの人間なのか。結局、四三一年のエフェソスでの公会議で、マリアはキリストの人性の部分（本当は「部分」と言ってはいけないのですが、ここでは私たちにとってはとりあえずあまり意味のない神学論争には立ち入りません）だけの母ではなく、「神の母」と呼ばれることとされました。ギリシア語で「テオトコス」という言葉ですが、ローマ・カトリックでない東方正教会では「生神女《しょうしんじょ》」といいます。「神を生んだ女」という意味です。

エフェソス公会議のすぐ後、教皇シクストゥス三世（在位四三二―四四〇年）によって建立されたローマのサンタ・マリア・マッジョーレ聖堂には、「キリスト幼児伝」が内陣アーチの凱旋門型壁面にモザイクで描かれています（図2‑8）。内陣は、主祭壇がある聖堂で一番重要な場所です。それを上から被せるように「受胎告知」「マギの礼拝」「嬰児虐殺」「神殿奉献」「エジプト逃避（アフロディシアスに迎えられる聖家族）」「帰途へロデのもとに立ち寄るマギ」の六場面が、アーチの左右、三層に分かれて配置されています。一番上の「受胎告知」と「神殿奉献」との間のアーチの頂点には、「空《から》の御座《みくら》」が円環《メダイヨン》の中に表されています（図2‑9）。「空の御座」は、この世の終わりにキリストが再臨するときに座る椅子で、神の臨在（そこにいること）を象徴します。祭壇は、キリスト教

図 2-8 「キリスト幼児伝」
432–440 年頃，ローマ，サンタ・マリア・マッジョーレ聖堂

図 2-9 「空の御座」
432–440 年頃，ローマ，サンタ・マリア・マッジョーレ聖堂

の最も重要な儀式であるミサ・聖餐式において、キリストがパンとブドウ酒の色形で実体的に現存する（そこにいる）ところです。この上と下の神の顕現の場を、壁面の「キリスト幼児伝」は結び付けているといえます。神は人となることにより、すなわち「受肉」によって、実際この世に現れました。この聖堂では、神がそこにいることが象徴的に、あるいは典礼上、示されるだけでなく、神が人の姿として存在したことを、そして見えざる神が目に見える姿で存在したことを「キリスト幼児伝」は説明しているのです。その図像は「神の母」の役割を明らかにするものであり、マリアの地位が確立した直

後に捧げられた聖堂にふさわしいものです。

この聖堂には「サルス・ポプリ・ロマーニ（ローマ市民の安寧）」と呼ばれるイコンが残されています（図2-10）。制作年代は確定されていませんが、六世紀を目安としておきます（十三世紀に作られたという人もいますので、問題の多い作品です）。マリアの頭部の両脇に書かれているギリシア文字は、「神の母」という言葉を短縮形で表したものです。顔立ちや衣服の襞など、線の強く出る描き方がなされています。中世的な抽象的表現といえますが、マリアの手元を見ると幼子を太股のところでしっかりと支えていることがわかりますし、マリアの胸先にイエスを抱えるだけの幅を見てとることもできます。掌をやや下に向けているイエスの祝福する仕草さも、その空間を感じさせます。

図2-10《サルス・ポプリ・ロマーニ》
6世紀？，ローマ，サンタ・マリア・マッジョーレ聖堂

「サルス・ポプリ・ロマーニ」も聖ルカによって描かれたと伝えられるものです。ローマには、この他にもいくつかルカによって描かれたとされるイコンが残されています。もともとサンタ・マリア・アンティクア聖堂にあり、九世紀半ばに地震で崩壊したためサンタ・マリア・ノーヴァ聖堂に移された

図 2-11 「聖母子」
6世紀？，ローマ，サンタ・マリア・ノーヴァ聖堂旧蔵

イコンも、聖母子それぞれの顔の部分は、おそらく六世紀頃にさかのぼるものです（図2-11）。衣服や金地は後の時代（一五世紀初頭？）です。マリアの顔は大ぶりに捉えられていますが、鼻先や頬、口元の赤らんだ肌、また目元から鼻、口から顎先にかけて柔らかい陰影が施されています。図式化・抽象化が見られますが、生き生きとした写実性も感じられる古代から中世への移行期の表現です。聖母は右手でイエスを抱え、左手で幼子を指し示しています。イエスは右手で祝福をし、左手には巻物を持っています。

イコンというと神々しくて近づきにくい感じがしますが、よく見てみると親しみを覚えてきます。神の子と神の母ではありますが、やはり人間です。キリスト教の神様は、見てわかる神様です。

モスクワのトレチャコフ美術館に「ウラジーミルの聖母」と呼ばれるイコンが展示されています（図2-12）。十二世紀に東ローマ帝国の首都コンスタンティノープルで制作されたと考えられています。このイコンで、聖母子は頬ずりし、イエスは寄りすがって左腕をマリアの肩に回しています。親子なので当然ですが、礼拝像がこれほど愛らしい感情を表していることに驚かされます。イエスの衣服やマリアのヴェールの縁取りなど、金色の線で図式的に描かれており、ビザンティン絵画の

図 2-13　ジョット工房
《聖母子》
1310 年頃，オックスフォード，アシュモリーン美術館

図 2-12　《ウラジーミルの聖母》
12 世紀，モスクワ，トレチャコフ美術館

特色をよく示しているだけに尚更です。

こうした母と子の愛情表現は、ジョット工房による十四世紀初頭の板絵では、ますますよく見てとることができます（図 2-13）。背景は金地ですが、幼子が母の腕の中をよじ登っていくかわいらしいさまを表しています。視線の交流の表現は、ジョットの得意としたところです。一方、最初に見た同じく十四世紀のアンブロージョ・ロレンツェッティの作品は「授乳の聖母」と呼ばれるタイプのものです（図 2-1）。イエスはすでに満足気で、マリアの顔を見ていません。マリアはここでもイエスを優しく見つめていますが、ジョット工房の作品に比べるとやや寂しげな感じがします。

そもそもこの時期より前に制作されたイコンでは、マリアはイエスではなく、画面のこちら側に目を向けていました。「サルス・ポプリ・ロマーニ」やサンタ・マリア・アンティクア聖堂の作品では、母としての落ち着き、威厳は感じられるかもしれませんが、愛情を強く押し出すものではありませんでした。「ウラジーミルの聖母」でも、マリアは幼子と頬ずりしながらも、漠然と遠くを眺めるまなざしは寂しげです。

マリアは神の母でありながら、なぜその顔はしばしば憂いを含んでいるのでしょうか。こうした中世の絵画に、現代人の私たちがある感情を読み取ろうとするのは恣意的なのかもしれません。しかしながらマリアの図像を調べてみると、そこにはキリスト教の根本的な内容が含まれていることが理解されます。その内容とは、「受肉」は人類の救済のためであり、それは「受難」によらなければならない、ということです。すなわち、イエスが生まれたのは死ぬためである、それも十字架上の悲惨な死によって。こうして人々は天国に行くことができる。マリアの悲しみは、すべてここに関わってくるのです。

四　聖母の悲しみ

マリアのかなしい表情の意味を、わかりやすく説明してくれる作品があります(図2-14左)。十二世紀の終わり頃のイコンで、マリアは眉を顰めています。まなざしだけでなく、口元にかけても悲しみを湛えています。左腕でイエスを支え、右手でイエスを指し示すマリアは「オディギトリア」

図 2-14 左　「受難の聖母」
12 世紀末，カストリア，ビザンティン美術館

図 2-14 右　「悲しみの人」
12 世紀末，カストリア，ビザンティン美術館

型と呼ばれます。「道を指し示す」といった意味で、元々このタイプのイコンがあった修道院の名前に由来すると言われていますが「マリアは、イエスが救いへの道であることを指し示している」と解釈されます。眉の形と眉間のしわは、悲しみのしるしであることは誰にも納得できると思います。

このイコンには裏面があり、目を閉じて首を傾けたキリストが描かれています（図 2-14 右）。褐色の長い髪と髭をもつ成人したイエスで、十字架にかかって亡くなった後、埋葬のために腕が下ろされている様子を表しています。こうした姿のキリストは「悲しみの人」と呼ばれ、中世末に祈念像として数多く描かれるようになります。作品の表面と裏面は、意味的な関係をもつでしょう。イエスが生まれることの裏にある死が、マリアの表情をかなしくさせている。このように解釈できると考えられます。

ドイツのルネサンスを代表する画家デューラーの

図2–15 デューラー,《聖母の七つの悲しみ(悲しみの聖母)》
1495–96年, ミュンヘン, アルテ・ピナコテークとドレスデン絵画館に分蔵

《聖母の七つの悲しみ》は、マリアの悲しみがキリストの死と結び付いていることを、物語的に示しています(図2-15)。中央には胸で手を合わせ、天を見上げるマリアが立っています。その周囲を左上から「神殿奉献」「エジプト逃避」「博士たちとの問答」「十字架を担うキリスト」「十字架への磔」「磔刑」「キリストの死への哀悼(ピエタ)」の七場面がぐるりと配置されています。中央のマリアの像は抽象的な一つの「悲しみ」という概念を表し、七つの場面は七回に分けて経験される「悲しみ」を表すというように理解できると思います。マリアの悲しみを七つのエピソードに割り振るやり方は、十三世紀のイタリアで起こったものです。デューラーの絵とは少しだけ異なり「十字架を担うキリスト」の後は、「磔刑」「十字架降下」「埋葬」と続くのが普通です。いずれにしろマリアの悲しみ(この「悲しみ」という言葉は、「痛み」と訳すこともできます)を追体験し理解するために、具体的なエピソードを用いるのです。後の時代になるとマリアの胸に七本の剣が放射状に刺されている図像が生まれます(図2-16)。当然

ながら剣は痛みの比喩で、それぞれのエピソードを象徴的に表しています。具体的な物語の叙述と、抽象的な記号との間を、絵画は行き来するかのようです。

キリストの受難に結び付けられるこれらの聖母像は「悲しみの聖母」と呼ばれています。東京・上野にある国立西洋美術館の《悲しみの聖母》には、七つの受難の場面も七本の剣も表されていません（図2-17）。胸元で手を合わせ、寂しげにうつむいたマリアが、暗闇から浮かび上がっています。この作品は、エピソードや記号によらず、マリアの像と背景の表現の巧みさだけで、マリアの悲しみの本質を描き出して

図 2-16　アントニオ・テンペスタ
《聖母の七つの悲しみ》
1580-83年，ローマ，サント・ステファノ・ロトンド聖堂

図 2-17　カルロ・ドルチ
《悲しみの聖母》
1655年頃，国立西洋美術館

図2-18　ミケランジェロ《ピエタ》
1498-99年，ローマ，サン・ピエトロ聖堂

いるのです。西洋美術館の作品は、「悲しみの聖母」と定義される必要のない聖母像もこのように呼ばれる一つの例と言えるでしょう。

キリストの受難と結びついたマリアの像としては「ピエタ」が代表的なものです。十字架から降ろされたイエスの亡骸のそばで、聖母と磔刑に立ち会った人たちが哀悼する場面です。彫刻でもマリアとキリストが寄り添う姿で、一つの量塊の中に表される「ピエタ」像が、中世末から数多く作られました。ローマ、ヴァチカンのサン・ピエトロ聖堂にあるミケランジェロの作品では、四十歳代後半であったはずのマリアが若々しい姿をしています（図2-18）。このことは制作された当時から疑問視する人もいたようで、ミケランジェロはマリアの「永遠の清浄さ」ゆえに若さに満ちていると説明した話が（真偽はわかりませんが）伝えられています。別な見方をすると、ここで幼子の若き母マリアは、その膝にキリストの亡骸を抱く経験を先取りしているのかもしれません。

ルネサンス期の遠近法の探究者ピエロ・デッラ・フランチェスカは、マリアの膝の上でぐっすりと眠る幼子を描いています（図2-19）。その力なく横たわる姿は、十字架から降ろされたキリストの亡骸を思い起こさせます。整然と構成された空間が、厳粛な雰囲気を高めるかのようです。この作品は、右手前に甲冑姿でひざまずくウルビーノ公フェデリーコ・ダ・モンテフェルトロの墓所の祭壇画として注文されたと考えられています。彼の合わされた両手の方向は、画面上でまっすぐキリストの体に重なります。キリストの死による救済を信じ、自らの復活と永遠の命を願い求めているのです。現にキリストは、人として生まれ亡くなるだけでなく、復活します。幼子の眠りが目覚めを待つとすれば、キリストの死は復活を含意すると言えるでしょう。ここではさらに、幼子の首を飾る紅い珊瑚、背景のアプスを覆う貝殻やそこから下がる駝鳥の卵など、復活を象徴的に示すモチーフが描き込まれています。

図 2-19　ピエロ・デッラ・フランチェスカ《聖母子と聖人たち(モンテフェルトロ祭壇画)》
1472-74 年頃, ミラノ, ブレラ美術館

マリアは生まれたばかりの幼子を抱きながら、すでにその死を予見しています。しかしその死を通してこそ、救いと永遠の命がありました。悲しみを秘めた「聖母子像」は、生と死だけでなく、死から生への逆説をも含んでいたのです。

おわりに――母マリアの喜び

自分の子を失うという これ以上ない悲しみを経験したマリアは、イエスの復活と昇天を見て、深い喜びを感じたことでしょう。先ほど見た「聖母の七つの悲しみ」に対応して、やはり中世末から「聖母の七つの喜び」が数えられるようになりました。「受胎告知」「エリザベト訪問」「降誕」「マギの礼拝」「博士たちとの問答」「復活」「昇天」などが挙げられますが、「聖霊降臨」「聖母戴冠」が代わりに入ることもあります。マリアが亡くなるとき(マリアは原罪から免れているので、深い「お眠り」についただけかもしれません)、その魂は嬰児のように包《くる》みに巻かれた姿でキリストに抱かれます。マリアはその後、肉体が天に上げられ(「聖母被昇天」)、キリストにより天の女王として冠を受け(「聖母戴冠」)、キリストとともに天の玉座に座ることになります。

しかしながら死が生への意味をもつキリスト教において、「聖母の死」あるいは「聖母のお眠り」は、より大きな位置を占めても良い気がします。ピエトロ・カヴァリーニによるローマのモザイク作品で、老いたマリアは成年のキリストの下で横たわると同時に、幼子のようにキリストの腕に抱かれています(図2-20)。「ピエタ」と「聖母子像」が組み合わされたかのようなこの場面で、キリストとマリアはその役割を交代しているのです。母マリアは聖なる立場をひととき離れて、息子の中で憩うかのようです。そして「聖母子像」とは異なり、キリストは寂しげではなく、マリアは目を開き眠ってはいません。キリストの昇天を見届けたあと、天と地に分かれた二人は、これで再び

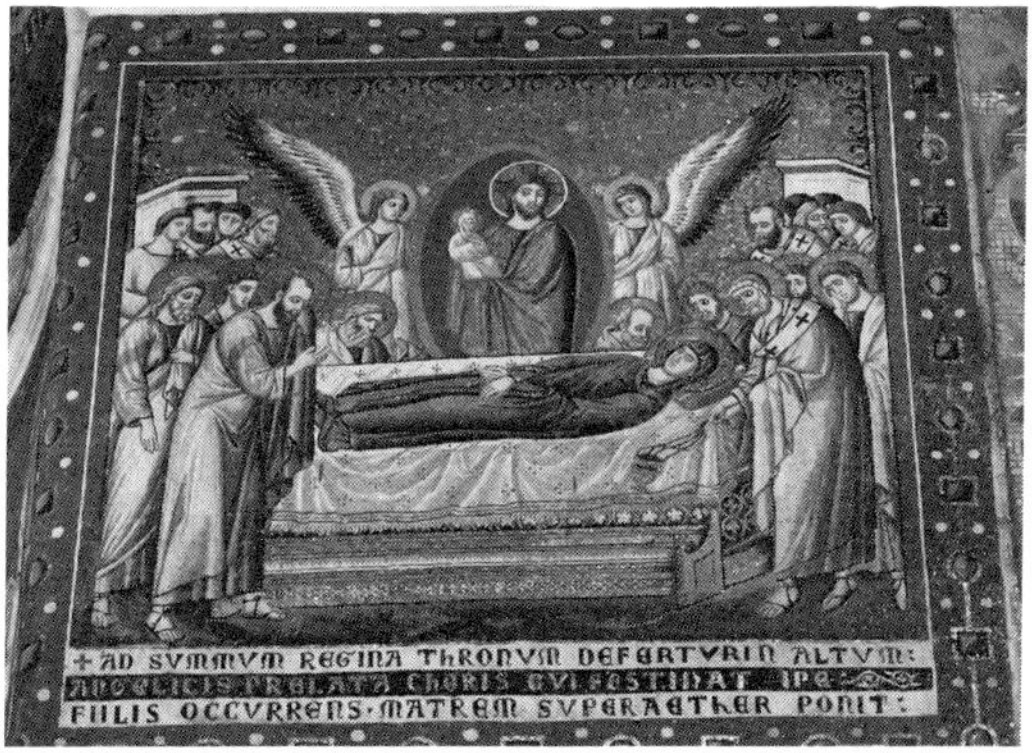

図 2-20　ピエトロ・カヴァリーニ《聖母の死》
1291年頃，ローマ，サンタ・マリア・イン・トラステヴェレ聖堂

一緒になることができました。聖母の悲しみは、自分の死によって本当に癒され、ようやく喜びへと変わったのではないでしょうか。

読書案内

元木幸一著『ファン・エイク』（小学館、二〇〇六年）
ロヒール・ファン・デル・ウェイデンの作品にも言及あり。中央の遠くを眺める人物とともに、絵画の鑑賞者である私たちは眼福を味わう。

水野千依著『キリストの顔――イメージ人類学序説』（筑摩書房、二〇一四年）
「人の手によらない」キリストの肖像について、詳しく解説されている。

ジョルジュ・ディディ＝ユベルマン著（寺田光徳・平岡洋子訳）『フラ・アンジェリコ――神秘神学と絵画表現』（平凡社、二〇〇一年）
無限の神が有限の人間に変換される「受肉」を、絵画はどのように表そうとしたか。十五世紀の説教などに基づいて説明する。

岡田温司・池上英洋著『レオナルド・ダ・ヴィンチと受胎告

知』（平凡社、二〇〇七年）
無限に広がる空間を有限の絵画平面に変換する幾何学的遠近法と「受胎告知」を関連付けて理解することができる。
益田朋幸著『ビザンティンの聖堂美術』（中央公論新社、二〇一一年）
本章の発想はこの本に負う。益田氏をはじめ何人かの研究者のおかげで、日本語でもビザンティン美術について十分学ぶことができる。

第三章　かなしむ身体

――ジャン＝リュック・ゴダール『女と男のいる舗道』

阿部嘉昭

一　ゴダールが成し遂げたもの

一九三〇年生まれのジャン＝リュック・ゴダールは、八十歳台後半の今日になっても、世界に波紋を投げかける映画を撮りつづけている奇蹟の才能ですが、映画史的にみると、いったい何を成し遂げたのでしょうか。映画の構成要素はもちろん映像と音声ですが、ゴダールはその相互の関係を自由に解体しながら、それまでの映画とはまったく違った編集をおこない、映画の「物語」を別の新しさへと増幅・展開していった――この点がまず言えると思います。しかも撮影においては軽く構えているのに、一つひとつのショットに天才的で力強い決定性がある。音声の編集も斬新極まりない。その彼には鬱陶《うっとう》しい引用癖というものもあって、書物や既存の映画、絵画などが作品のここかしこに事細かに参照されています。政治色が極端に強く、大資本がつくる商業映画に敢然と反抗していた時代もあります。ともあれそれらの結果、ゴダールの一本一本の映画は「その映画」でありながら、同時に「映画についての映画」でもあったのです。これに世界が翻弄されていった。彼のつくる映画だけ「組み立て」が違う。それで難解とも言われました。

これから振り返るのは、そのゴダールの特別な傑作という誉れが高い、長篇第四作『女と男のいる舗道』(一九六二)です。ゴダールは、デンマーク出身、モデル上がりの新進女優アンナ・カリーナと結婚していて、彼女を起用した映画(長篇では計七本あります)は若いカリーナのコケティッシュかつメランコリックな美しさが前面化され、しかもゴダール自身がそれを讃えている気色も見てとれたので、青春映画の趣を湛えています。映画の語りの素早さがあって、若い観客の身体リズムにも着実にシンクロしました。そのなかでパリ居住の二十二歳のナナが結婚生活に敗れ、娼婦に転落、ついには売春の元締め同士の抗争に巻き込まれて無惨に犬死するまでを、ぶっきらぼうな断続形態でスケッチしたこの『女と男のいる舗道』は、例外的な重さと悲劇性をもっています。ナナはどういう女なのか——名カメラマンのラウール・クタールは、彼女の一挙手一投足、表情、虚言、満たされない空しさ、堕落を、画面に定着してゆきます。ドキュメンタリーを観ているような生々しさ。しかも与えた役柄を通じて、ゴダール自身がカリーナの日々の愚かな浅慮を批判しているような苦さまでつきまとうので、とんでもないものを観た、という気にさせられるのです。

ゴダール/カリーナの映画には二つの系譜があるように思います。一つはカリーナが謎の組織に属していて、知性と陰謀を隠し持っている設定の作品。大雑把に言うと、『小さな兵隊』(一九六〇)、『気狂いピエロ』(一九六五)、『メイド・イン・USA』(一九六六)がそれらで、カリーナは瞬間的にフィルムノワールの「運命の女」＝「命取りの女」の恐怖まで放ちます。もう一つはカリーナが愚かしく気のいい女を演ずる系譜で、『女は女である』（一九六一）、本作、『はなればなれに』（一九六四）がそれらです。この中間にＳＦとフィルムノワールとラヴストーリーを合体させ、異星で暮らす、愛という言葉を知らない純白の女をカリーナに演じさせた『アルファヴィル』（一九六五）があります。

検挙者の調書のような……

本作『女と男のいる舗道』の音楽は『シェルブールの雨傘』（一九六四）などで知られるミシェル・ルグランです。突然子供が欲しくなった若い女をめぐる珍騒動をぶつ切りのミュージカル仕立てで描いた前作『女は女である』ではルグランはポップな楽曲を数々つくりましたが、本作ではメランコリックで不思議な光彩をもつ短い楽章がテーマ曲として反復使用されるだけです。冒頭のタイトルクレジット部分から、テーマ曲はぶつ切りに使われる。まるで警察が検挙者の調書に使うための写真のような、カリーナの左向き、正面、右向きの顔を捉える三つのショット。キャスト、スタッフが明記されるそこに音楽が入ったり、無音になったりの干渉が加わって、観客はこのぶっきらぼう、無作為な展開に、映像と音の持続時間のさまざまを幾何学的に交錯させた編集美学までもが出現していると驚くはずです。けれどもいずれも光源が背後にあるのでシルエットになっていて、顔がはっきり見えない。とはいえナナ＝カリーナが舌をぺろりと出す瞬間、唇を舐める瞬間もあって、静的な構成を裏切る生々しさもある。眼瞬きすら生き物の哀しさにあふれている。

タイトルクレジットの最後に、モンテーニュのアフォリズム（箴言）が引用されます。ＤＶＤから採録してみましょう。《他人に自分を貸す事／ただし自分を与えるのは――／自分だけに限る事》。あとで詳しく記しますが、この映画の主題、「自己再帰性」に関わる訓戒です。カリーナの左向きの顔を捉えるショットのときに、《VIVRE SA VIE（自分の人生を生きる）》（『女と男のいる舗道』のフランス語原題）、それと同格の《12景からなる映画》の副題が入ります。この「景」（タブロー）というのは、第○幕―第○場―第○景というときの「景」、つまり演劇用語です。

ブレヒトと「中断」と「設問性」

ゴダール自身が初期作品を語った有名なインタビューがあります。そこで『女と男のいる舗道』はどう語られているのでしょうか。

〔…〕この映画は一種の二重状態のなかでつくられたんだが、自分の最高のものを発揮したのはアンナだけじゃない。クタールは彼の最高の画面をつくり出すことができた。それにこの映画を見直してびっくりするのは、ぼくがこれまでにつくった映画のなかで最も構成された映画であるように見えるという点だ。でもつくっているときはまったくそうじゃなかった。まるまるとした石ころのような生《なま》の素材をひろいあげ、それらを次々と並べていっただけなのに、それ

『女と男のいる舗道』12景

1. カフェ――ナナのあきらめ――ポール――ピンボール
2. レコード店――2000フラン――自立
3. 管理人――夫――裁かるるジャンヌ――自立
4. 警察――ナナの尋問
5. 舗道――最初の客――売春宿の部屋
6. イベットに会う――郊外のカフェ――ラウール――外では銃声
7. 手紙――再びラウール――シャンゼリゼ
8. 昼下がり――金――洗面台――快楽――部屋
9. 若い男――ルイジ――ナナは自分が幸福かどうか考える
10. 舗道――ある男――幸福は楽しくない
11. シャトル広場――見知らぬ人――ナナは知らぬ間に哲学を……
12. 若い男――楕円形の肖像――ラウール　ナナを売る

らがひとりでに組みあわさっていったんだ。〔…〕
――全体が十二の景《タブロー》に分かれているのはどのような理由からですか？
ゴダール　なぜ十二なのかはわからない。でも景に分かれていることについては理由がある。あれは演劇的側面、ブレヒト的側面を強調するためだ。〔…〕あの分割はものごとの外的側面と対応しているんだが、この外的側面が、内部の感情をよりよく示すことを可能にしてくれたはずだ。
（「ジャン＝リュック・ゴダールに聞く――初期の四本の映画がつくられたあとで」『ゴダール全評論・全発言Ⅰ』、奥村昭夫訳、筑摩書房、一九九八、五二一―五二二頁）

要点は、即興的に撮った映像の流れを十二の景に分割・再構成したとき、それぞれの景に複雑な照応と一種の構成美が生じたということ、それと、そのような分割には、ドイツの詩人・演劇人ベルトルト・ブレヒトの戯曲の細分性への意識があったということです。現実を採取し、アジテーションの要素をもち、俳優が自身の役柄と同化するのではなく役柄を批評し、さまざまな手段で文字までも舞台に露出、歌唱も導入し、日常とはちがう世界への驚き＝異化をつきつけるブレヒトの演出。ブレヒトの親友だった哲学者のベンヤミンの言葉を引いてみましょう。

> 叙事演劇にとっては、〔…〕行為の中断ということが重要な位置を占めている。粗野で心臓に穴を穿つようなリフレインをもつブレヒトのソングの、形式上のはたらきは、この、行為〔筋〕の中断という点にある。
>
> （ヴァルター・ベンヤミン『ベンヤミン・コレクション5　思考のスペクトル』、浅井健二郎編訳、ちくま学芸文庫、二〇一〇、三三九頁）

このブレヒトの特質、「中断」については、記号学者で名文家だったロラン・バルトも綴っていて、その中断の時間から、ブレヒトの舞台には観客への「設問」が起こると指摘しています（ロラン・バルト『エッセ・クリティック』、篠田浩一郎ほか訳、晶文社、一九七二、三五九―三六〇頁）。ゴダールのブレヒト好きは、その作品にも明示されていて、パリの毛沢東主義の学生たちの夏合宿を中心に描いた『中国女』（一九六七）では、学生たちが黒板に書いていた、元は偶像視の対象だった様々な文学者の名前を次々に消していって最後にブレヒトの名前だけ残す場面がありますし、

『女と男のいる舗道』と同様に売春を主題とした『彼女について私が知っている二、三の事柄』（一九六七）の最初のほうでも以下のくだりがあります。奥村昭夫の採録から抜いてみましょう。

コメント2　〔…〕彼女はマリナ・ヴラディ。女優である。黄色の縞が二本入った濃紺のカーディガンを着ている。生まれはロシア系。髪はくすんだ栗色というべきなのか、それともうすい褐色というべきなのか、正確なところは私にはわからない。

マリナ・ヴラディ　（カメラに向かって）そうなの、しゃべるってことは真実を引用することでなきゃいけないの。ブレヒトおじさんがそう言っていたわ。俳優は引用すべきだって。

（「採録『彼女について私が知っている二、三の事柄』」、奥村昭夫訳編『ゴダールの全体像』、三一書房、一九七九、一九三―一九四頁）

二　顔が見えないということ

さて、さきほどクレジットタイトルの部分ではナナ＝カリーナの顔は、左向き・正面・右向きの三方向から示されながら、それぞれがシルエットで、顔がよく見えないと綴りました。シルエットが強調するのは、顔や頭部の輪郭です。事物の様相から細部を抹消し、輪郭だけを浮かばせることで、不気味な実在感や孤独や気配、ときには恐怖や疎外や攻撃の感覚までもが伝わってくる。この

「顔がよく見えない」ことは、十二に及ぶ各景のうちで、かたちをかえ、反復されたり、されなかったりする。可愛いと呼ばれるだろうアンナ・カリーナのボブヘアのルックスを奇妙に出し惜しみするという点で（その結果、ときに特権化されるカリーナの顔アップに魅了されるという点で）、この映画はとても意地悪なリズムをもつと言えます。それではこれから十二景別に、作品を具体的に振り返ってゆきましょう。景はＤＶＤでの表記にしたがい、便宜上ここでは【　】で括って表示します。

【1　カフェ―ナナのあきらめ―ポール―ピンボール】

カフェの止まり木に座るナナは、「顔の見えない」後ろ姿を捉えられ続けます。カメラがパンして（横に振られて）隣のポールの後ろ姿が捉えられるときには、ナナはフレームアウトしてその音声がオフになる。ナナの後ろ姿のショットでは、奥行きの鏡にピントの外れた「顔のはっきりしない」ナナの姿が小さく見えます。作品のこの導入部で、何気ない日常会話から次第にナナの現状が伝わってきます。まとめて記すと、ナナが結婚に敗れたこと、子供を手放したこと、いまは女優を目指していることなどがわかる。ナナの口癖、「関係ないでしょ」には他人が自分の領域に容喙《ようかい》するのを嫌がる頑なさが感じられます。「自分の人生は自分で生きる」のです。二人の俳優のカフェの止まり木での後ろ姿をパンニングで交互に捉えるだけのクタールの撮影はシンプルで大胆極まりない。撮影現場のスピードを感じます。

やがて二人が店を出るにあたり、カフェの入口近くのピンボール機で遊ぼうという流れとなります。このときもピンボール機の前のナナ＝カリーナは後ろ姿を中心に捉えられて、その顔がわずかしか見えない。しかも残酷なことにフレームがナナの体を切断するようにその全体を収めないこともある。ポールが八歳の女の子の作文の内容を話題にします。転記しましょう。《めんどりには外と中があります。外をむくと中が残り、中をむくと魂が残ります》。これがブレヒト的な「設問」です。やがてナナは娼婦へ転落してゆくのですが、娼婦の外観を剝くと裸身が出現し、その裸身をさらに剝くと果たして魂が残るのか――「物」である娼婦には本当に魂があるのか――それは牝鶏のように淫猥だが、さらに牝鶏以下の存在ではないのか。そんなすごく残酷な設問に、観客は回答をしいられるのです。

【2　レコード店―2000フラン―自立】

経済的な窮状にあるナナは、レコード店でアルバイトしています。あまり「使えない」店員です。恭順な店員モードであるために地味なカーディガンを羽織っています。専門的知識がなく、客の問い合わせに自力で対応できない。しかも同僚たちとはカネの貸し借りがあるとわかります。レコード棚を挟んで客に対応するナナは正面ショットで捉えられますが、落ち着きがなく、真摯さもない。上の空の接客です。けれどもともあれ、レコード店で働く（生計のために身を売っている疎外状態にある）ときには、腰から下を切られているとはいえ、正面姿が定着されるのです。途中、客が所望するレコードを探しにゆくとき、カメラはパンでナナの歩行を追います。

カリーナ、異質な身体細部の複合

【3　管理人―夫―裁かるるジャンヌ―自立】

冒頭、とある家屋に忍び込もうとするナナの全身シルエットが、家屋内から捉えられます。気配を感じて逃げる狡猾な動き。やがて彼女の子供のいるだろうアパルトマンに入ろうとすると、様子を察知した管理人に無理やり引き離されます。後ろ手にしめあげられて押されてゆく無惨なその動きは、階上からのほぼ四十五度の俯瞰ロングショットで捉えられますが、力を加えられて反るナナ＝カリーナの上体の哀しい柔らかさ、それと大股での歩行移動のダイナミックさに、みな打たれるのではないでしょうか。

女優アンナ・カリーナの特質を述べてみましょう。頭蓋骨は大きく、丸顔。眼と眼のあいだが離れ、鼻は横に広がり、口は大きい――つまり顔の造作個々が派手。可愛いという中景からの印象は、近づくといわば存在論的な脅威を帯びる。胸部と腰が大きな丸みを帯びたグラマラスな体形で、全身はすらりと伸びている。とりわけ華奢ですっきりした曲線をかたどる脹脛《ふくらはぎ》が美しい。異質な身体細部で構成されているカリーナの体はそのつながりに内在性を秘めていて、それが抜群のしなやかな運動神経で動くと、なにか生々しい裸体の秘密に触れたようにも思う。ゴダールの長篇第一作『勝手にしやがれ』（一九六〇）のヒロイン、ジーン・セバーグのボーイッシュな痩身とは違うし、たとえばハリウッド女優キム・ノヴァクの量感ある身体とも違う。着衣の状態で、動けば最も裸身を感じさせたのがアンナ・カリーナではないでしょうか。男性はそれに動悸した。これと関連する、イタリアの哲学者ジョルジョ・アガンベンの素晴らしい一節を引きましょう。

人間の肉体において、美は本質的かつ永久に「覆いを取り除きうる」のであり、つねに純粋な仮象として提示されうるということである。けれど、そこには境界線がある。その向こう側では、もうそれ以上覆いを取り除かれえない本質や、堕落した本性に出くわすことはない。そこで出会うことになるのは、まさしくヴェール、まさしく仮象であり、しかもその仮象はもはや無の仮象ではない。いかなるものも姿を現わすことのない、この、消し去りがたい仮象の残余こそ、いかなる肉体ももはや身につけることのできない衣服こそ、人間の裸である。美からヴェールが取り除かれたときに残るもの、それこそが人間の裸である。

（ジョルジョ・アガンベン『裸性』、岡田温司ほか訳、平凡社、二〇一二、一三七頁）

ファルコネッティとアルトー

この後、ポールから所望していた写真（その詳細は見えない）を街角で受け取ったのち、ナナはカール・ドライヤー監督の映画史上の傑作『裁かる、ジャンヌ』（一九二八）の観客となります。ドライヤーはゴダールが憧れていた先達の一人です。ドライヤーのこの作品は、ジャンヌ・ダルクの裁判記録からドラマを構成した作品として有名で、とりわけノーメイクで撮影に臨んだジャンヌ役、ルネ・ファルコネッティのクロースアップの息詰まるような連打に圧倒される。『女と男のいる舗道』で引用されるのは、異端審問をおこなうアントナン・アルトーがついに死刑をファルコネッティに宣告する場面です。ゴダールはときに画面の音を一切消すことで音声上の「中断」を作品にちりばめますが、ここでは無声映画の引用ですから、画面の音が自然に空白となります。自らの宗教的信念により死を甘受するジャンヌの気概、悲劇性に、観客席にいて映写幕の光の反映を顔に受けているナナ＝カリーナが、滂沱《ぼうだ》の涙を流しています。すぐれた映画評論家、山田宏一の寸言を引いてみましょう。

「第三景」では、クローズアップの名作として知られるカール・ドライヤー監督の『裁かる、ジャンヌ』(一九二八)を映画館で見ながら涙を流すアンナ・カリーナのクローズアップが、まさに彼女の顔の「裏側にある内面の魂」をもうつしとったかのように美しく感動的で、死によってしか救済されない薄幸のヒロインの受難の人生を運命的に予告し、要約する引用になる。『小さな兵隊』のアンナ・カリーナの役名がヴェロニカ・ドライヤーだったことが想起されると同時に、カール・ドライヤー監督の『裁かる、ジャンヌ』がクローズアップの名作として決定的に印象づけられたのは『女と男のいる舗道』に引用されたこのシーンによるものかと思われるほどだ。

（山田宏一『ゴダール、わがアンナ・カリーナ時代』、ワイズ出版、二〇一〇、一三四－一三五頁）

山田宏一がこの場面で前提としているのは、カリーナの顔（クロースアップ）とファルコネッティの顔（クロースアップ）の反射（シンクロ）関係で、その結果、『女と男のいる舗道』が人物の顔を中心に描く「顔の映画」として印象されることになってしまいます。そのこと自体は間違っていないのですが、本作にはもっとつよい、「身体の映画」の実質もあるのではないでしょうか。前述してきたように、顔の表象の多くは阻害されているのです。山田宏一は、撮影当時はまだシュルレアリストの仲間だったアルトーが出ている場面がことさら引用されている意味を問うてはいません。アルトーは晩年、精神を病み、神を呪い、電気ショック治療を受けて、顔に異様な皺を刻んだ廃人状態になります。叫びを繰り返し、それで全身の一体化という強度を獲得する。これを「器官なき身体」として、フランスの現代思想のコンビ、ドゥルーズ＝ガタリが概念化しました（『千のプラトー』）。棒のように細部分割のない身体ですから、さきほど言及した、異質な細部がパッチワークされたカリーナの身体とは違う。思考によって一体化する身体と、気散じによって分散する身体。それでもそれら二つの身体には、哀しみにおいて密接な連絡があるのではないでしょうか。

欲望には、あたかも自分自身によって、自分自身を見つめることによってのみ満たされるかのように、一つの内在的な喜びが存在する〔…〕。

（ジル・ドゥルーズ／フェリックス・ガタリ「6　いかにして器官なき身体を獲得するか」、『千のプラトー』、宇野邦一ほか訳、河出書房新社、一九九四、一七九頁）

自己再帰性。それはどうしても身体を基盤にせざるをえない。そのことが身体の細部から差異を奪い、棒状の一体化を導く。ドゥルーズ＝ガタリは、それとともに、この状態は現在にあっては癌の罹患により簡単に生ずるとも言い添えています。この「癌」にあたるものが、『女と男のいる舗道』では自己再帰性の究極の営み、売春なのではないでしょうか。

固有性そのものの異質

『女と男のいる舗道』を学生のころ最初に観たときに襲ったのは、「肉体をもつこと、それ自体が哀しい」という異様な印象でした。それは男好きのするアンナ・カリーナの顔を超えたところに現れた。聯想したのが、マラルメの美しい詩篇「海の微風」の冒頭一行です。《肉体は悲しい、ああ、そして私はすべての書物を読んだ。》（西脇順三郎訳）。

ところが「肉体＝身体は、それ自体が哀しい」ということの説明は、グノーシス派系列の宗教書以外では哲学的に展開されていないように思えます（管見の限りですが）。そんなとき書棚からふと取り出したのが、フランスの哲学者ジャン＝リュック・ナンシーの『共同‐体《コルプス》』でした。イエスがゲッセマネの森の最後の晩餐で、パンを示してこれは私の身体、葡萄酒を示してこれは私の血、と言う。これがその後、キリスト教の典礼となった。このことでヨーロッパ的な身体は、その表れ自体にトラウマを帯びるようになったというのが、ナンシーの最初の着想です。これはたとえば、デカルトのコギト、「我思う、ゆえに我あり」において、思考が肉体をひきずっている点とも関わっている。ナンシーは哀しみの語を使っていませんが、肉体の哀しみはその文面に霧のように充満していると感じられました。いくつか、引いてみましょう。これらは『女と男のいる舗道』のカリーナに適用できると思います。

固有の身体、もしくは〈固有性〉そのもの、**身体において**〈自己〉――に帰属して――〈存在すること〉、だがたちどころに、また常に変わらず、異質な身体こそが示される、すなわち嚥み下すことの不可能な怪物が。

（ジャン＝リュック・ナンシー『共同－体《コルプス》』、大西雅一郎訳、松籟社、一九九六、八頁）

身体はその固有の重力の法則に従って自らのうちで落下している。

（同上、九頁）

諸々の身体は「充溢したもの」、充溢した空間ではない（空間は至るところで充溢している）。**身体は開かれた**空間である、言い換えれば、それは或る意味では、空間的というよりむしろ厳密には**空隙を孕んだ**空間、ないしはなおも**場**と名付けうるものである。

（同上、一四頁）

いささか話がずれました。景3に戻ります。映画館から出て、ナナは映画館で知り合った男を振って、カフェに入ります。ジャーナリストの男がいるカウンターの止まり木の横に座ります。今度は相互に向き合っているから、横向きの二人の姿が捉えられますが、フレームが残酷にもナナの体を切ってしまうことが多い。カメラワークは大体、相互の発話をきっかけにしたパンニングです。虚言、持っているクルマで男を値踏みする野心、女優志望だけど「裸になるのはイヤ」だというナナの一線も示されます。

【4　警察―ナナの尋問】

バストショットですが、室内逆光構図で補正照明がなく、ナナの顔が暗く沈んでいます（ときに尋問する刑事の顔がインサートされる）。ナナの人定が問われる。綴りを訊かれる姓「クランケンハイム」からはナナの異邦人性があふれでます。誕生日は一九四〇年四月十五日（アンナ・カリーナの実際の誕生日は同年の九月二十二日です）。罪状は女性が街角で新聞を購入しようとして落とした一万フラン札を足で踏んで隠し、やがて懐に入れたのを気づかれて咎められたこと。一旦返却し和解したはずなのに窃盗未遂として訴えられたという哀れなものです。警察はとうぜん些末事として扱うだけですが、「住所不定」のナナの現状も訊く。男友達もふくめ友達の家を泊り歩いているナナの乱倫が印象づけられます。それとこの景4が冒頭のタイトルクレジットと意味的に連動して、作品に小さな円環（伏線消化）が起こります。

三　売春婦は都市を迷宮化する

【5　舗道―最初の客―売春宿の部屋】

移動する車窓風景。カメラが道路左にパンすると、歩道の上、背後の壁にもたれかかりながら、路上娼婦（いわゆる「立ちんぼ」）がぽつりぽつりと点在しているのがわかります。エキストラなのか、「実際」のドキュメンタリー撮影なのか。画面に緊張が走ります。なぜなら、娼婦こそが都市を迷宮化するからです。都市の近代性の要件をさまざまな角度から考察したベンヤミンは、都市で迷子になることの才能を語ったのち、売春論を次のように展開します。

大都市の登場によってはじめて売春の手に入った秘密のひとつは、大衆である。売春は、大衆との神話的な交感の可能性を開く。しかし他方で、大衆が成立したのは大量生産が成立したのと同じ時期である。私たちがごく日常的に用いる事物がだんだん大量生産品になってきた生活空間で、なんとか我慢して生きてゆく可能性を、売春は先の可能性と同時に含んでいるように思われる。大都市の売春においては、女自体が大量生産品になる。

（ヴァルター・ベンヤミン「セントラルパーク」『ベンヤミン・コレクション1　近代の意味』、浅井健二郎編訳、久保哲司訳、ちくま学芸文庫、一九九五、三七八頁）

このベンヤミンのもつ、女性の身体観をシャノン・ベルは次のように捉えます。

ベンヤミンにとって、近代の売春婦は、新しい人類学類型である。彼女らは、オーラの終焉を示すものでしかない。その宗教的・カルト的実在、崇高美の化身としての女性的身体は、消滅してしまったのだ。〔…〕同時に、ベンヤミンが「憂鬱《スプリーン》」と呼ぶ作用が働いて、売春婦の身体には失われた過去が無意識裡に執拗に投影される。「憂鬱《スプリーン》」とは、「すでに失われた対象の面影が別の対象に投影され（略）幻の映像を通じて、失われた他者を追体験する心的作用」である。こうして、近代の売春婦の身体は、ほんの一瞬のあいだだけ保たれるものとはいえ、聖なるものへの結合を約束することで、崇高な身体の痕跡をとどめる象形文字として機能する。

（シャノン・ベル『売春という思想』、山本民雄ほか訳、青弓社、二〇〇一、七二頁）

ベンヤミンは、普通はつながらないものをつなげ、暴力や時間や都市や歴史や映画やブレヒトやアレゴリーなどを独自に考察した、圧倒的な思考力をもつ、憂鬱者《メランコリカー》でした。ゴダール作品にも九〇年代以降、ベンヤミンの引用が目立ってくる。ベンヤミンは娼婦をよく買っていました。もし彼がナチスからの逃亡過程にあった一九四〇年のピレネー山中で自己再帰的な死を遂げず、七十歳の年齢で『女と男のいる舗道』を観たら、どれほど熱狂しただろうと思うことがあります。なにしろブレヒト型の娼婦映画なのです。

アナクロニズムという戦略

景5に戻ると、ナナは売春婦たちの点在する路上を歩いているところを、娼婦と見なされ、客に声をかけられます。たぶんリヤカーからの撮影で逆方向へ進む同道が捉えられます。界隈のホテルで空いていたのは一階の客室。髪型を直し、口紅を塗り直し緊張するナナ。値段を訊かれ、初めてなので「わからない。決めて」と応じるしかないのですが、自己規定の本質的な不能性という哲学的奥行きも顔を覗かせます。四千フランと言い、客が五千フラン札を出すと、釣りがなく、「とっときな」と言われる。それでサーヴィスの付加をしいられ、「裸になる」ことを約束する。ドアを背にしたナナに、客が無理やり接吻を迫る。ナナは必死に首を振り、相手からの唇を躱《かわ》そうとする。無声映画の受難シーンのようにドラマチックな、胸がつぶれるような身振りです。ここにアッと驚く既視感がある。『裁かる、ジャンヌ』のラスト、ファルコネッティ演ずるジャンヌは史実どおり火刑に処されます。炎熱と広がってゆく火傷に、いやいやをするように全身を振って哀しい身悶えをする。その動きと、キスから逃げるこのカリーナの動きとが相似なのです。だから景3において、カリーナとファルコネッティの落涙する「顔アップ」が照応しただけではなかった。景5において、記憶上のファルコネッティの「哀しい身体」と、目の前に現れているカリーナの「哀しい身体」が時間を超えてシンクロしたのです。このゴダールの凄さに気づかなければなりません。

アナクロニズム(時間錯誤)は、本作が観客に要求する感覚です。だから本作の哲学的「前提」を説明するのに、後年のドゥルーズ＝ガタリやナンシーを導入したり、ベンヤミンが生きていてこの本作を観たらという仮定を綴ったりしました。ゴダール自身、本作の立脚に神秘的な不可思議を感じていたと思います。本作でナナ＝カリーナは、エディ・コンスタンチーヌと共演したと語りますが、実際のカリーナとコンスタンチーヌの共演はゴダール『アルファヴィル』（一九六五）で果たされます。景12でナナは新しくできた恋人と字幕によって会話を交わしますが、そこでのルーブル（美術館）に行きたいという願いは、ゴダール『はなればなれに』（一九六四）で果たされるのです。もちろん「錯時性」はベンヤミンなどにも明らかにように、真の創造力に関わっている。何しろゴダール自身、「印象派の画家エドゥアール・モネによって映画が成立した」と語る錯時性の虚言者なのです（『ゴダールの映画史』「3A」一九九七）。それとこの後、いよいよ自己再帰性という主題が作中に明確になってゆきます。

断言命題と自己再帰性

【6　イベットに会う―郊外のカフェ―ラウール―外では銃声】

友人で売春経験者のイベットに街角でばったり出会い、カフェで会話をするうち売春組織下での売春へ決定づけられるというのが、この景6です。久闊を叙す二人の同道では相変わらずナナは後頭部を中心に捉えられる。カフェでイベットが語る――夫が突然失踪し、子供を養うために売春稼業を余儀なくされたが、あるとき夫がアメリカ映画に出演しているのを見て夫を探し当て、現在は幸福が復活した、と。それを「哀しい話だ」とナナが総括すると、イベットが「でも私の責任じゃない」と返し、そこから反論という気色でもなくナナの「自己責任論」が開始される。このときカリーナの語る顔と身体が、充実の様相で一致する。この自己責任論は重要なので、引用しておきましょう。

私は、自分のすることはどれも自分の責任だと思うわ。それに私たち、自由なんだし……　私が手を上げれば、それは私の責任。私が顔を右に向ければ、それも私の責任。私が不幸になるのも私の責任。煙草を吸うのも私の責任。目を閉じるとすれば、それも私の責任。自分に責任があるってことを忘れることも、やっぱり私の責任なのよ……　さっきも言ったけど、逃げ出したいなんて考えちゃいけないのよ。結局、なにもかもが美しいの。いろんなものに興味をもって、それを美しいと思いさえすればいいのよ。結局、ものごとはあるがままのものでしかないの、それ以上のものじゃないのよ。いえ、そうなの。顔は顔、お皿はお皿、人間は人間なのよ。そして人生は人生なのよ。

（「採録『女と男のいる舗道』」、前掲『ゴダールの全体像』四四―四五頁）

自分の身体の意味づけは、すべて自分の責任というのは、「私は私自身をコントロールする」という自己再帰構文と関わっている。英語でいうなら、**He killed himself.** が極点となるような **self** の構文のなかに自己再帰性が広がっていて、その広がりに、彼女は売春するShe sells herself.も含まれてゆく。これを身も蓋もない(つまり因果論を媒介しない)断言命題に変型すると、「売春婦は売春する」になります。ナナの自己責任論の後半は、この断言命題の連鎖なのです(景12でナナは「いやな人はいや」とも叫ぶ)。この断言命題性こそがゴダール映画の特質だと世界で最初に指摘したのがフランス文学者にして映画評論家の蓮實重彥です。彼は『勝手にしやがれ』のジャン＝ポール・ベルモンドの科白から、この問題を説き起こしてゆきました。ゴダール映画の刻々の、あっけない急転直下とは、いったい何なのか。

密告者は密告し、泥棒は泥棒し、殺人者は殺人する。女は女であるに似たこの単純な断言命題こそ、ゴダールにとっての問題なのだ。もちろん、その問題には宿命など微塵も影を落としてはいないし、冷笑的な彩りもはじめから不在である。われわれは、ベルモンドの台詞として口にされるその簡潔な文章の連なりの中に、作品をかたちづくっている問題の組み合わせを直截につかみとる。『勝手にしやがれ』には、事実、密告と、泥棒と、殺人と、愛という四つの問題が流動的に交錯しあってその時間的＝空間的な構造をかたちづくっている。いささか性急ながら、それが物語を要約する四つの単語だとさえいえるだろう。ミシェルは自動車を盗む。これが泥棒は泥棒するという問題だ。そして彼は、逃亡中に警察官を殺す。殺人者は殺人を犯すという問題である。そして一人のアメリカ人女子学生を愛し、彼女の愛を得る。愛する者たちは愛し合うという問題がそれだろう。そして彼女に裏切られて息絶える。文字通り、密告者は密告するという問題がそれにほかならない。

（蓮實重彥「破局的スローモーション」『ゴダール革命』、筑摩書房、二〇〇五、一八頁）

『女と男のいる舗道』の原題にあたる自分の人生を生きるとは、まさしくその開かれた問題としてあるいくつもの断言命題なのだ。女は女であるも自分の人生を生きている。密告者は密告するも自分の人生を生きている。映画作家は映画を撮るも人生の生き方の一つにほかならない。こうしてゴダール的な問題は、無数の断片的な人生が交錯しつつ生きられる場となるだろう。

（同上、二三―二四頁）

景6ではカフェの入口にサディ・レポ扮するラウールが不穏なシミのように配剤されています。つましい生活ながら妻との性交を愉しむ男を唄った哀しいシャンソンをバックに、ナナの見た目でカフェの恋人同士が描写されます。ラウールはやがてイベットと通牒、ナナが貴婦人タイプか娼婦タイプかをテストする、と言い出し、ナナに突っかかり、無礼な言葉を浴びせます。ナナはその窮地でなぜか噴き出してしまう。それで貴婦人タイプの娼婦だとラウールは判断する。ナナは期せずしてラウールのテストに合格してしまうのです。直後、カフェの外で、政治的集団と警察隊の発砲を交えた戦闘が起こる。血まみれの顔をした若い男がカフェに転がり込み、恐怖を感じたナナはカフェを出て逃走します。

指を尺取虫にして……

【7　手紙―再びラウール―シャンゼリゼ】

自らをメイドとしてとあるマダムに売り込むナナの自己紹介の手紙。それが書き進められる様子をカメラは丹念に見つめつづけます。ナナの書く手も画面に入っているので、それはナナが自身の領域をみた自己再帰的構図です。これは人物（の顔）が映らず、音もない長い場面だから「中断」と「設問」の時間となります。手紙の内容もとうぜん「自分が自身を語る」自己再帰的な難問とぶつからざるをえない。このように――

「奥様　お宅で働いたことのある友人が、あなた様の住所を教えてくれました。奥様のもとで働かせていただければ幸いです」「私は二十二歳です。自分ではきれいだと思っています。背の高さは……」「一メーター六十九です。髪は今は短いのですが、でもすぐ伸びます。写真をお送りします」

（前掲「採録『女と男のいる舗道』」四九頁）

「背の高さは……」のところで一旦文面作成が途切れます。ナナは自分の身長がわからず、カフェの椅子から立ち上がる。それから手の親指、人差し指のあいだをひらき、それを尺取虫のように延長させて、爪先から脳天まで移動させ、生じた倍数によって自分の身長を計算するのです。自己が自身に触る。ゴダールの自己再帰性のテーマ提示は徹底しています。文面を便箋に満たしたときナナを尾行してきたラウールが現れる。ここでもナナ＝カリーナの顔が侵害される。ラウールがナナの正面に座り、それをそのままカメラは捉えるので、多くでナナの顔はラウールの向うに隠れてしまうのです。カメラが左右に回り込んだときだけ、ナナの顔が画面に現れる。シャンゼリゼ通りを見下ろしているとみえる背後の巨大な窓は、写真を大きく引き伸ばしたパネルが貼られているだけです。このあいだの騒動は犯罪組織の手入れではなく、政治組織と警察の抗争だったとラウールは解説(そこでナナの政治的無知が伝えられる)、そのあと、ラウールはナナを褒めはじめ、ナナが心を開いてゆく。ラウールは売春の元締め、女たちをとりまとめる女衒《ぜげん》、女から上前をはねるヒモで、その甘言にはとうぜんナナから搾取したい野心がある。ナナはそれに頓着せず、気持ちを高ぶらせて、カフェから出るとき、ラウールの抱擁と接吻を許す。唇が離れたあと、ラウールが吸っていた煙草のけむりをナナの口が吐き出すのが生々しい。以下、「仕事はいつから?」というナナのオフの声が入り、迷宮状の夜のパリが映し出されます。ここからラウールの科白として、刑事であるマルセル・サコットの売春白書的なルポの文面が発声されます。まさにゴダール的「引用」。

以下、サウンドブリッジで——

四　吹き替えと売春の映画的関係

【8　昼下がり―金―洗面台―快楽―部屋】

クルマを運転するラウールが映り、ナナのオフの声、「仕事の内容は?」が入ります。以下、ラウールが語るのも『売春婦のいる場所』の文面。客は選べないという娼婦の心得、報酬の相場、営業場所、元締めとの契約、避妊、妊娠発覚時、身体検査、一晩での交渉数など、素っ気ないのに、ゾッとする内容でした。その説明に、実際に娼婦として働きだしたナナのさまざまな姿が、素早いカッティングで展開されてゆきます。大体が「部分」から「部分」へつながれる換喩《メトニミー》的編集で、あえて錯時的にいえば、このくだりでゴダールはすでにロベール・ブレッソンの少女映画『バルザールどこへ行く』(一九六六)、『少女ムシェット』(一九六七)、『やさしい女』(一九六九)を撮ってしまったようにみえます。素早い編集カッティングで、迷宮性も充分です。カリーナがブラウスのボタンを外しブラジャーに包まれた胸部が垣間みえるほか、下半身がパンティだけの姿で画面を横切る往復もあります。これはフレームで頭が切られているので、もしかすると吹き替えかもしれません。素早いカッティングは一日ではなく一か月かそれ以上の時間経過から画面を選択されているようで、次第に客あしらいに馴染み、頽廃度をナナが高めてゆく様子が残酷に示されています。

【9　若い男―ルイジ―ナナは自分が幸福かどうか考える】

ラウールの語りがサウンドブリッジで続きます。娼婦は身体検査日が休日となり、検査ののちヒモは娼婦に映画、食事、子供との再会などの慰安を与えると説明されますが、画面の当日はラウールが多忙、好きな映画を観にゆけなかったナナがむくれています。ラウールはルイジと打ち合わせがあるらしく、カフェの二階のビリヤード場に行ってしまい、ナナは一階のエントランスカウンターに残される。そのときたまたまいたビリヤード客の学生風の男に媚態をふりまく。やがて自らも二階へ。ルイジから「風船をふくらます男の子」のパントマイムを披露され、それで笑いますが、またルイジはラウールとの打ち合わせに戻ってしまう。退屈になったナナがコートを脱いでいると、ビリヤード客の先刻の青年が、ナナのほしがっていた煙草を買ってくる。ナナ、ジュークボックスにカネを入れると、フランス風にブラスアレンジされたロックンロールが流れだし、ナナの肩が小刻みに動いたのち、ダイナミックに、足を蹴り上げ、体をふるわせるセクシーで挑発的な「メスティング・ダンス」を踊りはじめます。ナナの見た目が入るほかは、カメラは前進、もしくは後退移動の長回しで、ナナ＝カリーナの踊りの全貌を捉えつづけます。見事な踊り。一瞬、足上げでスカートのなかがみえたと動悸させます。ともあれ、淫猥で躍動的なカリーナならば、制約なくその姿が丸ごと捉えられるのです。

【10　舗道―ある男―幸福は楽しくない】

頽落的に喫煙するナナ。客を売春宿に引き込むナナ。ナナと客はめまぐるしくフレームを入ったり出たりし、タンスの鏡に映る像も活用されます。やがて三人プレイの要求がなされたようで、ナナは協力してくれる仲間の娼婦を探す。廊下を行き来、いろいろな扉があけられ、細かいカットつなぎで景8よりさらに空間が迷宮化します。そのさい裸の娼婦がかずかず映って、それがアンナ・カリーナの裸身を「吹き替えた」効果をもつことにもなります。ゴダールがバロック的な恐怖映画も撮れたはずだったと思わせる一連です。ナナは結局、三人プレイだったはずが、男女の営みの傍観者の位置に貶められ、窓辺で表情を沈ませます。売春にまつわる気鬱がそこで集中的に表現されています。

「吹き替え」と綴りました。もちろんこれはスター女優の身体価値を守るための手段ですが、実はこれは売春論とも深く関わる問題でした。それしか生活手段のない女性たちがいると考えながらも、多くのハイクラスの女性たちが売春婦を嫌うのは、自分たちの女性性を性にのみ矮小化して売春婦が「吹き替えている」と感じるためではないでしょうか。越権的な代理行為。しかもそれが際限なく増殖してゆく不気味さが売春にはあるのです。

考えたために死ぬんだ

【11　シャトル広場―見知らぬ人―ナナは知らぬ間に哲学を……】

冒頭、車窓からのパリの通りの眺め。勤め人もいれば立ちんぼ娼婦もいて、世界の多様性が示されます。そのなかに歩道を歩いてゆくナナの後ろ姿が一瞬捉えられます。カフェの二階。セットアップされたショートボブにカチューシャをつけた、いつになく清楚な雰囲気のナナがいます。煙草を吸う。背後に鏡。それから後ろの席の初老の男に、ナナが話しかけます。男は哲学者のブリス・パラン。ゴダールがよくやる「現物引用」です。景7、手紙、仕種で記された自己再帰性は、景8、10で売春というそのままの自己再帰的行動を刻印したのち、ここで自己再帰性の哲学へと昇華されてゆきます。まずはナナが悩みを打ち明ける。「話をしようとすると、事前に考えたことが何も言えなくなる」と。自分にまつわる考えそのものに哲学的な問題があると言わんばかりに、パランとナナは以下のやりとりをします。

哲学者　『三銃士』は読んだことある？

ナナ　読んでないわ。映画でなら見たけど。でもそれがどうしたの？

哲学者　そこにポルトスって男が出てくるんだ。いや、『三銃士』じゃなくて『二十年後』の方だったかな。体が大きくて、力があって……でも頭はいくらか抜けてて、自分の人生について一度も考えたことがないような男なんだ。ところで、そのポルトスがあるとき、洞窟に爆弾をしかけなければならなくなった。で、彼はそれをやってのける。爆弾をしかけて導火線に火をつけ、……もちろん逃げるわけだ。ところが、彼は走りながら、突然考えはじめてしまう……しかも彼が考えたのは、あなたにもそういうことがあると思うけど、どうして足をたがいちがいに前に出すことができるんだろうってことだったんだ。そこで彼は、走るのを、足を前に出すのをやめてしまう。もう前に進めなくなるわけだ……　そして爆発がおこり、ポルトスの上に岩がくずれ落ちてくる。彼は力があったから肩でそれを支えてたんだけど、一日か二日して、おしつぶされて死んでしまう。つまり、ポルトスはそのときはじめてものを考え、しかもそのために死んでしまったんだ。

（前掲「採録『女と男のいる舗道』」六二―六三頁）

バランがポルトスの逸話から引き出した哲学はおよそ奇妙なものです。「考えたために死ぬんだ」が結論だからです。とうぜんここでブレヒト的な「設問」性も舞い込みます。のちのナナの犬死は、「愛したための死」なのかと。パランはそれでも試行錯誤を肯定する。考えるためには会話が必要だし、思考と言葉を区別することもできない、言葉はたえず誤るが、正しい言葉の探求が必要だ、それこそが愛だ、云々と。発語こそが身体の自己再帰性の根幹にあるという考えへ導くこの場面の印象は一見肯定的なのですが、実は問題もあるのでした。

――『女と男のいる舗道』でアンナ・カリーナが哲学者のブリス・パランにインタビューするカフェのシーンなども同時録音撮影ですか。

クタール　もちろん、そうです。しかし、そこはまた別です。撮りかたが全然違います。『女と男のいる舗道』のあのカフェのシーンでは、アンナ・カリーナが耳に小さなイヤホーンをつけていて（もちろん画面には見えないように髪の毛で耳が隠されています）、ジャン＝リュックが彼女に次のせりふや質問を伝えるのです。たとえば、何をしてるのか哲学者に声をかけろと伝えると、彼女がそのとおりに「何をしてるの」ときく。ブリス・パランが「読書さ」と答えると、ジャン＝リュックがまたアンナ・カリーナに「なぜ読書を？」とたずねろ、と耳打ちする。こんなふうに、ジャン＝リュックがせりふを考え、質問をつくり、それをイヤホーンで聴いたアンナ・カリーナが同じせりふ、同じ質問をくりかえすというやりかたです。

――同時録音というだけで、まさにゴダール流の即興の、その場、その瞬間に、当意即妙にプロンプターとしてせりふを吹き込む方式なんですね。

（ラウール・クタール・インタヴュー（聞き手・構成＝山田宏一）「それは『勝手にしやがれ』からはじまる」、「ユリイカ」一九九八年十月、青土社、一〇五頁）

つまり、ドラマ的に、自己再帰性の逼塞から光明や解放へと導かれたかに見えたここでのナナ＝カリーナは、現実的には声と身体の一致に到っておらず、監督ゴダールの「傀儡《かいらい》」「吹き替え」にすぎないという惨たらしい一面をもっていたのでした。言い方をかえれば、「姿だけある（魂のない）女」がここでのカリーナです。娼婦の存在論に近い。顔はその意味で疎外されています。ところがここでの、フィックス（固定撮影）でパランと横方向から単純に切り返される彼女の顔アップが、思考の痕跡を湛えていることからとても美しいと思えます。これこそが映画の逆説です。魂のないものがむしろ輝くと告げられているのですから。ともあれ『女と男のいる舗道』は、この景11の局面では「顔の映画」だといえるでしょう。

「ただ起こること」が「ただ起こる」

【12　若い男―楕円形の肖像―ラウール　ナナを売る】

景12でゴダールは不思議な処理をします。景9の例のビリヤード客とナナは恋仲になっていて、同棲を始めています。ところが二人のデートの予定などを語る睦言は、すべて字幕として画面に「書かれる」のです。青年はボードレール訳のエドガー・ポオ『不思議な物語』から短篇「楕円形の肖像」のクライマックスを読んでいる。口許は本で隠されリップシンクロは必要ない。実はこの声はゴダール自身が読み上げ、画面オフで流れているにすぎないのです。それはナレーションに近いともいえるでしょう。前の景のナナとパランの会話ではゴダールの声はナナの隠された耳のイヤホンのなかに隠匿されていたのですが、今度はゴダールの声は姿なきまま、事情を知らないひとには青年の声を偽装して、そのまま露呈されている。このことから景12では、自己再帰性をかたどるはずの「声」とは何か、という問題がひそかに考察されているのです。

青年が読み上げているのは、画家が自分の妻の肖像画を「生き写し」として完成した挙句に、妻の魂を奪ったように死なせてしまう鬼気迫るラストの一連。この「像の搾取」は、怪奇小説の主題を超えた映画特有の問題だとゴダールは考えているはずです。ところが臍曲がりの彼は、やがて自分の朗読をオフ音声にして、それを所在なげに聴くナナ＝カリーナの顔を、アップでフラッシュ編集してゆくのです。光の具合、構図ともどもがカリーナの顔を美しく引き立て、たぶん「顔の映画」としての本作の絶頂がこの一連にあります。ふたたび二人のやりとりが字幕表示でなされ（二人は発声を疎外されている）、窓辺、半分シルエットになりながら、頰を寄せ合う親密な抱擁をフラッシュ編集によって反復される。結論。男「一緒に暮らそう」。ナナ「ラウールにそう言うわ」。しかしここから急転直下、映画は「哀しい」「身体の映画」として自らを完成させるのです。

ラウールにナナは談判する。ところが、客に全的な対応をしなくなったナナをラウールは許さない。それで別組織にナナを売ることにするのです。最後の異様な長回し（クタールのカメラはロングの人物の動きを契機にして左右に素っ気なく振られるだけ）は、路上に停められている一台の自動車から始まります。詳しくはＤＶＤで確認してください。死ななくてもよいどころか、画面上、最も「商品価値のある女」が、「物のように」、無遠慮なトバッチリで犬死してゆく様子が、散文的、ぶっきらぼうに捉えられています。それで思うはずです、ゴダールは事故の偶発性を演出する手腕がなんと見事なのだろうと。

ところでそんな「事故」はなぜ起こるのでしょうか。因果関係など、実はないのです。それは「ただ起こる」。おそらく「かなしむ身体」が「ただ身体を哀しむ」のと同様に、「ただ起こること」が「ただ起こる」のです。

読書、DVD案内

ジャン＝リュック・ゴダール監督『女は女である』(DVD、一九六一)
『女と男のいる舗道』の暗さと表裏をなす、「明るい」ゴダール／カリーナのミュージカルコメディ。カラフルでポップで出鱈目でコダール的な映画愛が満載なのだが、映画的には「中断」が重要。急に無音に変化する音響設計、その衝撃だけでも、もってゆかれる。カリーナの素肌の露出という点では『気狂いピエロ』と双璧。

ジャン＝リュック・ゴダール監督『はなればなれに』(DVD、一九六四)
おばの家に居候する娘カリーナが、その家の金庫破りを、三角関係をなす男二人に手引きする。カリーナの役柄は知的にやや障碍のあるように造形されていて、そこから哀しみが湧き出すが、いっぽう短い単位で点綴される有名シーンも多く、そうした混成状態がかえって全体の印象をおぼろ、神秘的にさせる。偏愛の一本。

ジャン＝リュック・ゴダール著『ゴダール全評論・全発言I』(奥村昭夫訳、筑摩書房、一九九八)
前半は評論家時代のゴダールの映画レヴュー、後半は監督デビュー後の作家インタビューが中心の大著だが、ロッセリーニの言葉を取材構成しながらロッセリーニに憑依して結局はゴダール自身が地金を出す「映画は宣教師である」など感動要素がたっぷり。若きゴダールを考えるための必携本なのは言うまでもない。六八五頁にはこんな記述も。《映画をつくるというのは、プラトンの洞窟のなかでセザンヌの光をもちいてものごとをはっきり見てとるということだ》。

蓮實重彥著『ゴダール革命』(筑摩書房、二〇〇五)
ゴダール映画のもつ「断言命題」性を見事な修辞・展開でえぐりとった、集中の「破局的スローモーション」にとりわけ味読の価値がある。それは映画評論と詩のアマルガムでもあって、何しろ冒頭は《わたくしは映画を撮る。あなたは映画を撮る。あのひとは映画を撮る。》と、ほぼ韻文で書き出されるのだった。ついでながらゴダール関係の蓮實の本では『ゴダール・マネ・フーコー』(NTT出版、二〇〇八)も秀逸。全体は自由な発想による時評的な連載エッセーにみえて、ゴダール『映画史』の一細部から「モダン」の根幹がひらけてくる。

阿部嘉昭著『映画監督大島渚』（河出書房新社、二〇一三）
ゴダールに匹敵する日本の映画的前衛が大島渚だった。しかも二人は「自己再帰性」という主題をわかちもっていた。この二者の時代的同調性を分析した百枚の長稿「大島渚vsゴダール」が本書の終わりに収められていて、やがて議論は自己再帰性から、一つの映像の流れに別の映像の流れが置かれざるをえない映画の宿命、「代位性」の考察へと発展してゆく。自著を推薦するのは照れるが、自分自身の画期的論考だと思い、ここに掲げた。

第四章　紙の原料生産地で何が起きているのか

――環境ガバナンスをめぐる「隠れた物語」を掘り起こす

笹岡正俊

はじめに

私たちは毎日「紙」を使って生活しています。「紙」とひとことで言っても、そのなかには、新聞紙になる「新聞巻き取り紙」、コピー用紙、雑誌とか本とかの原料になる紙、さらにポスターの原料になる塗工紙などの「印刷・情報用紙」、そして、トイレットペーパーとかティッシュなどの「衛生用紙」、といった具合にさまざまなものがあります。また、広義の紙には「板紙」も含まれます。これは、段ボールになる紙や、紙器（紙の箱など紙でできた器）用の板紙などを意味します。

世界では、平均して一人年間だいたい五六・五キロの紙・板紙を使っています（二〇一六年、日本製紙連合会）。では、私たち日本人は一人当たりどれくらいの紙・板紙を一年間に消費しているでしょうか。

二〇一六年のデータによると、日本人は一人当たり年間約二百九キロの紙を使っています。世界平均の約三・七倍の消費量ですので、日本は世界でもかなり紙を使っている国といえるでしょう。

では私たちが使っている紙の原料はどこからきているのでしょうか。その全体像を把握することはなかなか大変です。なぜなら、製品としての紙の輸入量だけではなく、木材を繊維状にしたもので紙製品の原料であるパルプやパルプ材（パルプの原料となる原木やチップ）の国別の輸入量を調べなければならないからです。また、統計資料（財務省貿易統計）において、それらの数値は品目ごとに整理されているので、それらをひとつひとつ見ていかなければなりません。

すべての紙を対象にすると話が大変複雑になるので、ここでは、私たちが日常的に使っているコピー用紙（PPC用紙とも言います）についてみてみましょう。二〇一七年に日本国内で消費されたコピー用紙の量は約一三〇万トンでした（ここでは、出荷量に輸入量を足したものから輸出量を差し引いたものを消費量とみなしています）。うち、国内生産分は八〇・七万トン（消費量の六二パーセント）。残りはインドネシアからの輸入が約二八・三万トン（全消費量の二二パーセント）、中国からの輸入が約二〇・八万トン（全消費量の一六パーセント）となっています（経済産業省生産動態統計および財務省貿易統計）。

このようにしてみると、私たちが使っているコピー用紙の四枚から五枚に一枚がインドネシアから来たものであることがわかります。製品だけではなく原材料にも目を向けると、インドネシアの熱帯林由来のものはもう少し増えるはずです。日本で使用される製紙用パルプの一六パーセントを占める輸入パルプの七パーセントはインドネシアから来たものだからです。尚、国産の製紙用パルプ原料の約七割が輸入チップ（その大半はベトナム、オーストラリア、チリから輸入されたもの）ですが、そのうちの一部も(二パーセントぐらいですが)インドネシアから来ています(いずれも二〇一六年のデータ、日本紙パルプ商事株式会社発行の『図表：紙・パルプ統計』による)。

このように、私たちは日常的にインドネシアで生産された原料を用いた紙を利用しながら暮らしています。しかし、紙の原料生産地でどのようなことが起きているか、そこで地域の人びとはどのように暮らしているかということはほとんど知られていないのではないでしょうか。

世界有数の紙・パルプ生産国であるインドネシアでは、一九九〇年代から急速に紙原料生産のための植林事業が進められてきました。それを牽引してきたのは、スマトラ島東部を拠点とする巨大製紙・パルプメーカー、アジアパルプアンドペーパー(Asia Pulp and paper: APP)社(以下、A社)です(尚、インドネシアから輸入されるコピー用紙の約九割がA社製のものだとみられています)。A社のサプライヤー(原材料供給会社)の植林活動は、天然林破壊、生物多様性消失、森林火災、二酸化炭素排出による気候変動の加速化、といった環境をめぐる問題とともに、住民がもともと利用してきた二次林や農地を破壊し、住民を資源・土地利用から締め出すといった社会問題を引き起こしてきました。

しかし、近年、環境NGOや人権団体などからの強い批判を受けて、A社は自社とそのサプライヤーが守らなくてはならない約束事項として、天然林伐採の停止、泥炭地保全、社会紛争の回避と解決に向けた責任ある対応など四つの柱からなる「森林保全方針(Forest Conservation Policy: FCP)」を定めました。NGOや市民社会の圧力を背景に、「環境ガバナンス」の新たな制度的枠組みが整えられてきたといえます。

「環境ガバナンス」については、様々な論者による様々な定義がありますが、本稿では、「環境ガバナンス」という言葉を「環境に対して何らかの利害を持つさまざまな関係者(地域住民、私企業、NGO、政府組織など)が、公式・非公式の制度を活用しながら、例えば、環境利用の持続可能性の向上、あるいは、環境利用における社会的公正性の確保、あるいは、環境・資源をめぐる対立の解消といった目標にむけて協働していくプロセス」という意味で用います。

「企業の自主管理計画」を軸とした環境ガバナンスの新たな仕組みの整備はA社に限らず、また紙原料生産に限らず、さまざまな企業によりさまざまな分野で行われてきています。このこと自体は歓迎されるべきことですが、後述するように、現地に足を運べば、こうしたガバナンスの「進展」を手放しで喜べない現実も見えてきます。

この章では、まず、紙原料生産のための植林事業が引き起こしてきた問題について述べます。次に、A社を事例に、企業の自主行動計画を軸とした環境ガバナンスの仕組みがどのようなプロセスを経て形成されてきたかのかを概観した後に、そうしたガバナンスの制度的外観の整備の結果、強い情報発信力を持つパワフルなアクターが、私たちが認識する「現実」を形作るようになってきたことを指摘します。そして、紙原料生産のための大規模植林事業が進められ、激しい土地紛争が起きているインドネシアのジャンビ州でのフィールドワークをもとに、植林事業地に囲まれ、長引く土地紛争を生きる人びとがどのような暮らしを送り、どのような「被害」を経験しているのかを紹介します。最後に、環境ガバナンスの理念と現実のギャップを埋めるために、紙製品の恩恵をうけている消費者市民と環境社会学およびその関連分野のフィールド研究者に何が求められるかについて若干の展望を述べたいと思います。

一　インドネシアの産業造林が引き起こしてきた問題

紙原料生産のための産業造林の展開

紙の原料も含めて、産業用材を供給するために伐採することを目的として森林を造成することを「産業造林」と呼びます。インドネシアでは、国の定める空間利用計画において「森林」と分類される土地はすべて国有地になっています。森林は生産林や保全林などに区分されており、産業造林は生産林（二〇一一年時点で全森林の五九・三パーセント）でのみ可能となっています。産業造林を行う企業は、一定の条件を満たすことを前提に、政府から産業造林事業許可（IUPHHK-HTI）を得なくてはなりません。一定の条件というのは、例えば、許可を得てから一定の期限内に、どこに住民が暮らしているか、どこか環境保全上重要な地域で植林をしないで天然林を残すべき場所かを調べて植林可能な土地の境界を確定しなくてはならないなどです。このように政府から許可を受けた事業体だけが産業造林事業を行うことができる仕組みになっています。

インドネシアで紙の原料とされてきたのは、一昔前までは熱帯林から切り出された熱帯広葉樹の

図 4-1　アカシアの植林地
注：2015 年 9 月，ジャンビ州テボ県 L 村にて筆者撮影。

天然木でした。しかし、現在では広大な天然林を伐採した跡地に植栽された、アカシアやユーカリが原料として利用されています。これらは早生樹種で、植栽後、六年から八年で収穫できます（図4-1）。

図4-2は、合板などの原料になる商業価値の高い樹木を抜き切りする（択伐と呼びます）商業伐採、パーム油生産のためのアブラヤシ農園、そして産業造林の事業許可面積の推移を示したものです。この図が示す通り、産業造林面積は一九九〇年代半ばから増え始め、二〇〇〇年代に入り、急増していることがわかります。二〇一一年末の段階で、約二百五十の企業に対して約一千万ヘクタールの森林を対象に産業造林事業許可が出されております。図4-3の地図で、黒く塗られたところが、産業造林事業許可が発給されたエリア（コンセッションエリア）です。

産業造林事業許可の発給対象地の約九割はスマトラ島とカリマンタン島にあり、それぞれの島で同じぐらいの

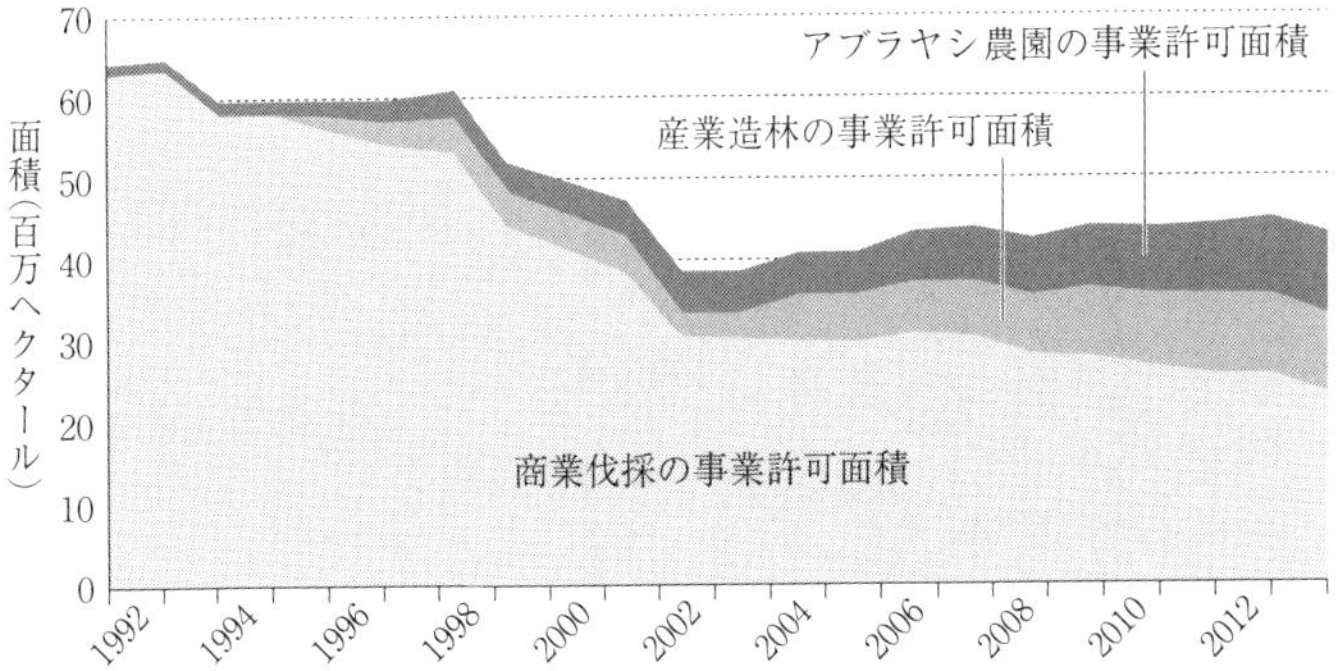

図 4-2　事業許可面積の推移

出所：Forest Trends et al. 2015. Indonesia's Legal Timber Supply Gap and Implications for Expansion of Milling Capacity: A Review of the Road Map for the Revitalization of the Forest Industry, Phase 1. Forest Trends.

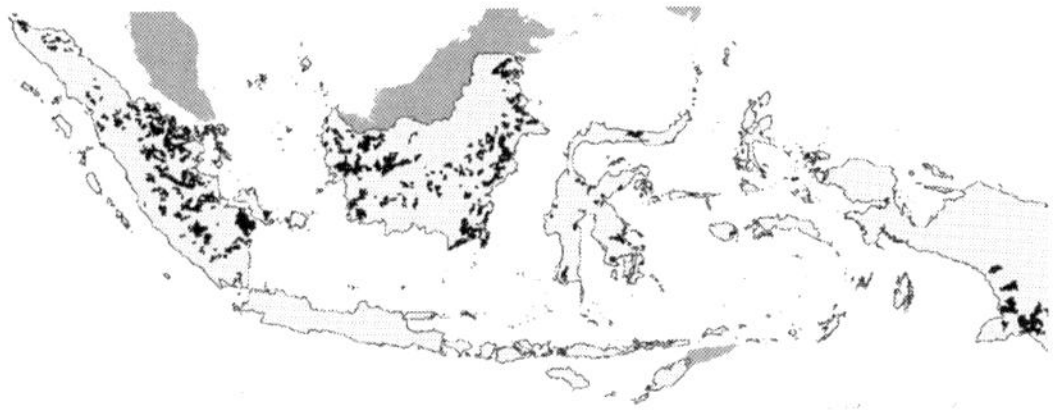

図 4-3　産業造林事業許可発給対象地

出所：Eric Wakker. 2014. Indonesia: Illegalities in Forest Clearance for Large-Scale Commercial Plantations. Forest Trends.

面積の事業地が存在しています。

先にも少し述べましたが、インドネシアの紙・パルプ産業を牽引してきたのはA社です。このアジア最大ともいわれる総合製紙メーカーは、紙パルプ、アグリビジネスを手掛ける巨大企業グループ、シナールマスグループ（Sinarmas Group: SMG）の主力企業です。A社が生産する紙、ティッシュペーパー、梱包用紙などの紙製品は世界約百二十カ国で消費され、インドネシアでの紙生産量は年間九百万トンに上ります（鈴木遥「インドネシアにおける紙パルプ企業による森林保全の取り組み」、『林業経済研究』、六二巻一号、二〇一六年、五二―六二頁）。A社に原料を供給する植林企業、すなわちサプライヤーは、いくつかの植林企業を経営するＳＭＧ傘下のシナールマスフォレストリー（Sinarmas Forestry: SMF）と、ＳＭＧのグループ企業ではない、いわゆる「独立系サプライヤー」があります。表4-1は、産業造林事業許可面積の多い企業十社を挙げたものですが、そのうちの五社（表中で下線を付したもの）がA社のサプライヤーです。これらを筆頭に、A社の全サプライヤーの産業造林事業許可発給対象地の面積は約二百六十万ヘクタールに上るといわれています。これは産業造林が可能とされる土地全体の約四分の一に相当します。このように、インドネシアにおいては、生産目的に供される熱帯林の多くが少数の企業によって囲い込まれていることがわかります。

生物多様性の消失と気候変動の促進

以上述べたように、少数の企業が森林を囲い込み、紙原料生産のための産業造林を進めていく中で、次のような環境問題を引き起こしてきました。一つは、生物の多様性の消失です。A社によるスマトラでの操業開始は一九八四年です。それ以来二〇〇八年までに百万ヘクタール以上の天然林を伐採したと言われています。こうした天然林伐採が、熱帯林の持つ高い生物多様性を消失させて

表 4–1　産業造林事業許可面積の多い企業 10 社（2012 年 11 月現在）

順位	企業名	事業地	交付年	事業許可面積（ha）	SMG/APP との関係
1	PT Riau Andalan Pulp & Paper	リアウ州	2009 年	350,165	
2	PT Arara Abadi	リアウ州	1996 年	299,975	SMF が直接経営を行っている企業
3	PT Finnantara Intiga	西カリマンタン州	1996 年	299,700	SMF が直接経営を行っている企業
4	PT Musi Hutan Persada	南スマトラ州	1996 年	296,400	
5	PT Wirakarya Sakti	ジャンビ州	2004 年	293,812	SMF が直接経営を行っている企業
6	PT Hutan Rindang Banua	南カリマンタン州	2006 年	268,585	
7	PT Bumi Mekar Hijau	南スマトラ州	2004 年	250,370	APP 社の独立系サプライヤー
8	PT Merauke Rayon Jaya	パプア州	2008 年	206,800	
9	PT Adindo Hutani Lestari	東カリマンタン州	2003 年	201,821	
10	PT Bumi Andalas Permai	南スマトラ州	2004 年	192,700	APP 社の独立系サプライヤー

出所：藤原敬大他「インドネシアの国有林地におけるランドグラブの現状―木材林産物利用事業許可の分析」（『林業経済研究』，61（1），63–74，2015 年）をもとに作成。

注：確認できたもののみを明記。SMF（Sinarmas Forestry）は，インドネシアの財閥であるシナルマス・グループ（Sinarmas Group）のパルプ原料生産のための植林を担っている会社。SMG/APP との関係に関する情報の出所については笹岡正俊「熱帯林ガバナンスの「進展」と民俗知」（蛯原一平・斉藤暖生・生方史数編『森林と文化――森とともに生きる民俗知のゆくえ』，共立出版，2019 年）を参照。

きたことが問題視されてきました。

生物多様性というのは，種内の遺伝的多様性，種の多様性，および生態系の多様性，そして，生物と環境や生物間の相互作用の多様性をひっくるめた概念で，それらがさまざまな変異を含み，多様であることを指しています。こうした生物の多様性は，生態系を健全に保ち，生態系から得られる様々な恵み（生態系サービス）――食物や清潔に必要な原料，医薬品開発に不可欠な遺伝子資源などのほか、気候・洪水・病害虫制御などの生態系のプロセスの制御により得られる利益や、審美的価値やレクリエーションなど非物質的利益――を人間が持続的に享受できる状態を保つのに不可欠なものです。紙原料生産のための産業造林は、多様な生き物からなる広大な熱帯の天然林を伐採し、アカシアなど特定の樹種からなる一斉林に変えてしまうので、生物の多様性を消失させます。

もう一つは、主に泥炭林の開発による、大量の二酸化炭素の放出による気候変動の問題です。泥炭林というのは、水浸しの場所で植物の遺骸が分解されずに堆積し、泥炭層が作られた土地に成立した森林のことです。スマトラ島東海岸には、幅約百キロメートル、長さ約一千キロメートルの土地に泥炭林が広がっています。一千キロメートルというと、青森から名古屋くらいまでの距離です。泥炭林は近年まで開発の手が及ばなかった土地であり、ここに大規模なアブラヤシ農園や紙原料生産用の植林地が造成されてきました。地下水位が高いとアブラヤシやアカシアやユーカリの育ちがよくないので、カナルと呼ばれる明渠を格子状に掘り、排水して、そこに植林します(図4-4)。地下水位を下げた段階で、泥炭層の有機物が分解されはじめますので、そこから大量の二酸化炭素が出ます。また、乾燥すると泥炭はおがくずのような状態になります。長引く乾季に何らかの要因でこれに火がつくと、大規模な森林火災に発展することも珍しくありません。ここ数年、インドネシアでは毎年のように乾季に森林火災が起き、それによっても大量に二酸化炭素が大気中に放出されています。

広く知られている通り、大気中の二酸化炭素濃度が高まると、気候変動が促進され、それによっていろんな災害が頻発したり、農作物が育たなくなったり、マラリアとか熱帯性の疾患が増えたりすることから、産業造林による泥炭林開発とそれを遠因とする森林火災が問題視されています。

図4-4　泥炭地に作られた紙原料生産のための植林用地
注：2015年9月，ジャンビ州タンジュンジャブンバラット県S村付近で筆者撮影。

土地紛争

産業造林は、以上述べたような問題に加えて、農民との土地紛争の問題も引き起こしてきました。広大な土地を囲い込んで植林をすることで、もともとそこに暮らしていた住民のなかには、従来おこなってきたような、籐や果実や樹脂などの林産物利用ができなくなったり、焼畑農業が行えなくなったり、河川が汚染され(収穫後にアカシアやユーカリの枝葉が大量に河川に投棄されることによる)、川での漁労ができなくなる人たちもいます。そうしたことから、植林地にされた土地をめぐって、住民と争いが起きています。A社はどこでどのような紛争が起きているか、マッピングをしていると述べていますが、それを公表していないため、どのくらいの村が、また、どのくらいの人たちが土地をめぐってA社と争っているのか正確なことはわかりません。ニューヨークに本拠を置く国際環境NGO、レインフォレストアライアンスによると、A社のサプライヤーの事業地で起きている土地紛争は数百に上るとみられています。

二　紙原料・紙製品の「責任ある」生産・消費にむけたガバナンスの形成

以上述べてきたような、天然林の破壊による生物多様性消失や二酸化炭素排出による気候変動の促進、そして、広域にわたる住民との土地紛争といった問題を引き起こしてきたことに対して、環境NGOや人権団体はA社をはじめ紙パルプ企業を厳しく批判してきました。

こうした批判にA社は、部分的ではありますが、対応しようと試みてきました。例えば、A社とSMGは、二〇〇三年に、WWFインドネシアと合意書を交わし、A社のサプライヤーの事業地内の「保全価値の高い森(High Conservation value Forests: HCVFs)」、すなわち、生物多様性保全上高い価値を有する森や地域コミュニティの生活や文化にとって重要な森の保全を試みたり、レインフォレストアライアンスの認証制度、「スマートウッドプログラム」の認証取得を二〇〇五年に試みたりしました。しかし、HCVFsを十分に保全できず、また、保全のための改善要求にも応じなかったことからいずれも失敗に終わっています。

このようななか、世論の圧力を受けて、世界で最も厳しい国際森林認証制度を運営する「森林管理協議会（Forest Stewardship Council: FSC）」は、二〇〇七年十月にＡＰＰ社との関係断絶を宣言しました。

これに対抗する形で、Ａ社は、認証基準がＦＳＣよりも緩いと言われているＰＥＦＣ（Programme for the Endorsement of Forest Certification Schemes）のＣｏＣ認証（加工・流通過程管理認証）――森林管理認証を受けた森林から産出された木材・紙製品を、適切に管理・加工していることを証明する認証――をＡ社の子会社のパルプ工場経営会社に取得させています。また、二〇〇九年にはジャンビ州で操業を行うＡ社のサプライヤーで、ＳＭＦのグループ企業でもあるウィラカルヤサクティ（Wira Karya Sakti）社（以下Ｗ社）が、ＦＳＣ認証ほど認証基準が厳しくないインドネシアエコラベル協会（Lembaga Ekolabel Indonesia: LEI）の認証を取得しています。スマトラ島で活動するいくつかの環境ＮＧＯの連合体であるアイズオンザフォレスト（Eyes on the Forest）は、これらの認証の信頼性を問題視し、Ａ社による一連の認証取得をグリーンウォッシュ（環境に配慮していることを装い、消費者をミスリードする企業行動）だとして批判しました。

以上述べてきたような経緯を踏まえて、国際環境ＮＧＯのグリーンピースは、Ａ社が天然林を伐採して希少野生動物の生息地を奪い、泥炭地開発で大量の二酸化炭素を排出しているとして、二〇一〇年ごろからＡＰＰ社製品を使わないよう呼びかける世界的な市場キャンペーンを開始しました。これを受けて、パーケージにＡ社製の紙を使っていた、バービー人形を販売する世界的玩具メーカー、マテル（Mattel）など、多くの企業がＡ社との取引を停止しました。

製品ボイコットという強い市場圧力を受け、A社は、先述の通り、二〇一三年二月に、「森林保全方針（Forest Conservation Policy: FCP）」を公約しました。これは、表4-2に示されるように、保全価値の高い森林と炭素蓄積量の多い（High Carbon Stock: HCS）森林の保護、泥炭地の管理、社会とコミュニティの関与、第三者サプライヤーの四項目からなるA社の「自主行動計画」です。

A社を厳しく批判してきていた環境NGOや人権団体の多くはA社によるこの自主的取り組みを歓迎しました。これまで積極的にネガティブキャンペーンを展開してきたグリーンピースも、当面はそうしたキャンペーンを停止することを決め、FCPを進めるなかでA社と協力していくことを決定しました。

A社はFCPのなかで、独立した第三者によるFCP実施状況の検証を歓迎する、としています。FCPの履行状況の継続的なモニタリングは企業の「責任ある」生産・流通を支援する国際的な団体、ザフォレストトラスト（The Forest Trust: TFT）が行うことになりました。これとは別に、A社が所期の目標をどの程度達成できたのかの評価をレインフォレストアライアンスが、二〇一五年にいくつかのNGOの協力を得て行っています（なお、その評価報告書では、産業造林事業のために新たに天然林伐採を行わないことやサプライヤーによる泥炭林での新規カナル建設を行わないことなどについては前進がみられたものの、土地紛争の解決についてはあまり前進がみられず、A社のサプライヤーの三十八の全てのコンセッションエリアで紛争が存在しており、その多くが長く続くもので紛争地は大面積に及ぶことが明らかにされています）。

表 4-2　APP 社の「森林保護方針(Forest Conservation Policy)」の主要方針

方針 1	保全価値の高い森林(HCVF)と炭素蓄積量の多い森林(HCS) ・APP 社とそのサプライヤーは，2013 年 2 月 1 日より，独立した HCVF および HCS 評価を通じて特定された，森林に覆われていない地域においてのみ開発活動を行う ・HCVF および HCS 地域は今後も保護される ・これらのコミットメント(約束)に従っていないことが判明したサプライヤーからの買い入れをやめ，そうしたサプライヤーとの契約を撤回する ・これらの誓約の順守状況のモニタリングはザ・フォレスト・トラスト(The Forest Trust: TFT)が実施 ・独立した第三者による FCP 実施状況の検証を歓迎する
方針 2	泥炭地の管理 ・インドネシア政府の低炭素開発目標と温室効果ガスの排出削減目標を支持する ・森林に覆われた泥炭地の保護を保証する ・泥炭地での温室効果ガスの排出の削減，回避のため，最善慣行管理(best practice management)を行う
方針 3	社会やコミュニティの関与(engagement) ・社会的紛争の回避・解決に向け，以下の原則を実行 　・先住民や地域コミュニティの「情報を与えられた上での自由意思に基づく事前の合意(Free, Prior and Informed Consent: FPIC)」 　・苦情への責任ある対応 　・責任ある紛争解決 　・地域，国内，国際的なステークホルダーとの建設的で開かれた対話 　・コミュニティ開発プログラムの推進(Empowering community development programs) 　・人権尊重 　・すべての法，および，国際的に受け入れられている認証の原則と基準の順守 ・新規のプランテーションが提案された場所では，慣習地に対する権利の承認を含め，先住民や地域コミュニティの権利を尊重する ・ステークホルダーとの協議を通じて，FPIC 実施のための将来の方策を発展させる ・FPIC と紛争解決のための実施要項(protcol)と手順(procedure)が国際的な最善慣行(best practice)に一致したものになることを保証するため，NGO や他のステークホルダーと協議を行う
方針 4	第三者のサプライヤー(Third party suppliers) ・世界中から原料調達をしているが，こうした調達が責任ある森林管理を支持するよう対策を講じる

出所：APP ホームページ(https://asiapulppaper.com/sites/default/files/app_forest_conservation_policy_final_english.pdf)

注：この森林保護方針は，1)APP 社およびインドネシア国内のすべての APP 社のサプライヤー，2)中国を含め，APP 社のあらゆるパルプ工場で利用される原料，3)将来のあらゆる事業展開に適用される，と公約されている。

Ａ社はＦＣＰの履行状況に関するグリバンス（苦情）に対応するための手続きを定めています。これは、紛争当事者である住民やＮＧＯなどが、Ａ社やＡ社傘下のサプライヤーがＦＣＰの原則を守っていない事実を確認した場合、それをＡ社に報告でき、Ａ社は寄せられたグリバンスの妥当性を、第三者を交えた検証チームを組織し、検証しなくてはならない、という制度です。

またＦＣＰの「方針三」において、Ａ社は、「国際的に受け入れられている認証の原則と基準の順守」を謳っています。このことが示すように、企業の自主的な取り組みにおいて、企業は国際資源管理認証という制度を無視できなくなっています。すでに述べたようにＦＳＣが関係断絶を宣言しているので、Ａ社とそのサプライヤーは世界一厳しいといわれているこの森林認証は取得できませんが、その代わりにＩＦＣＣ（Indonesian Forest Certification Cooperation）――この認証を取得すれば、自動的にＰＥＦＣの認証が受けられるという、ＰＥＦＣの相互承認を受けたインドネシアの森林認証制度――の認証を取得しています（二〇一七年度時点でＡ社が使っているパルプ材の八六パーセントがＩＦＣＣの認証を受けたものだとＡ社は述べています）。

このように、Ａ社の自主的取り組みを軸に、原料生産・製品製造企業、政府組織、地域住民、原料生産地で生じている問題を告発するＮＧＯ、消費国市民といったアクターだけではなく、企業の取り組みの監視・評価、グリバンスの検証、紛争の調停さまざまな活動に関わる多様な個人・組織（ローカルＮＧＯ、国際ＮＧＯ、企業、研究者など）を担い手として、紙原料生産地の環境・社会問題の解決を目指すガバナンスのしくみが二〇一三年のＦＣＰ宣言後、整ってきたといえます。

三　複雑化するガバナンスとその帰結

複雑化するガバナンス

以上述べてきた変化における特徴の一つは、ガバナンスを支える制度的要素が増えたということです。先述の通り、FCPでA社が約束したことがきちんと守られているかを第三者組織が評価するというしくみや、FCPの履行状況に関するグリバンス（苦情）に対応するための制度、そして、企業の自主行動計画のなかで認証された原料を用いることが謳われたことで、認証制度もガバナンスの在り方に影響を与える重要な制度的要素の一つになりました。

もうひとつの特徴は、そうした制度的要素の増加に伴い、ガバナンスにかかわるアクターが増えたということが言えると思います。図4-5は、紙原料の生産地から最終消費地までのサプライチェーン、すなわち、原料の段階から製品やサービスが消費者の手に届くまでの全プロセスの繋がりの川上（図ではアップストリームと表現しています）と川下（ダウンストリーム）を横軸に、紙原料の「責任ある生産」を目指すガバナンスの在り方に大きな影響を与える、あるいは、ガバナンスの在り方から大きな影響を受ける主要アクターが重視する価値として、「環境・地域生活の持続可能性」を志向しているか、それとも「企業経営の持続可能性」を志向しているかという点を縦軸にとって、主要アクターの関係を示したものです。

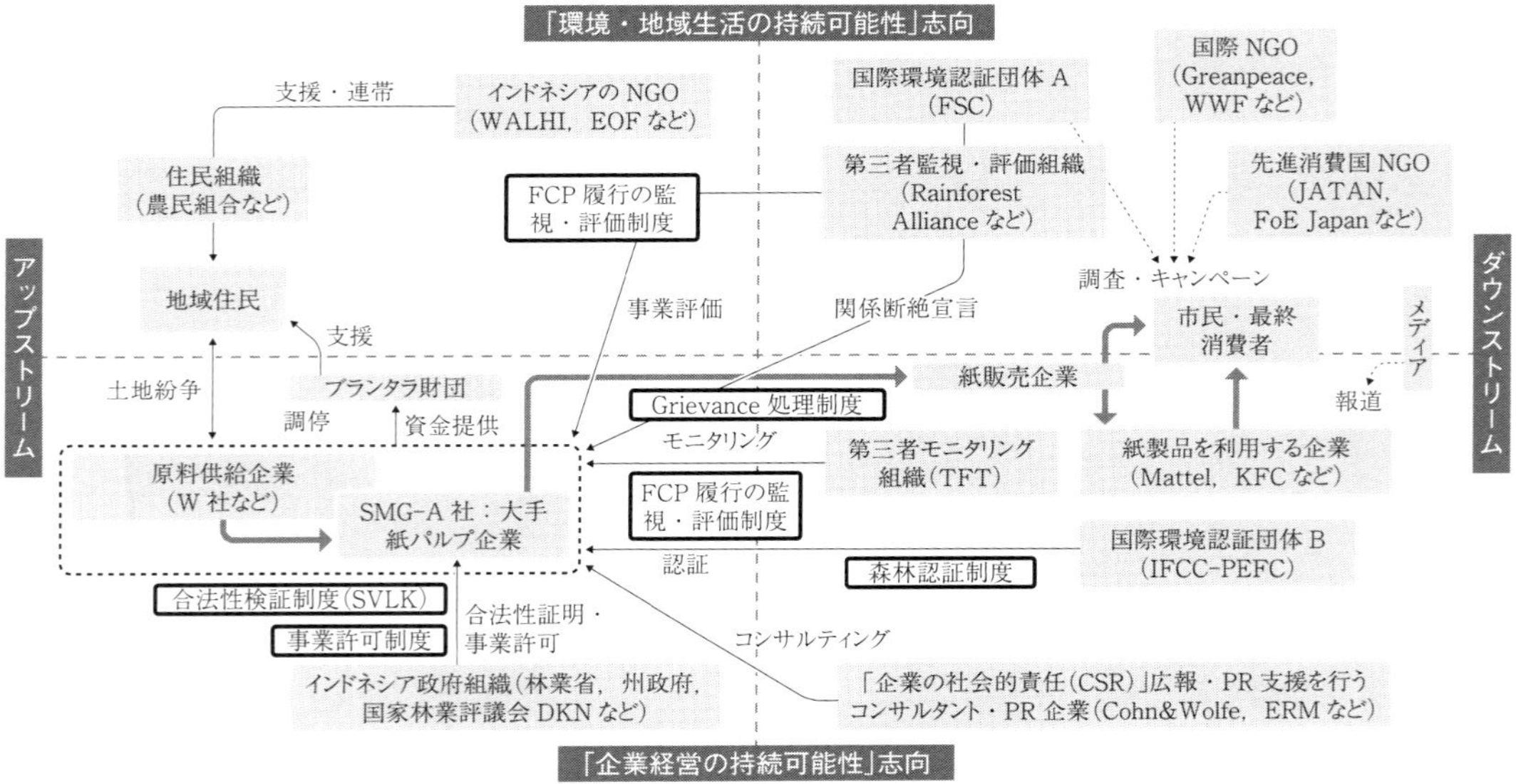

図 4–5　紙パルプ原料の「責任ある生産」を目指すガバナンスのアクター相関図

出所：筆者作成。

注：図中の太線の矢印はサプライチェーンを，細線の矢印は特定のアクターへの働きかけや影響を，点線の矢印は不特定多数のアクターへの働きかけや影響を示す。

少しわかりにくい図ですが、ふたつの軸で分けられる四象限のなかに、ガバナンスにかかわる主要アクターを配置してみると、実に多くのアクターが存在することがわかります。こうしたアクターには、先述した、ＦＣＰの履行状況を常時モニタリングし、グリバンス処理で重要な役割を果たす第三者組織であるＴＦＴや、事業評価を行うレインフォレストアライアンス、森林認証を行うＰＥＦＣやそのライバル的な存在であるＦＳＣなどの非営利組織に加えて、政府組織による持続可能性や木材の合法証を審査する木材合法性証明制度（ＳＶＬＫ）を担う組織、これらの認証制度の信頼性を評価するＮＧＯやメディアの働きも今後のガバナンスの行方に大きな影響を与えるものと考えられます。

またこの図の右下に、「企業の社会的責任（ＣＳＲ）」広報・ＰＲ支援を行うコンサルタント・ＰＲ企業というのがあります。先に述べたスマトラの環境ＮＧＯの連合体であるアイズオンザフォレストのレポートによると、Ａ社は自社の環境対策を広く社会にアピールするために、ブランドマーケティングやメディアキャンペーンを専門とする会社（Cohn & Wolfe や ERM など）を利用して自社イメージアップをはかるＣＳＲ広報を行っているようですが、これらＣＳＲ広報支援企業も今後のガバナンスに影響力を持つ新たなアクターのひとつであるといってよいと思います。

その他にも、Ａ社は、ブランタラ財団というＮＧＯを作り、そこに資金を投入して、インドネシアの五つの州の十の地域を対象に、保護地域における生物多様性保の取り組み強化や、環境教育を含むコミュニティ支援活動を進めています。こうした活動とその成果についての広報活動は、Ａ社の自社イメージアップに寄与しています。このような動きも今後のガバナンスに行方に影響を与えるものと考えられます。

このように、企業の自主行動計画を軸としたガバナンスのしくみが整うなかで、ガバナンスにかかわるアクターが増えてきました。こうした様々なアクターは、それぞれがそれぞれの思惑で動いています。各アクターが重視する価値観は多様化し、アクター同士の相互作用も多様化してきています。

以上述べたような、制度的要素の増加、アクターの増加、各アクターが重視する価値の多様化、アクター間の相互作用の多様化といったガバナンスをめぐる近年の変化は、ガバナンスという多様なアクターが織りなすプロセスを複雑なものにし、その全体像を把握しにくくしています。

パワフルなアクターによる現実の構成

紙原料の責任ある生産にむけて様々なアクターが努力をし、ガバナンスをよりよいものにしていく動きが生まれたこと自体は歓迎すべきことです。しかし、一方でガバナンスが複雑化し、その全体像を把握しにくくしている状況は企業にとって「グリーンウォッシュ」を行いやすい環境を作ったと私は思います。ここでグリーンウォッシュとは、企業の環境に対する活動やある製品やサービスが環境に与える影響に関して、消費者に誤った認識を持つように導く行動を指しています。ある企業がそのビジネス全体では、環境（自然環境に加えて地域の生活環境も含む）に対して悪影響を与えているにも関わらず、環境に良い活動をしていることを積極的に宣伝して、企業イメージをよくするような活動がそれにあたります。

このことを示唆する二つの事例を紹介します。

まず一つ目は、『日経ビジネスオンライン』に二〇一六年に掲載された、「誰もが不可能と見たスマトラ森林保全」と題した記事です。この記事では、A社の日本支社の社長のコメントとして、A社の「森林保護方針（FCP）」は世界の森林保護の流れをさらに加速化させる契機になることやA社が今後、「世界一尊敬される製紙会社」を目指すことなどを紹介した後、A社の「持続可能性・ステークホルダー担当役員」（当時）のA・G氏のインタビュー記事を載せています。

「スマトラの森林保全を進める上で、看過できないのが焼畑農業による森林火災」であるという文章ではじまるこの記事では、（一）スマトラの森林を守るためには、焼畑による森林火災を無視することができないこと、（二）しかし、焼畑による土地の開拓は、農業・畜産にとって容易かつ安価な方法であり、地域住民にとって重要な生計手段のひとつとなっていること、（三）そのことを踏まえてA社はインドネシアの五地域にある五〇〇カ所の村落の地域住民に対して、家畜の飼育や持続可能な青果栽培技術を導入するなど、焼畑を伴わない代替生計手段を提供する「総合森林農業システム」と呼ばれるプログラムを開始したことが述べられています。

社会学や政治学において、ある主体が意識的・戦略的に、「問題」となる「状況の定義」をおこなうことをフレーミングと呼んでいます。A社によるスマトラ島の森林消失問題のフレーミングは、スマトラ島の森林保全のためには地域住民が行う焼畑農業による森林火災を食い止めることが重要だが、焼畑は地域住民にとって重要な生計手段のひとつであるため、単にそれを禁止するだけでは駄目である、よって、A社が始めた「総合森林農業システム」のように、焼畑を伴わない代替生計手段の普及が必要である、というものです。

こうした、森林消失問題の「語られ方」は、必ずしもすべてが間違いであるとはいえないものですが、森林消失を引き起こしてきた大規模森林火災の原因として、紙パルプ原料生産のための土地開発について全く触れていない点で、読者をミスリードするものです。

近年インドネシアで起きている大規模森林火災の多くは、企業のコンセッションエリアで起きています。例えば、この二十年間で最も規模の大きな森林火災が起きた二〇一五年(この時の延焼面積は、東京都の約十二倍、二万六千平方キロメートルに上ったと言われています)、スマトラ島で活動するいくつかの環境NGOの連合体であるアイズオンザフォレストという団体が、衛星画像を解析して、どのあたりが激しく燃えているのかを調べています。それによると、森林火災が起きている面積の特定は難しいとしながらも、激しく燃えている地点の三九パーセント、そして、泥炭林において激しく燃えている地点の五三パーセントがA社のサプライヤーの事業地のなかに位置していることを明らかにしています(Fogarty, D. 2015. APP's bottom line takes a hit from Indonesia plantation fires, The Straits Times, 二〇一五年十一月九日記事)。

一般に、火災の直接的原因としては、新規プランテーションのための火入れ開拓、小農の焼畑、タバコの火や焚火の不始末などが挙げられていますが、正確なことはわかりません。確かなことは、火災が起きている地域の決して少なくない地域がA社に原料供給している植林地で起きているということです。確かに小農の焼畑が火災の直接的原因になったケースもあるかも知れません。しかし確実に言えることは、これほどまでに大規模な火災が頻発していることには、企業の植林活動や泥炭地開発が深くかかわっていると言うことです。アカシアは大量の水を吸うため、土地を乾燥化させるといわれています。また、植林企業がアカシアを植えるために、泥炭地にカナルを建設し、排水させて土地を乾燥化させてきたことはすでに述べた通りです。こうした事業活動が、大規模森林火災の遠因を作ってきたことは間違いありません。にもかかわらず、先のA社のフレーミングでは、そのことには一切触れないで、地域住民の焼畑だけを悪者にしています。

スマトラ島ジャンビ州の北部に、植林企業と農民の土地紛争の調査のために二〇一四年から私が通っているL村があります。村人たちは、「森林火災の原因としていつも農民の焼畑が批判されるが、自分たちは防火帯を作ったり、燃やしている間ずっと見はったりと、延焼しないようにしてきた」といいます。また、私が話を聞いた村人たちは口をそろえて、これまでに焼畑によって大きな森林火災が起きたことはないと言っていました。こうした声は、A社の紙を消費している市民やA社から紙を購入している企業へはなかなか届きません。私たち日本の消費者市民や日本の購入企業が、スマトラ島の森林消失問題をどのような「問題」として理解するかは、ここで紹介した企業のインタビュー記事も含め、強大な情報発信力を持つ企業の広報に依るところが大きいのではないでしょうか。

二つ目の事例は、「森林保全方針（FCP）」が宣言されてから約五年後の二〇一八年五月に、A社自身が公表した『森林保全方針五周年アップデート（Forest Conservation Policy: 5th Anniversary Update）』という報告書の土地紛争解決に関する記述です。この報告書は、A社がFCPのなかで打ち出した誓約事項をどこまで実現したかを自己評価したものです。

このなかでA社は、二〇一七年末現在、紛争の四六％が解決済みだと述べています。A社は紛争解決プロセスを、(一)紛争マッピングおよびアクションプランの作成、(二)交渉および初期の同意の達成、(三)協定への署名(MoUの締結)、(四)合意事項の実施の四つの段階に分けており、これらの段階のうち、(三)が実施されたものを、紛争が解決した状態であるとみなす、としています。

A社はこの報告書で、紛争解決のためのパイロット事業が行われている三つの村の名前を明記していますが、それ以外については、どこで紛争が起き、紛争解決に向けてどのような取り組みが行われているのか具体的な情報を開示していません。A社はFCP公表後に、どこでどのような土地紛争が起きているかを地図化する「紛争マップ」を作成しました。私は二〇一六年十月と二〇一八年六月に、A社の担当者に直接会い、「紛争マップ」をみせて下さいとお願いしましたが、「新たな紛争の種になる」という理由で断られました。環境NGOも「紛争マップ」の公開を求めていますが、現在も公開されていません。

このようにA社は紛争地や紛争解決プロセスの具体的な情報を公表していないため、A社のサプライヤーの事業地で起きている紛争のうち、「解決済み」と考えられている事例がどの村を指しているのか不明です。また、「合意に達した」というときの「合意」の中身がどのようなものなのか、それはどのようなプロセスを経て達成されたものなのか、そもそもそこに暮らす普通の人たちはそうした「合意」をどのように受け止めているのかといったことについて、ＦＣＰ履行状況の評価担当者としてＡ社により選ばれたＴＦＴのような組織を除き、第三者が確かめることは困難です。

巨大な情報発信力を持つ企業は、自主行動計画の評価報告書、環境レポート、その他、ウェブサイト上でのさまざまな広報を通じて、紙原料・紙製品の責任ある生産に向けた取り組みを進めていることを喧伝しています。そのこと自体を批判するつもりはありませんが、広く第三者にそうした宣伝の真偽を検証する機会が与えられていないことは大きな問題だと思います。

また、こうした透明性の問題とも関わりますが、ガバナンスの複雑化に伴って、現場のリアリティを把握することが難しくなってきている、という問題もあります。ガバナンスの制度的外観が整うなか、さまざまなアクターが、それぞれの価値観に基づいて、ガバナンスの行方に影響を与える言説を公共空間に放っています。言説とは、あることがらについての見方を提示する言語表現で、多くの場合、既存の制度や権力と結びついたものをここでは意味します。言説は現実を説明するものであると同時に「現実」を作り出す側面も持っています。多様なアクターが様々な方法で言説実践(言説を公共空間に放つ行為)を展開しているなか、私たちが認識する紙原料生産をめぐる「現実」は、強い情報発信力を持つパワフルなアクターの言説によって形作られる傾向が強くなってきているのではないでしょうか。

四　土地紛争を生きる人びと

筆者はこの数年間、スマトラ島のジャンビ州を訪問しています。ジャンビ州は、紙原料生産用の産業造林が古くから行われてきたスマトラ島のなかでも、リアウ州や南スマトラ州とともにＡ社のサプライヤーが大規模に植林事業を行ってきた地域です。紙原料生産地で起きている様々な問題のなかでも、土地紛争に関心があった筆者は、土地に対する権利をもとめて植林企業と闘っている人びとが暮らすＬ村Ｂ集落で調査をさせてもらってきました。本節ではこの集落で見聞きしたことを踏まえて、紙の原料生産地でどのようなことが起きているか、そこでは地域の人たちがどんな暮らしをしているのかをみてゆきます。

Ｌ村とＷ社との土地紛争

ジャンビ州で操業するＡ社の代表的なサプライヤー、Ｗ社（ＳＭＦが直接経営する植林企業のひとつ）は、二〇〇四年に東京都の一・三倍に相当する約二九万四千ヘクタールの事業許可を得ています。

Ｗ社がＬ村（人口約一万一千人、二〇一六年）の領域にやってきたのは二〇〇六年。道路を作るという名目でした。W社は確かに道路を建設しましたが、その後、植林用地を造成してゆき、アカシア(一部地域でユーカリ)を植えていきます。植林地に替えられた土地は、もともと、L村住民の一部が、陸稲を主作物とする焼畑を行ったり、ゴムやアブラヤシを栽培したり、林産物採取を行ったりしていた土地でした。

植林地が拡大していくなか、住民たちは二〇〇七年十二月、植林事業を実力で阻止するため、W社の重機を焼き討ちし、数名の村人が逮捕される事件も起きています。

その後、州政府、企業、住民とのあいだで紛争解決のための話し合いが重ねられましたが、みるべき成果はありませんでした。二〇一三年、世界的なボイコット運動を背景にA社が森林保全方針(FCP)を宣言したのは先に述べたとおりです。この自主的な誓約によってA社のサプライヤーは自社の事業地で起きている土地紛争の「解決」のために、強制的に住民を追い出すなど抑圧的な手段をとることができなくなりました。こうした状況を好機とみた住民たち(L村のなかでも多くの農地を失った住民とこの地域に移住してきてまもない土地を持たない新規移住民)計約五十家族が、二〇一三年九月、アカシアの収穫を終えたばかりの約五百ヘクタールの土地に出づくり小屋を作り、ゴムやアブラヤシの苗を植え、陸稲、トウモロコシ、キャッサバ、バナナなどを植え、さらにイスラムの祈禱所や住居を建設して、植林企業の事業地のなかに新たにムラを作りました。それがB集落です(図4-6)。

ここに農地を開いた人たちは、もともとL村にいくつかある農民組合のメンバーでしたが二〇一

図 4-6　B 集落に暮らす S さんとその夫 J さん

注：S さん夫妻は，ゴム，マンゴーなどの果樹，ジリンマメなどの樹木野菜が混在する樹園地（土地の言葉でベヌアランと呼ぶ）とアブラヤシ園を持っていたが，2007 年ごろに W 社によって完全に破壊された。その後，J さんは農業労働者として働いたが，家族を養うのにぎりぎりの生活だった。かつてのように，自分たちの育てたものを売って生計を立てたいとの思いから，2014 年に出づくり小屋を建て，自家消費用に陸稲やバナナや野菜を植え，商品作物としてアブラヤシの苗を植えた。2017 年 12 月，L 村 B 集落にて筆者撮影。

四年に一つの農民組合（以下、S農民組合）にまとまり、以後、このS農民組合が土地返還を求める運動を展開していきます。

二〇一四年九月、W社とS農民組合のあいだで、W社と住民と政府のあいだで合意ができるまで農民は新たに植林地を農地に変えないこと、他方、W社は、農民がすでに農地（ゴムとアブラヤシ園）を造成している土地で農業を続けることを許可することが合意されました。

二〇一五年一二月にW社で開かれた会合で、S農民組合は「治安部隊（警察や軍）を連れて農民を脅さないこと」、「（土砂や残材の投棄により水の流れがせき止められた）河川を元に戻すこと」、「（木材搬出用トラックが砂埃を巻き上げるのを防ぐため）道路に水をまくこと」、「紛争解決のための話し合いでは決定権を持つ人を参加させること」など一六の要求を出しました。W社はこれらの要求に対応する約束をしましたが、その後、少数の要求事項を除いて、ほとんど進展がなかったため、二〇一六年の乾季に起きた森林火災によりアカシアが焼失した約百ヘクタールの土地に住民たちは新たに農地を拡大しました。

筆者が最後に訪問した二〇一八年九月現在、約六百ヘクタールの土地に約二百三十世帯が農地を開き、約六〇世帯はすでに入植地に居を構えて暮らしていました（L村における土地紛争の経緯の詳細については、笹岡正俊「熱帯林ガバナンスの「進展」と民俗知」、蛯原一平・斉藤暖生・生方史数編『森林と文化——森とともに生きる民俗知のゆくえ』、共立出版、二〇一九年を参照）。

S農民組合が権利を主張するW社の事業地内の土地は千五百ヘクタールに上ります。住民たちの願いは、この土地をコンセッションエリアから出し、自分たちの土地として政府から正式に認めてもらうことです。

農民たちは、土地の返還以外にも、植林事業によってドリアンやジリンマメノキなどの有用樹木が破壊されたことに対する補償として、学校など公共施設の建設などを要求するとしています。しかし、彼らにとって、土地紛争の「解決」の第一の条件は何よりも正式に土地を取り戻し、安心して暮らせるようになることです。しかしながら、土地返還のための具体的な取り組みはあまり進んでいません。筆者が二〇一七年十二月にB集落を訪問した際、W社とS農民組合双方が協働で、住民が権利を主張する土地と、企業の事業を続ける土地の境界確定作業を行っていくことが話し合わ

図 4-7　ジャンビ州議会庁舎前で土地の返還を求めて示威行動をするＳ農民組合メンバー

注：「農業基本法」制定を記念する「農民の日」(9 月 24 日)，全国の農民団体がさまざまな要求を掲げて示威行動を行う。2018 年のこの日，S 農民組合のメンバーもジャンビ州議会庁舎前で，W 社にとられた土地の早期返還を求める示威行動を行った。2018 年 9 月，ジャンビ市にて筆者撮影。

れていました。その後、何度かの話し合いを経て、二〇一八年六月に、係争中の土地を、(一)住民が家屋を建設し、農地を開いている「赤ゾーン」、(二)W社の植栽したアカシアが生育している「緑ゾーン」、(三)アカシア植林地のなかに住民が過去に植えたゴムやアブラヤシなどの作物が存在している「灰色ゾーン」の三地区に区分し、地図を作製したうえで、それぞれ地区の土地の帰属について話し合いを行うこと、そして、地図作成のために、S農民組合とW社の双方で、現場でそれらの区域の境界線がどこを走っているかを検証するチームを組織することが決められました。そして、二〇一八年七月に双方のチームが合同で現場検証を行うことになっていましたが、W社がその延期を求めたため、本稿を書いている現在(二〇一八年九月時点)も検証作業は始められていません(図4-7)。

植林事業地に暮らす人々が経験している被害

W社による植林事業によって、L村の人たちは、農地が破壊され、生計手段の一部を失いました。また、アカシア収穫後に新たに事業地に入植した人びとは、土地を再び耕作することはできましたが、土地に対する権利がまだ正式に認められていないために、またいつ土地を取られるかわからないという不安を抱えて暮らしています。これらの他にも、地域の人びとは植林事業からさまざまな負の影響を受けています。

まず、かつて行われていた林産物の利用がほぼ不可能になったことです。植林が行われる二〇〇七―二〇〇八年まで、現在のB集落が存在している地域は、ジェルナン（キリンケツ属のツル性ヤシの実からとれる赤い粉末状の物質で、染料や薬として用いられるもの）、籐（セゴ、タマティ、バトゥなど）、ダマール（フタバガキ科の樹木の樹脂）、ハチミツなどの商品林産物を採取していたリンボと呼ばれる老齢天然林やブルカルトゥオと呼ばれる二次林が広がっていました。

L村では八〇年代から品種改良されたゴムを植栽するものが増え、九〇年代半ば以降はアブラヤシを植える人も増えてきたので、以前と比べると林産物収入への依存度は徐々に低下していったと考えられますが、W社が操業を始めるまで、林産物収入が重要な収入源の一つでした。またこうした商品林産物だけではなく、これらの森は、自家消費用の建材、民具材料、薬草、獣肉、果実などが採取される場として重要でした。しかし植林により、河川のほとりのわずかな土地を除いてそれ

図 4-8　アカシアが収穫されたばかりの植林地流れる小川

注：2017 年 12 月にテボ県の W 社の植林地で筆者撮影。

らの森はすべて伐採されたため、林産物の多くは、村の北側に位置する国立公園までいかなければ採取が極めて困難になっています。

また、林産物ではありませんが、W社がこの地域に進出して以降、いくつかの種類の魚は、川から姿を消したといいます。

W社は植林地造成時、まずは天然木をパルプ原木として利用しました。原木採取の際、特殊な機械で利用可能な幹の部分だけが採取され、枝葉や樹皮の一部は伐採現場に放置されたり、森のなかの谷に廃棄されたりします。それらが腐食し、河川に流れ出たり、重機から油が流れ出ることで、川の水はコーヒーのように真っ黒になったといいます。アカシアの収穫時も川は同じような状態になるといいます（図4-8）。

入植地を流れるいくつかの川はジャンビ州を西から東に流れるバタンハリ川の支流です。毎年、十月末から十二月末にかけて、雨季で増水した川をプンゴ（学名不明）やパラウ（学名不明）などの魚が、バタンハリ川まで下りて産卵します。生まれた稚魚は、五月から六月にかけて、川を遡上していました。しかし、W社が操業を開始して以降、川が汚染され、いくつかの種類の魚の稚魚は遡上しなくなったと村人は話していました。

かつてこのあたりに森が残っていたころ、ジェルナンやラタン（籐）を探しに森に泊まり込みで入る際には、川に網を張り、大量に魚が取れた場合は干し魚にして保存したといいます。こうしたこともできなくなったといいます。村びとたちは、こうした事態を「豊かさが破壊された」、「財産を奪われた」と表現していました。

また、植林企業の進出により、米の自給ができなくなりました。L村を含めテボ県の村むらはかつてコメの一大生産地でした。コメは焼畑に陸稲を植えて作ります。しかし、焼畑に用いることのできる土地のほとんどは、植林企業に取られ、植林地に変えられてしまいました。そのためコメの生産量は年々減ってきています。さらに、事業地内での森林火災防止の責任を強化する内容を含んだ二〇一五年第十一号大統領令が出されたことで、二〇一五年より、W社による火入れの取り締まりが厳しくなりました。小面積の草地を焼く、あるいは、藪を刈って、刈り取った小径木をいくつかの小山に積んで、それを焼くという、現地でメルンと呼ぶ小規模な火入れは現在も行われていますが、多くの住民が、W社の「要請」に答えて、かつてのような火入れを行わなくなりました。それにより、二〇一六年の陸稲の収穫量は大幅に減少したといいます。その原因として、土中の雑草の根や種が燃やされなかったことで、雑草が急速に繁茂し、稲の生育が妨げられたこと、刈り払われた樹木・草本を集めて放置するため、そこがネズミの巣になり、多くの稲穂がネズミの食害に

あったためだと住民たちは説明していました

かつて売るほど作っていた米を、現在は買っている世帯が多くなってきています。二〇一七年十二月、筆者はB集落に農地を持つ約三十世帯に聞き取りを行いましたが、そのほぼすべてが、条件が許せば、陸稲栽培を続けてゆきたい、米が手元にあると「安心だから だ」と話していました。

以上の他にも、アカシアの残材が河川に投棄されたり重機の油が流れ出たりすることで「米を研ぐための水としても使えないぐらい川が汚れた」、「アカシアの収穫があった後は川の水が汚れ、沐浴をすると体がかゆくなる」、「木材搬出用トラックが巻き上げる砂埃で咳をする子供たちが増えた」といった被害も耳にしました(図4-9)。しかし、こうした声は、なかなか表には出てきません。

図 4-9　砂埃をあげる木材搬出トラック
注：積載されているのはアカシア(パルプ原木)である。
2015 年 9 月 L 村 B 集落で筆者撮影。

おわりに――「隠れた物語」の掘り起こし

企業の「社会的責任(CSR)」の達成度を評価しているフランスのエコバディス(EcoVadis)社は、ここ数年、同社が行っている「持続可能性評価」(同社が指名した企業に、環境、社会、倫理、サプライチェーンなどについての質問をし、それに対する回答を専門家が分析して、四段階で評価するもの)において、A社に最高ランクの「ゴールド」の評価を与えています。このことをA社は自社が運営するウェブサイトやツイッターで大きく宣伝しています。

紙パルプ産業では、例えば南スマトラ州のM社のように、事業地内に暮らす住民の住居と耕作地を破壊し、住民を強制退去させるような事件がつい最近(二〇一六年)も起きています。こうした企業と比較したとき、森林保全方針(FCP)という誓約を世界に向けて発表し、土地紛争については対話的アプローチで解決することを約束したA社の姿勢は評価できる部分がないわけではありません。

しかし、環境や人権に配慮したA社の取り組みが華々しく報じられる一方で、L村のB集落に暮らす人びとのように、A社のサプライヤーとの土地紛争を抱え、さまざまな生き難さを経験している人たちが存在することも事実です。紙製品の恩恵を受けている私たち消費者市民は、少なくとも、まずはそうした負の側面があることを知っておく必要があります。そして、その次の段階として「一歩踏み込んだ環境リテラシー」を持つことが求められているのではないでしょうか。

例えば「森林認証をとっているからこの製品は安心である」と単純に考えない批判的な見方が必要です。先述の通り、認証制度には、様々なものがあります。認証基準の厳しいものもあれば緩いものもある。そうしたことを識別する力が市民には求められています。企業の広報や企業からの広告収入に頼っているメディアの報道だけから、現場で何が起きているのか本当のことを知ることはできません。

グリーンピース、FoEジャパン、WWFジャパン、日本熱帯林行動ネットワーク（JATAN）など、企業の広報や大手商業メディアの報道に対して、批判的な立場から情報発信しているNGOも存在します。FCPの宣言から約五年後、これまでA社が自分たちとは関係がないと説明してきたいくつかの会社が、SMGの傘下企業の職員や、SMGの設立者の一族が所有していることが判明しました。これらの企業が天然林伐採を行ったり、森林火災を引き起こしたりしてきたことから、グリーンピースは二〇一八年五月にA社とのこれまでの協力関係を破棄すると公表しています。また、WWFインドネシアは、同年六月に、事態が改善されるまで、A社製品の購入および同社への投資を避けるよう呼びかけるアドバイザリー（勧告）を出しました。こうした団体が発信するオルタナティブな（本流ではない、それに替わる別の）情報にアクセスし、何が信頼に足る情報で、何がそうでないのかを自分なりに識別する能力、すなわち「一歩踏み込んだ環境リテラシー」が求められています。

他方、環境ガバナンス研究を行っているフィールド研究者には、フィールドワークを通じて、環境ガバナンスをめぐる「隠れた物語」——力のあるアクターの言説実践によって構築される「現実」とは異なる、現場の名もなき人々の語りから浮かび上がる現場のリアリティ——を丹念に掘り起こすこと、そして、それを消費者市民に伝えてゆくことが求められています。地域の人々は、植林事業や長引く土地紛争によってどのような被害を総体として経験してきたのか、紛争解決のプロセスは地域の人びとにどのようなものとして理解されているのか、彼らにとって本当の「問題」解決とはどのようなものか。現在の環境ガバナンスのあり方は、そうした「問題」の解決にどのような影響を及ぼしているのか――環境ガバナンスの制度的外観が整ってきた今の時代こそ、そうした問いへの答えを、地域の生活者の視点から探っていくような研究がますます重要性になってくるものと思われます。

読書案内

市川昌広・内藤大輔・生方史数編『熱帯アジアの人々と森林管理制度――現場からのガバナンス論』（人文書院、二〇一〇年）

熱帯アジア各国の森林管理制度が地域社会にどのような影響をもたらしているのかを検討した本です。各章が事例研究の成果となっていて、環境ガバナンスのフィールド研究の実例を知るのに役立つ本です。

井上真編著『東南アジア地域研究入門　1　環境』（慶應義塾大学出版会、二〇一七年）

「環境」という切り口で東南アジア地域を把握する際に重要になる視点・概念を、最近の研究成果を交えて説明した地域研究の入門書です。東南アジアの環境と社会に関心のある人にぜひ手に取ってもらいたい本です。

甲斐田万智子・佐竹眞明・長津一史・幡谷則子編著『小さな民のグローバル学――共生の思想と実践をもとめて』（上智大学出版、二〇一六年）

権力と資本主義経済によって生活を歪められ、権力側からの差別を受けながらも、日々たくましく生きている人たちの暮らしや実践から「世界のあり方」を考察する論考集です。

第五章　溥儀の悲憤

――「宣統十六年」の紫禁城

吉開将人

はじめに

大都市北京の中心に、景山《けいざん》と呼ばれる丘があります。その頂上に登り、南を見おろすと、そこには黄金色の甍《いらか》が連なる空間が広がります（図5-1）。それがかつての皇帝の居城、すなわち「紫禁《しきん》城《じょう》」です。私たちが今日目にするのは、明代に築かれた後、そのままほとんど形を変えずに清代、そして中華民国（一九一二年―）・中華人民共和国（一九四九年―）に引き継がれてきた宮城《きゅうじょう》の姿です。現在、それは、「故宮博物院《こきゅう》」（一九二五年十月成立）と呼ばれています。「故宮」とは、本来の宮城としての役割を失ったという意味での、旧（故《もと》の）宮城に対する呼び名です。

では、紫禁城はいつ「故宮」となったのでしょうか。常識的には、それは最後の王朝である清朝が「滅んだ」時のことであるという考えになるでしょう。清朝最後の皇帝は、「ラストエンペラー」として知られる宣統帝《せんとうてい》の溥儀《ふぎ》（一九〇六―六七年）です。溥儀は「辛亥革命《しんがいかくめい》」、すなわち旧暦で言う辛亥の年（宣統《せんとう》三年）の八月、西暦に換算すると一九一一年十月に始まった清朝打倒を目指す蜂起を経

図5-1　景山山頂から見た北京の故宮博物院
筆者撮影

て、宣統三年十二月二五日（西暦一九一二年二月十二日）に退位し、新政権である中華民国が天下を掌握しました。

では、紫禁城が「故宮」になったのはその時であるかというと、そうではありません。北京で起きた政変の結果、溥儀が紫禁城から退去（以下「出宮」）し、名実ともに「故宮」となったのは、一九二四年十一月のことです（図5-2）。溥儀は、退位後も宮中で「宣統十六年」まで清朝の年号を用い続け、そのまま清朝皇帝として紫禁城に暮らしていたのです。

旧体制の名目的終焉と実質的転換との間に一定の時間的な「ズレ」が生ずる現象は、日本の明治維新における大政奉還（慶応三年）と廃藩置県（明治四年）との関係になぞらえることも可能です。しかし、伝統への回帰（復古）がすなわち近代化であった日本の場合と異なり、中国の場合は始皇帝に始まる二千余年の皇帝制度という伝統を放棄するわけですから、その重みは比較にならないほどのものであったと見るべきです。

宣統帝退位から出宮までの紫禁城の歴史は中国近代史の中にどのように位置付けられ、溥儀の出宮とその結果としての故宮博物院の成立はどのように歴史的に評価されるべきなのでしょうか。これについて、以下で論じてみることにしましょう。

一　研究上の諸問題

具体的な話に入る前に、少しだけ込み入った解説をさせて下さい。研究者としては、この問題がどのような学問的な手続きで検討されるべきか、またそもそもこの問題についての研究が、現地中国を含め、今日の学術界でいかなる意義をもつのか、話さないわけにいかないのです。

図5-2　出宮直後の溥儀(1924年)
林京ほか『溥儀影像全析』(人民文学出版社, 2017年)口絵

実は、今回取り上げる時期の紫禁城の歴史については一般に関心も高く、物語の主役である溥儀が置かれた特殊な情況についても広く知られています。その理由の一つは、一九八八年に日本でも公開された映画「ラストエンペラー」の影響力の大きさでしょう。

研究も決して少ないわけではありません。溥儀の人生は日本の満洲国経営と大きく関係しますので、日本でも関心が高く、近年においてもいくつかの評伝が世に出されています(入江曜子『溥儀

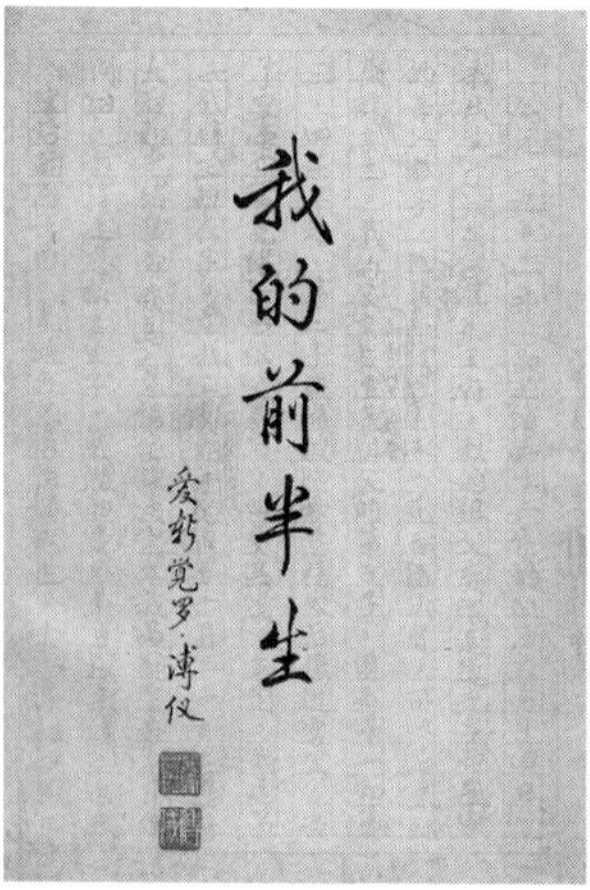

図 5-3 『わが半生』（1964 年）
溥儀『我的前半生』表紙

——清朝最後の皇帝』岩波書店、二〇〇六年、塚瀬進『溥儀——変転する政治に翻弄された生涯』山川出版社、二〇一五年）。また、溥儀出宮の翌年である一九二五年に、残された空間と文物をもとに故宮博物院が成立した関係で、宣統帝退位から出宮までの紫禁城の歴史については、故宮博物院の「前史」として重視され、関連する議論を含む専門書もいくつか世に出されています（野嶋剛『ふたつの故宮博物院』新潮社、二〇一一年、呉十洲『紫禁涅槃——従皇宮到故宮博物院』社会科学文献出版社、二〇一八年）。

ではなぜ改めてそれを研究する必要があるかといえば、史料考証（論拠としている史料そのものについての検討）および問題意識（問題の立て方）という二つの点で、再考の余地があると考えるからです。

第一に史料考証です。映画「ラストエンペラー」を含めた既存の溥儀評伝や故宮博物院「前史」に関する研究は、基本的に溥儀その人の回顧録『わが半生』（一九六四年原刊）（図5-3）と、それが下敷きにした溥儀の家庭教師ジョンストン（Reginald F. Johnston）の回顧録『紫禁城の黄昏』（一九三四年原刊）に依拠しています。どちらも確かによく練り上げられた回顧録で、それぞれが各種史料を踏まえて整理されたものであり、利用価値が高いことに間違いはありません。ところが、よくまとまった文献があるとそれ以外の文献が軽視されるという、歴史学において洋の東西を問わず見られる弊害が、この場合にも当てはまるのです。回顧の多くの記述には、具体的な日付が明示されていません。また引用されている史料の出典、ひいてはその真偽さえも不明です。これでは、それぞれの出来事を細かな時系列的展開の中に位置付けることはできません。客観的な歴史的評価も不可能で、その因果関係は回顧者本人の述べるところに従うほかないのです。しかもこれら二つの回顧録が特定の政治的、歴史的文脈で書かれたものであることは、明らかな事実です。その記述は検証した上で用いなければなりません。要は、回顧録以外の史料を意欲的に発掘して自ら考証を加え、それを回顧録の記述と照らし合わせながら、歴史を復元するという作業がなされるべきなのです。

第二に問題意識です。今日にまで及ぶ故宮博物院史に対する関心から、宣統帝退位から出宮に至るまでの紫禁城の歴史を故宮博物院の「前史」と見なすことは、決して誤りではありません（家永真幸『国宝の政治史――「中国」の故宮とパンダ』東京大学出版会、二〇一七年）。また、それを近代的文化財・博物館制度の形成史の中に位置付けるという問題意識も、決して誤りではありません（張碧恵「中華民国における「故宮文物」の意味形成――北京政府期を中心に」『中国研究月報』六三―十二、二〇〇九年、十六―二七頁、大出尚子『「満洲国」博物館事業の研究』汲古書院、二〇一四年）。しかし、宣統帝退位から出宮までの歴史を「前史」とすることでそれ以後の故宮博物院の歴史を正当化する、という論法の由来はきわめて古く、実は故宮博物院の成立間もない一九二九年にすでに確立されていたものです（栗亭（呉瀛〕「故宮博物院前後五年経過記」『故宮週刊』一、一九二九年十月十日、第四版〔同一〇〇、一九三一年九月六日、第四版まで連載〕〕。この「公定史」（正史）の枠組みを前提としている限り、「プロローグ」あるいは「エピソード」「エピローグ」として多少の史実の追加はできても、歴史としての評価それ自体は今から九十年前の旧態依然のままなのです。

史実を検証してみるとわかることですが、溥儀やその関係者にとって、宮中文物は必ずしも近代的な意味での文化財ではなく、その他の不動産を含めた数ある皇室財産の中のごく一部でしかありませんでした（第七節（二）参照）。宮中文物の保全という面についても、実は今日の故宮博物院に至る道が当時唯一の選択肢ではなく、複数の可能性が存在していました（第七節（三）参照）。ですから、結果的に文化財意識を強くもつ人々によって故宮博物院でその保全がなされ、今日「至宝」として評価されているからと言って、それを前提に過去に対する解釈を行うのでは、歴史の真実を見失う恐れがあるのです。

二　溥儀の悲憤

前置きが長くなってしまいました。では、以上の観点から、今回どのような話をするかといえば、まずは溥儀の出宮で紫禁城が名実ともに「故宮」となった一九二四年十一月から説き起こすべきでしょう。以下に紹介するのは、溥儀の回顧録『わが半生』の一節です。

〔一九二四年十一月二九日―一九二五年二月二三日〕私は日本公使館で暮らしていたが、何度か好奇心から、深夜に一両名の侍従を連れ、自転車で外へ出かけた〈のちに公使館で門を閉めるようになって、出られなくなったが〉。あるとき私は紫禁城の外の筒子河のほとりまで行って、角楼と城壁の輪郭を望見しながら、離れてまもない〔宮中の〕養心殿や乾清宮を思い、私の玉座や〔皇位を象徴する色である〕黄色のすべてのものを思い出し、復仇《ふくきゅう》〔仇討ち〕と復辟《ふくへき》〔再即位＝清朝再興〕の欲望がどっと心中に湧きおこり、思わず胸が熱くなった。私の目には涙があふれ、心のなかでかたく誓った。いつの日か、必ず勝利した君主の姿で、第一代の祖先のように、ここへもう一度帰ってくるのだ、と。

（小野忍ほか訳『わが半生』〔一部、筆者改訳補正〕）

悲しみ、憤っていたと溥儀は回顧しています。宣統三年の退位の後も実質的には何ら変わることなく紫禁城に暮らし続け、「宣統十六年」を迎えた溥儀でしたが、十一月五日、突然、紫禁城からの退去を余儀なくされたのです。そして当時、北京において彼の保護を積極的に申し出たのは、日本だけでした。こうして、自分を苦境に追いやった中華民国に対する「復仇」の思いと、清朝皇帝としての「復辟」の思いは、やがて日本に利用され、満洲国皇帝の玉座へと溥儀を導くことになります。しかし、この問題はむしろ日本史を専門とする人が、日本の対満洲工作との関係から話すべき内容でしょう。今回は中国史を専門とする者として、溥儀の出宮から過去へとさかのぼる方向で、史実の考証を進めていくことにしましょう。

三　「優待条件」をめぐる諸問題

そもそもなぜ溥儀は「宣統十六年」まで皇帝として紫禁城で暮らすことができたのでしょうか。革命政権である中華民国側の温情による措置であったとすれば、彼は感謝こそすれ、ここまで憤ることはないはずです。実は、それは温情的取り計らいによるものではなく、退位の際の正式な取り決めを根拠とするものでした。それゆえに溥儀は悲憤したのです。

今日から見れば理解しがたい、このきわめて特殊な待遇の根拠となったのは、辛亥革命で成立した中華民国臨時政府（臨時大総統孫文《そんぶん》）と清朝（内閣総理大臣袁世凱《えんせいがい》）との間で取り決められた、清朝皇帝に対する優待条件（以下「優待条件」）でした。それは一般に溥儀の「退位詔書」として理解されている一連の三件の文書の中に記録されています。少し長くなりますが、その成立経緯とその処理指示を示す「前文」「後文」とあわせ、以下に紹介することにしましょう。

〔一〕朕〔宣統帝＝溥儀〕が賜った〔幼帝溥儀の後見人〕隆裕皇太后〔光緒帝皇后〕からのお言葉は以下の通りである。「……袁世凱は先に資政院〔新設の清朝議会〕によって〔内閣〕総理大臣に選出された。この新旧代謝の際に当たっては、南〔中華民国政府〕北〔清朝〕統一の方策があるべきである。すなわち袁世凱が全権をもって臨時共和政府を組織し、民軍〔革命政権〕と統一方法を協議せよ……」。宣統三年辛亥十二月二十五日〔新暦一九一二年二月十二日〕、御璽。〔副署〕内閣総理大臣袁世凱……。

〔二〕朕が賜った隆裕皇太后からのお言葉は以下の通りである。「先に、世が危機に瀕し万民が苦しむことから、特に〔清朝〕内閣〔総理大臣袁世凱〕に命じて皇室を優待する条件について民軍と話し合い、平和裏に解決するように命じた。今、報告によれば、『民軍が提示した優待条件は、〔皇室の先祖を祀る〕宗廟と〔先祖の〕陵墓は永遠に祭祀し、前皇帝〔先年亡くなった光緒帝〕陵墓は伝統に従って行き届いた造営を行うなどの点について、どれもすでに一律承認しました。皇帝はただ政権を手放すだけで、尊号〔皇帝号〕は廃止しません。あわせて皇室の優待条件八条、皇族の待遇条件四条、満〔満洲〕・蒙〔モンゴル〕・回〔ウイグル〕・蔵〔チベット〕の待遇条件七条を議定しました』とのこと。内容を見るに、周到なものである。皇族と満蒙回蔵人らに向けて特に発表する。以後、努力して対立をなくし、ともに治安を保ち、世の中の平和を再現し、ともに共和の幸福を享受せよ。私は心からそれを望む」。宣統三年辛亥十二月二十五日、御璽。〔副署〕内閣総理大臣袁世凱……。

甲　大清皇帝辞位後の優待に関する条件。

今、大清皇帝が共和国体への賛成を発表したことにより、中華民国は大清皇帝辞位の後において〔大清皇帝を〕以下のように優待する。

第一条　大清皇帝辞位の後、尊号はそのまま残して廃止せず、中華民国は外国の君主に対するものと同じ礼遇で対応する。
第二条　大清皇帝辞位の後、歳費は四百万両とし、新しい貨幣が鋳造された後、四百万圓〔元〕に改め、この費用は中華民国が支給する。
第三条　大清皇帝辞位の後、しばらく宮中に居住し、後日〔北京西北郊外の離宮〕頤和園に移住し、侍衛〔身辺警護〕の者たちは、これまで通り留用する。
第四条　大清皇帝辞位の後、その宗廟《そうびょう》や陵墓は永遠に祭祀し、中華民国が衛兵を手配し、行き届いた保護をする。
第五条　徳宗〔光緒帝〕の崇陵は工事が完了していないが、制度通りに行き届いた造営を行い、〔棺を〕奉安する儀式も制度通りに行い、必要経費はすべて中華民国が支払う。
第六条　これまで宮中で働いていた各種の使用人は、これまで通り留用することができるが、今後、宦官は採用してはならない。
第七条　大清皇帝辞位の後、その原有の私産は、中華民国が特別に保護する。
第八条　原有の禁衛軍〔宮中の守備隊〕は、中華民国陸軍部に帰属させて再編し、人数と俸給は、これまで通りとする。
乙　清皇族待遇に関する条件。……
丙　満蒙回蔵各族待遇に関する条件。……
以上の諸条件は、正式な公文書として扱い、〔清朝と中華民国〕双方の代表によって諸外国の駐北京公使に通知し、各国政府に伝達させることとする。

〔三〕（略）

（『臨時公報』辛亥年十二月二十六日）

ここに見るように、清朝皇帝に対する優待条件は八条の条文からなるものであり、確かに退位後も基本的には「現状維持」とすることが明記されていたのです。

それが、「清皇族」（満洲宗室）、「満蒙回蔵各族」に対する優待条件と一組のものであったのは、清朝が満洲人による「征服王朝」として漢人（漢民族）と漢地（長城の内の中国本土）に君臨した王朝であり、しかもそれ以外の「満蒙回蔵」辺境地域に対しては漢地とは異なる特殊な仕組みで統治していたからです。すなわち、皇帝一人を優待しただけでは、国家体制は維持できず、宗室・旗人を含めた満洲特権層全体、さらには辺境各地の特権層に対する特別な配慮が必要だったのです。中華民国において「五族共和」というスローガンが打ち出されるのはそのためです。この問題はきわめて重要ですが、「宣統十六年」問題とは直接は関係しませんから、今回は脇に置くことにします。

ここで注目すべきであるのは、優待条件が、清皇室（以下「清室」）から委嘱された袁世凱の主導によって、孫文率いる中華民国臨時政府と協議することにより取り決められ、双方が責任をもって公文書として対外的に発表するという手続きを経たものであったことです。すなわち、帝政の打倒が革命によって実現されたという点では私たちが通常理解する革命と変わりがないのですが、皇帝を存続させるという保証を革命政権側が担ったという点では他に例のないものなのです。この政権交代は、現実的情況から見れば「革命」というよりも、新旧勢力双方の「大妥協」（章永楽『旧邦新造一九一一—一九一七』北京大学出版社、二〇一一年）と評価するのが適当でしょう。つまり、一般に溥儀の「退位詔書」として理解されている一連の三件の文書ですが、その一部を構成する優待条件は、かつてジョンストンが看破しているように（中山理訳『完訳　紫禁城の黄昏』および岩倉光輝訳『新訳　紫禁城の黄昏』第七章）、まぎれもない「妥協の産物」だったのです。

なお、詔書で「袁世凱が全権をもって臨時共和政府を組織し、民軍と統一方法を協議せよ」とある文言が、草稿段階では「袁世凱が全権をもって民軍と臨時共和政府を組織し、統一方法を協議せよ」という文言であったこと、その草案の修正が袁世凱によってなされたことが、最近、日中両国の研究者の考証によって明らかにされています（洛宝善ほか「袁世凱与辛亥革命」中国社会科学院近代史研究所編『辛亥革命与百年中国』社会科学文献出版社、二〇一六年、一七九八—一八一一頁所収、および村田雄二郎「清室優待条件から見た中華民国初期の憲政体制」中村元哉編『憲政から見た現代中国』東京大学出版会、二〇一八年、二三—五二頁所収）。辛亥革命の歴史的評価に一石を投じる重要な発見です。しかし、この優待条件が「妥協の産物」というきわめて特異な性質のものであることについては、なおも評価に変更は要しません。

袁世凱は、当時清朝の漢人高官でしたが、本事案での革命政権側との交渉を経て、中華民国臨時政府の初代臨時大総統の孫文（在位〔新暦〕一九一二年一月一日—三月十日）に代わり、第二代臨時大総統（在位〔新暦〕一九一二年三月十日—一九一三年十月十日）、次いで中華民国初代大総統（在位一九一三年十月十日

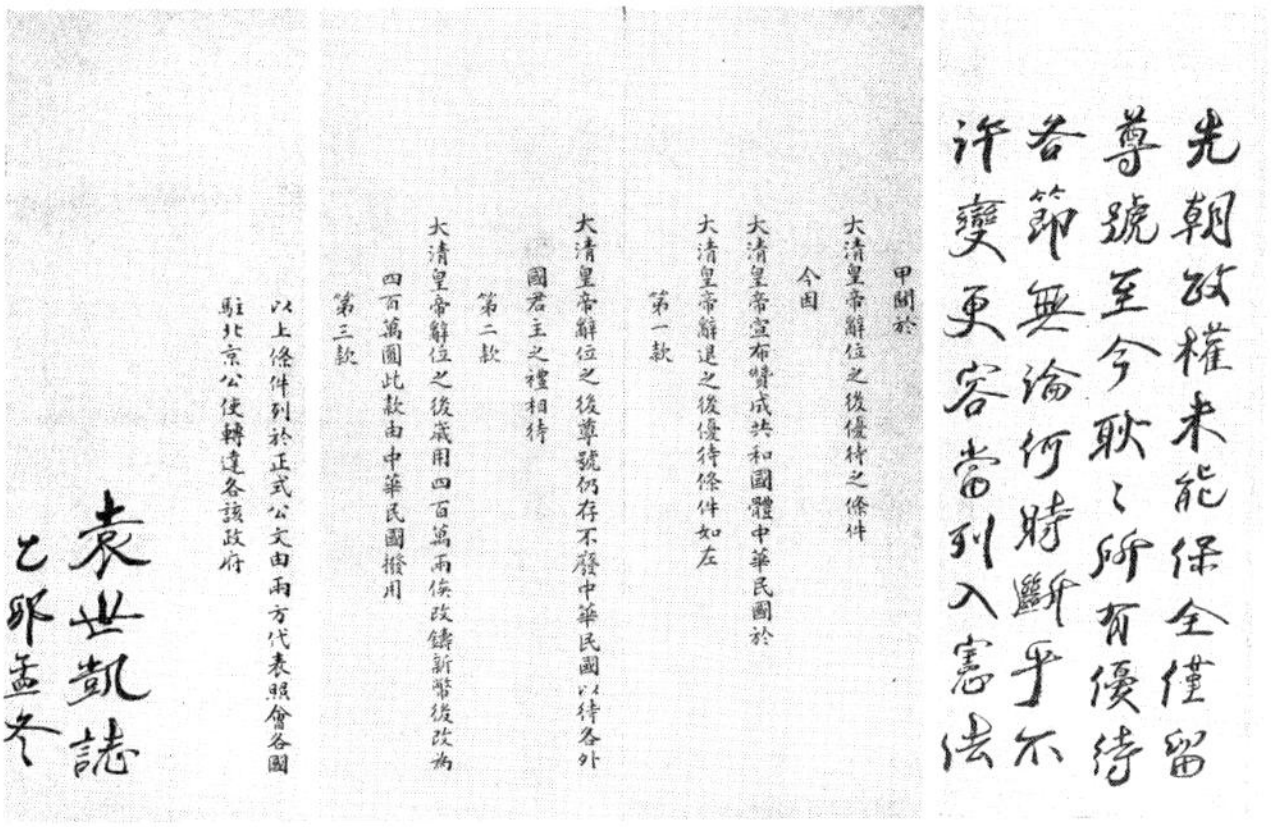
先朝政權未能保全僅留
尊號至今耿耿所有優待
各節無論何時斷乎不
許變更容當列入憲法

甲關於
大清皇帝辭位之後優待之條件
今因
大清皇帝宣布贊成共和國體中華民國於
大清皇帝辭退之後優待條件如左
第一款
大清皇帝辭位之後尊號仍存不廢中華民國以待各外
國君主之禮相待
第二款
大清皇帝辭位之後歲用四百萬兩俟改鑄新幣後改為
四百萬圓此款由中華民國撥用
第三款
以上條件列於正式公文由兩方代表照會各國
駐北京公使轉達各該政府
袁世凱誌
乙卯孟冬

図 5-4　右：袁世凱による優待条件への「裏書き」(1915 年)
「袁世凱単」中国第一歴史檔案館ほか編『清宮辛亥革命檔案匯編』第 80 冊(九州出版社，2011 年)368-375 頁

—一九一六年六月六日〔一九一五年十二月—一九一六年三月皇帝〕)に就任しました。すなわち、中華民国の政権確立期の実力者が、もともと清朝側の人物(旧臣)であると同時に、優待条件それ自体の協議・締結者であったわけですから、袁世凱によって溥儀の地位保障がなされたのは(図5-4)、当然のことなのです。

四　優待条件体制終焉に至る道

それでは、なぜ溥儀は優待条件の成立から十三年の後、「宣統十六年」になって、突然、出宮を余儀なくされたのでしょうか。

その直接の契機が、一九二四年十月に首都北京を制圧した軍人馮玉祥《ふうぎょくしょう》によるクーデタ(北京政変)にあったことは間違いありません。馮は、当時の中華民国大総統曹錕《そうこん》を軟禁し、その結果、軍

図 5-5　「復辟」時の溥儀（1917 年）
林京ほか『溥儀影像全析』（人民文学出版社，2017 年）269 頁図版

人段祺瑞《だんきずい》が臨時執政に擁立されることになるのです。一九一六年六月の袁世凱死去の後、首都北京を軸に展開した軍閥混戦の時代にあって、これは一つの大きな転機となった出来事でした。その初期段階で、優待条件の改正と溥儀の退去が実行に移されたわけです。

しかしながら、優待条件を基礎に置く清室と中華民国政府との関係性は、この時初めて危機を迎えたわけではありません。その端緒は、袁世凱の死の翌年、一九一七年七月に軍人張勲《ちょうくん》の主導で清朝の復活が実現し、わずか十二日間でしたが、溥儀が宣統帝として天下に君臨（図5-5）する事件（張勲復辟事件）が起きたことにありました。その中で、国家転覆を試みた反逆者として溥儀の責任を追及しようとする動きもあったのです。

実は、後の北京政変で中心人物となる馮玉祥は、この時、復辟勢力に対する鎮圧に参加していました。彼は後に回顧し、当時そのまま紫禁城内に進撃して溥儀を排除することを主張したものの、それが実現しなかったため、天下に通電（公開電報）を発表し、「清室優待条件を取り消し、四百万両の優待金は即時支給停止」「宣統の名義を取り消し、溥儀を平民身分にする」「すべての宮殿・朝房（宮中官署）および北京内外の清室公地（不動産）・園府（行宮《あんぐう》その他）は、ことごとく国有化し、公共の用途にする」ことを求めた、と述べています（馮玉祥『我的生活』上海教育書店、一九四七年、三一二―三一三頁（一九三八年初版））。

この記述に対応する史料が、当時の新聞に掲載された「北洋軍界全体」名義の通電として確認できます。そして同紙面の記事からは、事件直後に「減少歳費」「廃止帝号」「遷出皇宮」などの点が段祺瑞その他の実力者たちによって議論され、結局、現状維持ということで落着した様子もうかがえます（『申報』一九一七年七月十九日第三面）。つまり、一九二四年における優待条件体制の終焉は、馮玉祥を含む、当時の実力者たちにとっては、一九一七年に本来実現すべきでありながら「うやむや」に終わったものを、ようやく七年越しで実現したものにほかならなかったと言えるのです。

五　問題の発見――修正優待条件・善後条例による清室財産の整理構想とその失敗

こうして、北京政変の直後、翌十一月、軟禁された大総統曹錕の印章を押捺し、「摂行」（代行）としての国務院（内閣）名義で、以下の内容の「修正清室優待条件」（以下「修正優待条件」）が発表されました。

今ここに（中華民国政府は）前清皇室と、清室優待条件（元の「大清皇帝辞位後の優待に関する条件」）

を修正し、特にこれを公布する。ここに命ず。

修正清室優待条件

大清皇帝が五族共和の精神を貫徹することを望み、〔中華〕民国と異なる各種制度をこれまで通り存続することを願わないので、本日特に清室優待条件を以下のように修正する。

第一条　大清宣統帝は即日永久に皇帝の尊号を廃し、中華民国国民と法律上において同等の一切の権利を享有する。

第二条　本条件修正後、〔中華〕民国政府は毎年清室皇室費五十万元を補助し、ならびに特に二百万元を支出して〔満洲旗人救済のための〕北京貧民工場を開設し、旗人身分の貧民を優先的に収容する。

第三条　清室は元の優待条件第三条にもとづき、即日宮中から出なければならない。以後、住居を自由に選択しうるが、民国政府はこれまで通り保護の責任を負う。

第四条　清室の宗廟・陵墓は永遠に祭祀し、民国は衛兵を手配し、行き届いた保護をする。

第五条　清宮の私産は清室の完全なる享有に帰し、民国政府は特別に保護しなければならない。一切の公産は民国政府の所有に帰す。

大総統印。国務院摂行。……中華民国十三〔一九二四〕年十一月五日。

（『政府公報』一九二四年一一月六日）

ここに見るように、優待条件の改正とそれによる溥儀の退去は、「大清皇帝」すなわち溥儀側の希望によるものという体裁をとり、また本来の優待条件の条文に準拠するという大義名分の下で、仮の処遇でしかなかった「しばらく〔の間に限って〕宮中に居住」という条件を忠実に履行したことによるものとして、公的に説明がなされたのです。

新政権は、優待条件の改正に続き、溥儀退去後の紫禁城について、以下のように次々と関連施策を発表していきました。

大総統令。修正清室優待条件はすでに公布施行された。〔中華民国〕国務院に命ず、〔辦理〔処理〕清室〕善後委員会を組織し、清室関係者と協力して公産・私産を整理し、公正さを〔天下に〕明らかにして示せ。すべての接収した公産は、しばらくの間、当該委員会に任せて行き届いた保管をし、すべて〔の分別作業〕が終わるのを待って、すぐに宮中を一律開放し、国立図書館・博物館などの用途に充当し、それによって文化を顕彰し、その永遠性を示せ。ここに命ず。大総統印。国務院摂行。……〔中華民国十三年十一月七日〕。〔『政府公報』一九二四年十一月八日〕

上に挙げたのは、溥儀退去後の紫禁城に対する民国政府の将来構想を示す宣言の内容です。当初から、将来的にそれが「国立図書館・博物館」へと形を変えることが構想されていたのです。

今日、台北に国立故宮博物院（図５-６）、北京に故宮博物院が並立して、かつての宮中文物と紫禁

図5-6　台北の国立故宮博物院
筆者撮影

城そのものを守り続けています。これらの「二つの故宮」は、以上の経緯にもとづいて、北京政変を自らの歴史の起点に置き、また自らの存在を上記の将来構想を具現化したものとして位置付けるのです。

こうした認識や説明が決して誤りでないことは一目瞭然です。しかしながら、北京政変後に「摂行」としての国務院名義で発表された前掲二つの史料を冷静に見るとき、それらの文言には気になる点が一つあります。これらの史料には、「差し押さえ」のような印象を与える文言が見られないのです。「国立図書館・博物館」構想も、接収した財産を公・私に仕分けした後の、「公産」部分のみについての話として理解すべきです。修正優待条件に、財産の中で「清宮の私産」部分の所有権は完全に清室のもので、民国はそれを保護する立場にすぎないことが明記されているからです。

このことについて、より具体的に説明するのは、接収した財産の公・私仕分けの実務を遂行させるべく、政変による新政権が制定した「辦理《べんり》清室善後《ぜんご》(清室の事後善処を処理する)委員会組織条例」(以下「善後条例」)の以下の内容です。

大総統指令。……国務総理の黄郛《こうふ》に命ず。辦理清室善後委員会組織条例制定について裁可の申し出を受理した。申し出通り行うことを認める。ここに命ず。大総統印。国務院摂行。……

中華民国十三〔一九二四〕年十一月十三日。

辦理清室善後委員会組織条例

第一条　国務院は、国務会議の清室優待条件修正の議決案にもとづいて、辦理清室善後委員会を組織し、〔当該委員会は〕清室の公産・私産および一切の善後事務を区分整理する。

第二条　委員会の組織。委員長一名は、国務総理が任命する。委員十四人は、委員長が国務総理と協議して任命するが、清室が五人を指名する。……〔民国政府の〕院〔国務院〕・部〔内務部ほか〕は、一人あるいは二人を助手として派遣し……うる。……

第三条　委員会の職務。

甲　清室所管の各種財産は、まず委員会が接収する。

乙　すでに接収した各種財産あるいは契約文書は、委員会が暫時保管する。

丙　保管中の各種財産は、委員会が公産・私産のどちらの性質に属するかを審査し、接収して国有するか、あるいは清室に返還するかを決定する。……

丁　審査の終了を待って、各種財産を公〔産〕・私〔産〕に区分して各主管機関および溥儀に引き渡した後、委員会は解散する。……

己　委員会の処理事項および整理台帳・目録は、随時政府に報告し、これを公表する。

第四条　委員会は六か月を期限とし、もし必要な時は検討してこれを延長しうる。その長期的事業、例えば図書館・博物館・工場〔前掲修正優待条件に言う「北京貧民工場」〕などは、整理期間内に各種準備機関を別に組織し、委員会の解散後、事業を引き継ぐこととする。……

第六条　委員会が必要な事務経費は、〔民国政府の〕財政部が支出する。

（『政府公報』一九二四年十一月十四日）

溥儀のみならず、接収に当たった民国政府側の関係者の回顧のいずれもが、十一月五日の出宮に際しては、身の回りの物を除いてもち出しが許されなかったことを記録しています。食べかけのリンゴさえそのままだったそうですから、基本的に全ての物品は完全に宮中に留め置かれ、言わば「着の身着のまま」で宮中から退去したと理解すべきです。

しかしながら、前掲の善後条例によると、溥儀出宮から一週間後においては、宮中に留め置かれた物品はもちろんのこと、「契約文書」とありますから実物は宮中に存在しない不動産（第七節（二）参照）などの財産もまた、暫時一括して辦理清室善後委員会（以下「善後委員会」）が保管するが、その後は公・私に仕分けして、「私産」部分は「溥儀に引き渡す」予定となっていたことが判明するのです。

元々の優待条件においても「原有の私産」についての取り決めが条文としてありましたが（第七条）、実際に何が清室の「私産」であるか、逆に何がそれ以外の「公産」とされるべきものであるかについては、締結当時、細かな議論はなされませんでした。それは、皇帝が天下に君臨する伝統的国家体制の下において、財産の公私の区分を明確にする必要性が十分に意識されず、その境界はきわめて曖昧なまま近代を迎えたからです。清末に明治日本を模範として立憲君主制への移行が模索された際、清朝としても独自に「皇室財産」を定義し、「国家財産」と区分することを目指す動きがありましたが、辛亥革命によって時間切れに終わりました。そうした状況の下で、清朝・革命勢力双方の妥協として急ぎ締結したのが、元々の優待条件でした。ですから、そこには協議の基礎とすべき清朝としての定義もなく、また新たに定義を加える時間的余裕もなかったのです（拙稿「関於清朝皇室「原有私産」的幾個問題」故宮博物院故宮学研究所編『「回眸・検視・展望——変革時代中的故宮博物院」学術研討会論文集』同研究所、二〇一七年、一五一―一六三頁所収）。

以上からすれば、一九二四年の修正優待条件は、十三年越しでそれを断行しようとする民国政府の意志を明確にしたものであり、また善後条例と善後委員会は、それを具体化する実務についての取り決め、およびその作業母体となるものであったと言えるのです。

では、宮中物品のある程度の部分は結局「私産」として後に溥儀に返還された、というような理解になるのでしょうか。もしそうであれば、かつての宮中文物の中で今日「二つの故宮」が所蔵するのは、「公産」と認定された、全体からすれば一部のものでしかないということになります。

いや、そうではありません。優待条件の取り決めと同様、この善後条例も、一部の「目こぼし」を除いて、また履行されなかったのです。

「一部の「目こぼし」を除いて」と述べたのは、清室側が、出宮後の溥儀が冬服を持たないことを口実に、封鎖された宮中に一時的に入る許可を求め、一九二五年一月に、冬服だけでなく、宝飾品や貯蔵されていた毛皮を相当数もち出したことが記録されているからです(前掲栗亭「故宮博物院前後五年経過記」)。それが可能だったのは、善後条例に「私産」条項があり、それがまだこの段階においては効力を残す可能性をもっていたからでしょう。

しかしその後は、完全にその可能性を失ったと考えられます。すでに一九二四年十一月二九日の段階で、溥儀は日本公使館に身を寄せており、そこでの生活は翌一九二五年二月二三日まで続きました。そのことが、風向きの変化を生んだのです。この間、十二月に善後委員会による宮中物品の点検作業が始まったのですが、清室は前掲の委員会組織条例で割り当てられた委員を派遣せず、作業停止を求めるという、非協力的な態度をとりました。しかも、修正優待条件さえも認めないとする主張をし始めたのです(「清室内務府致内務部函」一九二四年十二月二〇日・同二七日(呉瀛『故宮塵夢録』紫禁城出版社、二〇〇五年、三九―四〇頁所収))。清室は、優待条件の修正と出宮を迫られたことを元々の優待条件締結の経緯を理解しない者たちによる暴挙とし、それに不安を覚えたためであるとして溥儀が日本公使館に保護を求めたことを正当化し、現状への不満を朝野に訴えました(第一歴史檔案館編「溥儀出宮後図謀恢復優待条件史料」『歴史檔案』一、二〇〇〇年、六六―七八頁所収)。

　こうした状況の中で、元々の優待条件の体制下で清室関係業務を担っていた民国政府内務部（内務省）が説得に乗り出しましたが、清室側は態度を硬化させるばかりでした（前掲呉瀛『故宮塵夢録』）。そしてついに溥儀が北京を離れ、以後天津の日本租界に溥儀の行在《あんざい》が設けられ（一九二五年二月二四日―）、そこが清室の拠点となるに至って、北京内外の実力者たちだけでなく、一般的な世論もまた、溥儀に対する同情的論調から批判的論調に傾くのです。

　こうして修正優待条件・善後条例の構想は無に帰し、宮中物品が一部たりとも溥儀に返還されることはありませんでした。そしてそれらは一括して、善後委員会の改組で一九二五年十月に故宮博物院が創設された際に、その収蔵となったのです。清室の外側から上記の経緯を見れば、こうした落着は清室側の「自業自得」であったと言え、また今日を生きる私たちから見ても、それは王朝の遺産の保全という点で非常に幸いであったと言うべきです。

　しかしながら、先に述べた優待条件成立の経緯や、以上で見た修正優待条件・善後条例の元々の趣旨について理解した上で、その結果を溥儀の立場から考えてみるなら、彼の悲憤の大きさは容易に理解できることです。当時の歴史を客観視しようとするならば、一度、溥儀・清室の側にも立ってみて、彼らがそれをどのように認識したのか、果たしてそこにはいかなる独自の論理があったのかという点について、歴史の中から汲み取って理解しようとする姿勢が必要です。以下、それを少し試みましょう。

六　問題の検討——金梁《きんりょう》による上奏の再検討

当然ながら、今日の故宮博物院の「公定史」〔前掲栗亭「故宮博物院前後五年経過記」、およびそれを継承した国立故宮博物院編『故宮七十星霜』台湾商務印書館、一九九五年〕は、こうした帰結を、溥儀と清室を批判することによって正当化しています。その象徴が、翌一九二五年十月の故宮博物院成立に至るまでの時期のエピソードとして「公定史」で必ず語られる、以下のような事件です。

〔善後委員会が、一九二五年〕七月三一日に〔紫禁城宮廷内の皇帝居室であった〕養心殿を点検した際、清室が密かに復辟を謀った文書一式を発見した。その内訳は、〔清室事務を担う〕内務府〔現日本皇室の宮内庁に相当〕大臣の金梁による「二点についての上奏」、「三点についての上奏」、「四点についての上奏」、および人材を列挙する上奏など、計四つの上奏、さらに〔復辟についての各地〕遊説経過を、ジョンストンを通じ代奏依頼した康有為の書状……などで、〔民国〕十三〔一九二四〕年春から夏にかけて清室の遺臣たちが復辟陰謀の活動をしていたことを暴露し、溥儀が紫禁城を追い出されることが確かに必要であったことを間接的に説明した。善後委員会はこれらの密かに復辟を謀った証拠を発見した後、清室に対して容赦ない反撃を発動し、それを新聞に発表したほか、八月十七日には京師地方検察庁に検挙するように訴え出た。またそれが溥儀の英語教

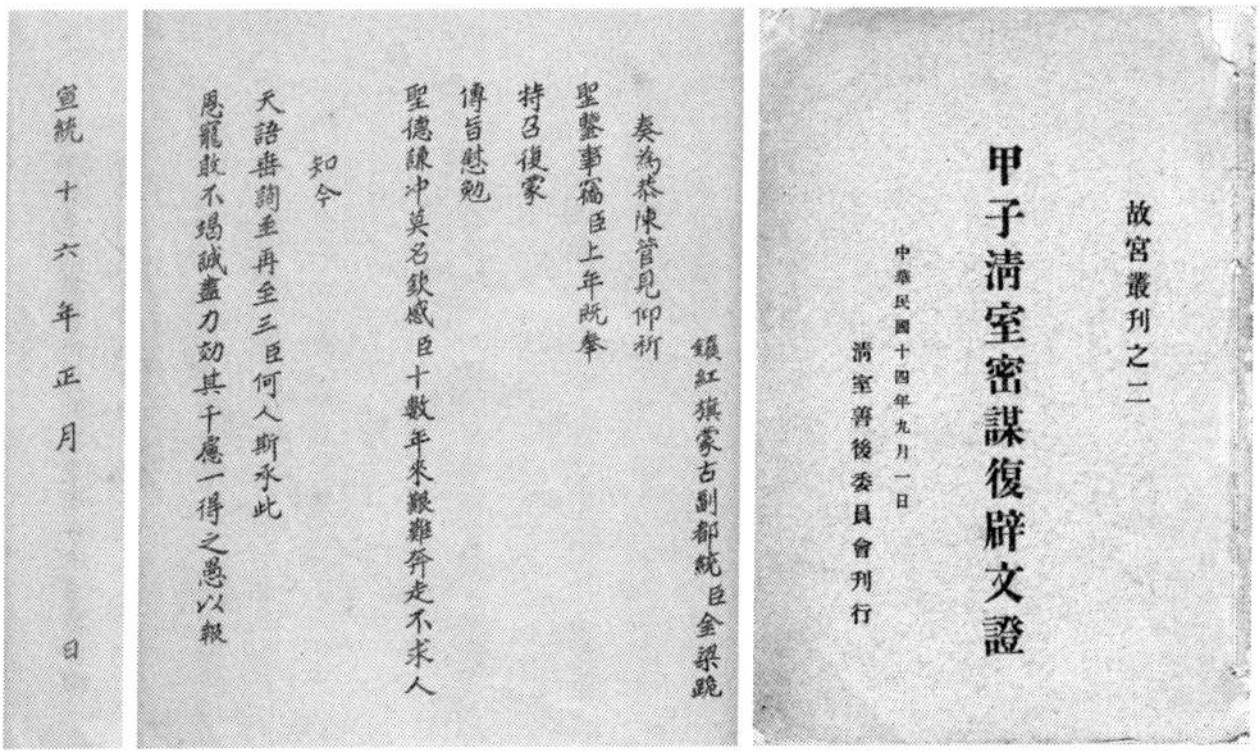
故宮叢刊之二
甲子清室密謀復辟文證
中華民國十四年九月一日
清室善後委員會刊行

鑲紅旗蒙古副都統臣金梁跪
奏為恭陳管見仰祈
聖鑒事竊臣上年既奉
特召復蒙
傳旨慰勉
聖德謙沖莫名欽感臣十數年來艱難奔走不求人
知今
天語垂詢至再至三臣何人斯承此
恩寵敢不竭誠盡力効其千慮一得之愚以報
宣統十六年正月　日

図5-7　右：『密謀復辟文証』(1925年)と金梁上奏文(「宣統十六年」)
清室善後委員会編『甲子清室密謀復辟文証』表紙・影印図版

師のジョンストンに関係したことから、さらに外交部〔外務省に相当〕に訴え出て、イギリス人ジョンストンの国外追放を要請した。
（前掲国立故宮博物院編『故宮七十星霜』）

滅んだはずの清朝の再興は、すなわち現国家である中華民国の否定にほかならず、それはすなわち「国家転覆」の企てであるという論理にもとづき、この発見は、善後委員会からの清室側の排除、宮中に留め置かれた財産および宮外の財産に対する善後委員会の一括接収、ひいては故宮博物院の成立を正当化するための理由とされたのです。当時、陰謀の証拠とされた九件の文書は、いずれも清室に心を寄せる旧臣あるいは現役の近臣から溥儀に上奏されたものでした。その一つである「三点についての上奏」（図5-7）は、満人（満洲族）科挙官僚の金梁（一八七八—一九六二年）（図5-8）によるものです。

この上奏の原文は、発見後すぐに善後委員会によって全文が公表され（清室善後委員会編『甲子清室密謀復辟文証』同委員会、一九二五年）、その内容の八割程度についてはわが国でも早くに訳出されて世に出されています（小野忍ほか訳『わが半生』）。史料としては人々の目に触れて非常に長い年月が経過しており、故宮博物院の数ある「公定史」やその他多くの関連研究でも言及され、上奏を行った金梁とその「宝物」「古物」保全構想などについての専論もあります（前掲大出尚子『「満洲国」博物館事業の研究』）。しかし、本文全体、およびそれを含めた一連の「復辟を謀った証拠」全体を今日的に客観的分析する、あるいはそれらを陰謀として自らを正当化する故宮博物院「公定史」の論理それ自体を再検討する試みは、いまだに行われていないのです。

図 5-8　金梁（1929 年）
瀋陽故宮博物院編『瀋陽故宮博物院院史展』（2011 年）56 頁図版

一連の上奏を「復辟を謀った証拠」と見るのが偏見であることは、先入観を取り払い、それらの文面を冷静に読むことで容易に明らかとなります。なかでも、特に前述の「三点についての上奏」の内容は、溥儀や清室がなぜ民国政府に対する不信感を抱き、修正優待条件・善後条例の構想に非協力的な態度をとったのかという点について理解する上で重要な手掛かりとなりますので、ここで簡単な検討をしてみましょう。

(二) 文書の性質

確かに、金梁の上奏の趣旨は「回復」(原文では「恢復」)で終始一貫しています。「回復」とはすなわち清朝の再興、すなわち「復辟」にほかなりません。復辟の試みは、この出宮に至る時期までに、何度もうわさにのぼり、民国朝野にそれを求める気運も消えませんでした。それが実際に断行されたことさえあったという点については、先に張勲復辟事件として紹介した通りです。この「三点についての上奏」が、そうした歴史的文脈で読むべき文書であることは間違いないですし、民国側がそれを真剣に警戒したことは十分うなずけます。そのため、後に陰謀の証拠として批判されたのです。

しかし、当時のそのような理解は正しかったのでしょうか。金梁の上奏は以下のような書き出しで始まっています(以下、既刊の訳文を筆者補正、未訳部分を筆者訳出)。

金梁が、恭《うやうや》しく管見を申し上げ聖断を仰ぐことについて、謹んで上奏します。……わたくしが考えますのに、今日重要なことは、密かに回復を図ることを第一とします。回復の大計、弊風の一掃、万端の整頓は、まず宮廷を保護して、根本を固めるべきです。その次は、財産を整理して、財政を立て直します。思うに、必ず自ら養って、然る後に自ら保つのであり、自ら養い自ら保つことができて、然る後に密かに回復を図ることができるのです。三者は密接に関連しあっていて、本来一つのことであり、不可分のものです。

（金梁「三点についての上奏」宣統十六年正月〔二七＝新暦一九二四年三月二日〕）

ここには、「回復」が、清室財産の「整理」と「保護」の後の将来的課題であることが明記されています。上奏の根底には、溥儀が紫禁城内で置かれた苦境に対する金梁の悲憤がありました。以下に示す、その後の行文に見るように、進言の重点は、あくまでも現在の苦境をいかにして打開するか、そのために清室財産をいかにして保全・経営・増益して目下の財政の健全化と将来へのその継承を図るかという「整理」と「保護」の二点にあり、その上で人材を得ることがいかに重要かという点に説き及んで、「回復」の大計を展望しているのです。そして何よりも、金梁が自らの清末以来の実績を所々言及していることからも明らかなように、得るべき人材とはすなわち彼自身を含むものであったことは疑いありません。

一、整理を図ること。整理の方法は、地産〔不動産など〕と宝物の二類に分けるべきです。……宣統初年にわたくしが奉天で旗人事務を統括していた時に、〔東三省〕総督〔錫良〕に〔東三省の清室地産の〕整理について上奏するように願い出て、〔旗人の生計維持のために支給された〕旗地とともに調査して放出し、証書を発給したところ、証書発給費〔収益〕だけで百万元になりました。その後、荘地を測量して売却したところ、収益は小さくありませんでした。もし早く自らやらなければ他人に奪われます。今でもすでに手遅れです。どうしてこれ以上先延ばしにできましょうか。……数年前、わたくしは〔盛京宮中所蔵の宝物の〕整理案を考えましたが、あいにく〔洮昌道尹、蒙古副都統として〕蒙古辺境を担当しており、顧みる余裕がありませんでした。その後、勅命で担当者が派遣されたものの、いまだに着手されていないと聞きます。もしこれ以上遅れれば、後はもう間に合わないでしょう。……

二、保護を重んずること。保護の方法は〔紫禁城〕旧殿と古物の二類に分けるべきです。……宣統二〔一九一〇〕年、盛京宮中〔現瀋陽故宮〕所蔵の宝物を調査してただちに博覧館〔博物館〕を設置することを願い出た、わたくしの上申書は、〔東三省〕総督によって上奏されましたが、裁可を得ることなく、結局、〔盛京宮中所蔵の宝物は〕他人〔民国政府〕によって北京に運ばれ、〔現地で〕保存することができませんでした。前の失敗を教訓とすべきです。どうしてまた失敗することができましょうか。三年前、わたくしは改めて〔北京紫禁城の三大殿に〕博覧館を設置することを提案し始め、当時、東洋・西洋の古物専門家と話し合いましたが、みな大いに賛成し、また援助を約束しました。〔この博覧館設置案は〕特に先行して急ぎ実施すべきです。……

三、回復を図ること。……回復の大計については、腹心の〔清の旧〕臣が内にあって方策を立て、忠節の士が外にあって使命に尽力することであり、成功すれば国家がその利益を得、失敗すれば一人二人がその害を引き受けます。事は機密を要するのですべてを申し上げることはできませんが、わたくしは〔辛亥革命以来の〕十三年来、主君が憂い、臣下が辱められ、苦労が絶えない中、南北を奔走、満洲・蒙古をとり結び、当時また計画するところがありました。近頃、人心・気運はようやく転機を見るに至っていますから、人事を尽くして天命を待てば、世の乱れを治めて正しい世に戻すことができましょう。ただし人材を得て初めて期待できることなのです。

（金梁「三点についての上奏」）

以上を通読すれば明らかなように、これは復辟陰謀の文書とするよりも、金梁が献策によって自らを売り込もうとした自己推薦書と見るべきものなのです。そして実際に彼は、これによって溥儀に賢才として見出され、「宣統十六年二月」（新暦一九二四年三月）、「内務府大臣」の一人として宮中へと抜擢されたのです（新暦七月免職）。ただし、すでに出宮までわずかな時間を残すのみで、彼の献策に成果をおさめたものがまったくなかったことは言うまでもありません。

（二）清室財産の一部としての「宝物」論

次に注目すべき点は、前掲の金梁の進言で、「整理」と「保護」の二点において、「地産」（不動産）が「宝物」（および「古物」「旧殿」）と同等に重視されているという事実です。

すでに述べたように、当時この文書は善後委員会から清室を排除しようとする動きの中で利用され、またその後もそれを断行した善後委員会の後継者である故宮博物院の「公定史」の文脈において検討されてきました。当然、「宝物」など、今日で言うところの文化財に関係する文言ばかりが注目されたわけです。しかし通読すれば明らかなように、この上奏は、「宝物」などだけを視野に入れたものではなく、「地産」を含めた、清室財産（優待条件でいう「原有の私産」、善後条例でいう「私産」）全体を問題としたものだったのです。「公定史」を含め、故宮博物院史に関するこれまでの研究において、このことは完全に見落とされてきました（拙稿「宣統十六年の清室古物問題」『北海道大学文学研究科紀要』一四四、二〇一四年、四七―七一頁所収）。

清代において、清室は実にさまざまな財産と財源をもっていました。皇室事務を担う内務府管轄下には、「宝物」などの動産だけでなく、行宮（離宮）・陵園および荘園、さらに城下の家屋などを加えた膨大な数と面積の不動産（現日本皇室の御料地に相当）があったのです。荘園・家屋はもちろんのこと、行宮・陵園の遊休地さえも小作・賃貸に供していたのであり、得られる収益は相当なものでした。

故宮博物院の「公定史」において「復辟文書」の存在と並んで問題視されるのは、出宮以前に溥儀が「宝物」を密かに宮外に出し、あるいは抵当に入れ、それを出宮後の生計の糧として私物化していたという点です。しかし、出宮後の溥儀の生計は、それらの「宝物」の処分だけでなく、「宝物」以外のこうした多様な不動産とそこからの収益によって、おもに成り立っていました。それゆえに、善後委員会の整理対象に「契約文書」が含まれていたのです。

(三) 清室「私産」保全をめぐる諸問題――対立する思惑と複数の可能性

しかし、そうした不動産は「宣統十六年」の出宮以前の段階で、すでに多くが民国政府・軍閥・荘頭《そうとう》(佃戸《でんこ》=小作人のとりまとめ役)によって接収・売却・侵奪され、財産として有名無実化しつつありました。金梁が、「他人」の「野心」によって清室財産が「奪われ」ることを警戒するように訴えているのは、そのためだったのです。これが民国朝野に対する不信感を反映していることは疑いありません。金梁の上奏を理解するには、このような歴史的背景について理解する必要があるのです(前掲拙稿「関於清朝皇室「原有私産」的幾個問題」)。

「宝物」についても同じことが言えます。一九一四年に奉天清宮(現瀋陽故宮)と熱河行宮(現承徳避暑山荘)の文物が北京に搬出され、民国政府の所管となった紫禁城南半部の三大殿など、旧外朝の「旧殿」を中心に、それらの保管・陳列・公開がなされるようになりました。これが、民国政府内務部と清室との共同事業として企画され、実際には内務部所管となった「古物陳列所」です。民国政府と清室との最初の取り決めでは、これらの文物は優待条件に言うところの清室の「原有の私産」と位置付けられ、民国政府が将来的に対価を支払って国有化することになっていました。しかし、結局は一銭も支払われず、文物の所有権を曖昧にしたまま運営が続けられました(拙稿「史料考証与故宮以及古物陳列所史」故宮博物院故宮学研究所編『古物陳列所百年紀念学術研討会論文集』同研究所、二〇一四年、四七―五七頁所収)。金梁の不信感は、理由なしとは言えないのです。

さらに「宣統十六年」当時、民国政府内務部が近代的文化財保護制度を確立しようとしていたことも見逃せません。内務部主導で、中国最初の近代的文化財法である「古籍古物曁《および》古蹟保存法」を、新たに制定する準備を進めていました。金梁は、こうした状況の中、宮中でなおも清室の管轄下にある「宝物」までが内務部によってまた奪い去られるのではないかと危惧していました。事実、当時の内務部は「国立博古院」という国立博物館の創設に向けても動き出していたのです。

金梁は、前掲「三点についての上奏」に見るように、自らの清末以来の重要な実績として、二度の「博覧館」（博物館）構想を挙げています。そしてその上奏には、以下に見るように、列強との合弁で、言わば溥儀個人と切り離した「財団化」により、清室主導で「皇室博覧館」を創設することを、具体的に進言した文面も認められるのです。

甲、古物の保存は、宝物を整理したのち、皇室博覧館を開設するよう求め、そこへ宝物を移して諸人の観覧に供し、また東洋・西洋各国の博物館と契約して、古物の借用、寄贈を仰ぎ、連携して管理するようにすべきです。中国と外国が一体となって古物を公有すれば、自ずと余人の干渉を根絶することができます。

乙、旧殿の保存は、博覧館を三大殿（紫禁城の保和殿・中和殿・太和殿）に設置し、（三大殿を中華民国内務部管轄の古物陳列所から）回収して（清室が）自ら運営すべきです。三大殿は今、古跡になっています。古物・古跡の保存をまとめて一つとするなら、名実ともに合致し、誰も野心のもちようもありません。しかもそれが友好国と連携した合弁であれば、一旦緩急あるときも、相互に援助があり、内廷〔宮中〕の安全は、これまで以上に頼みを重くすることができます。

（金梁「三点についての上奏」）

当時の清室を取り巻く情勢を巨視的に見るのなら、これは清室財産全体のうち「宝物」部分について、内務部〔民国政府〕の介入と接収を免れるための、清室が打ち出すべき方策を、言わば「苦肉の策」として進言したものであったと理解されます。

以上で見たように、宮中文物の保全は今日の故宮博物院に至る道が当時唯一の選択肢ではなく、複数の可能性が存在していました。故宮博物院への帰結は、清室主導による財産保護の道筋を封じるものでした。しかし当時の歴史を俯瞰するなら、それを正当化した「復辟の陰謀」論は根拠不足と言わざるをえません。故宮博物院の成立は、対立する思惑の中で現れた「偶然の産物」でしかなかったのです。だからこそ溥儀はその結果に悲憤を抱き、さらに宮外の不動産を含めた財産全体を没収されかねないという不安を確信に変え、そのことが後に彼を日本、そして関東軍へと接近させていったと言えるのです。

おわりに

以上、辛亥革命と優待条件の関係から説き起こし、「宣統十六年」の紫禁城に焦点をあて、溥儀の出宮、善後条例・委員会について検討し、最後に金梁の上奏を手掛かりとして溥儀・清室の論理にも目を向けました。

辛亥革命は他の近代革命に例のない性質をもち、それは優待条件が象徴しています。一九二四年の北京政変の当事者にとって、溥儀の出宮は、辛亥革命、および一九一七年の復辟事件以来の課題を、ようやく実現したものでした。しかし出宮当時の情勢としては、民国政府としても、修正優待条件・善後条例に見るように、穏当な処理を目指す意思がありました。さらに元来、民国側(内政部)も清室側も、それぞれが独自の宮中物品の保全を目指す「博古館」「博覧館」構想を持っていて、並行するかたちで実現に向けて動き始めていました。ところが、溥儀の日本公使館への「駆け込み」による事態の急変で、帰着したのは、そのどちらの構想でもない第三のかたち、すなわち善後委員会による単独完全接収でした。それが故宮博物院へと姿を変えて今日に至っているのです。

つまり、故宮博物院の成立は、革命政権が旧政権の文物を接収するという経緯をたどった通常の宮廷美術館、すなわちルーブルやエルミタージュなどの成立と、歴史的に同一視すべきものではありません。だから溥儀は悲憤したのです。この点をさらに掘り下げるために、今回、溥儀・清室の立場に立ってこの間の歴史的経緯を回顧し、美術品以外を含めた多岐にわたる皇室財産をめぐる駆け引きと緊張感が問題の核心であることを明らかにしました。

最後に念のため確認しておきますが、以上長々と述べてきたことは、「敗者」の悲憤に思いを寄せるというような、単なる情緒的な営みではありません。この研究は、溥儀・清室の論理を考えてみることで清末・辛亥以来の未完の課題を論点として浮かび上がらせ、故宮博物院の「公定史」を疑い、ひいては中華民国史に清朝史から新たな光を投げかけようとする、きわめて意識的な試みなのです。研究はまだ途上にありますが、今回その一端を皆さんにお話しする機会を得て、ありがたいことに一層思考が整理され、史料の分析も進みました。

学問の面白さは、誰もが信じていることを疑い、新たな仮説を自身で立て、それを材料にもとづいて独自に検証することにあります。歴史学について言えば、史料を発掘、あるいは誰もが知っている史料を冷静に読み直し、照らし合わせて検証することで、そこから事件や人物の動きを読み取り、新たな歴史の解釈を提示するということです。今回の講義もその例に漏れませんが、おわかりいただいたように、それはとても地道な作業で、歩みも遅々たるものです。学問という営みのこうした性質を理解し、また中国という独特な歴史的存在に興味をもっていただく機会になったのなら、とてもうれしく思います。

読書案内

小野忍ほか訳『わが半生――「満州国」皇帝の自伝』(筑摩書房、一九九二年)

愛新覚羅・溥儀『我的前半生』(群衆出版社、一九六四年)の邦訳

入江曜子ほか訳『紫禁城の黄昏』(岩波書店、一九八九年)、中山理訳『完訳　紫禁城の黄昏』(祥伝社、二〇〇五年)、岩倉光輝訳『新訳　紫禁城の黄昏』(本の風景社、二〇〇七年)

Reginald F. Johnston(ジョンストン), *Twilight in the Forbidden City*, London: Victor Gollancz Ltd., 1934 の邦訳

波多野太郎監訳『溥儀――一九一二―一九二四　紫禁城の廃帝』(東方書店、一九九一年)

秦国経『遜清皇室軼事』（紫禁城出版社、一九八五年）の邦訳

＊本稿には、公開講座の前後を通じて開講した文学部二〇一八年度前期「東洋史学」講義「宣統十六年の紫禁城」の内容が多く反映されている。なお本稿は、二〇一八年度科学研究費・新学術領域研究（研究領域提案型）「物質文化の変遷と社会の複雑化」（代表　中村慎一）の関連成果の一つでもある。

第六章　珠光の嘆き
――「心の一紙」を読み解き、「和漢の境をまぎらかす」を考え直す

橋本　雄

一　本章のもくろみ

歴史学から話題を提供する本章では、室町時代の「茶の道」の先生、村田珠光《しゅこう》（殊光とも。一四二三～一五〇二）が教え子に贈った、「心の一紙（あるいは心の文）」と呼ばれるメッセージを紹介します。これは、「茶の湯」や茶道史の世界では知らない人のいない、きわめて著名な史料です。師匠の珠光から弟子の古市《ふるいち》澄胤《ちょういん》に向けて示された、悲嘆にも近い叱咤の言が込められています。けれども、ただ単に出来の悪い教え子を叱ったというだけの文章ではありません。どんな人間も逃れられない、生きる上での苦しみや悩み、そして嘆き悲しみにどう対処すべきか、そんな普遍的な問題へのヒントに満ちた〈愛のメッセージ〉なのです。

もちろん、「茶の道」の祖、珠光の言うことですから、その裏には彼一流の美意識が見え隠れしています。広い意味での歴史学の関心から言えば、その思想や志向を的確にとらえていくことも重

要な課題でしょう。

さて、珠光は一般に「茶の湯の祖」とされています。かつては「村田珠光」と呼ぶのが普通でしたが、最近では単に「珠光」と呼ぶことが多くなりました。出家者に苗字を付けて呼ぶのが適当ではないこと、また養嗣子の宗珠《そうしゅ》は村田姓だと確認できるが（仁如集堯《にんじょしゅうぎょう》『鏤氷集《るひょうしゅう》』「松声」序文）、珠光本人に対して同時代史料で確認できないことなどが理由です（私は高校教科書風に村田珠光と通称しても構わないと思うのですが）。

そして、彼に関する同時期の史料は少なく、人となりに迫ることなどきわめて難しいのですが、だからこそでしょう、千利休《せんのりきゅう》や山上宗二《やまのうえそうじ》ら後人の高評価によって、「茶の湯」界の大立者《おおだてもの》としてあがめ奉られ、今に至ります。しばしば「茶祖珠光」などと表現されるのも、まさしくこのためです。

ところが、茶道史の専門家たちにより、史料に即した珠光の実証研究が積み重ねられてきました。そのおかげで、彼の素性はずいぶん明らかになってきました（倉澤行洋『珠光』（淡交社、二〇〇二年）、神津朝夫「珠光伝の再検討」（熊倉功夫編『遊芸文化と伝統』吉川弘文館、二〇〇三年）ほか）。そうした成果をもとに珠光の履歴をさらっておけば、①珠光は奈良の住人であって浄土宗の称名寺《しょうみょうじ》を菩提寺にしていたこと、②唐物《からもの》の名品（高級舶来品の大名物《おおめいぶつ》）を持っていたわけではなく、「よきもの」（素晴らしい茶道具）ばかりを有してはいなかったこと、③これと関連して、足利義政や同朋衆《どうぼうしゅう》（将軍家お抱えの学芸員・芸術家）能阿弥《のうあみ》との接点は同時代史料に確認できないこと、④ましてや珠光が義政・能阿弥らに茶の湯を教えたり、逆にお墨付きを貰ったりしたことなどありえないこと、⑤大徳寺（臨済宗）禅僧一休宗純《いっきゅうそうじゅん》の年忌法事に奉加《ほうが》（寄付）していたこと、⑥奈良称名寺《しょうみょうじ》（浄土宗）のみならず大徳寺真珠庵《しんじゅあん》（一休の塔頭《たっちゅう》）の過去帳に記名されていること（ただし彼の命日に食い違いあり）、などが分かっています。

とくに、右の②～④の要素は、近世以降の日本美術の流れが、「東山御物《ひがしやまごもつ》」を美の規範にしたり、「東山文化」を理想視したりしたことと深く関連します。換言すれば、後世の価値基準をさかのぼらせ、当てはめているわけですね。

また珠光は、必ずしも京都に拠点を置いていたわけではないのですが（①）、京都紫野の大徳寺僧一休と交流しています（⑤・⑥）。これが無視できない重みを持っていることについては、追々論及しましょう。京都を中心とする当時の文化動態を考える上で、一休はキイパーソンの一人です。

ひるがえって本章では、珠光の肉声とも言うべき「心の一紙」を分析していきます。ただ残念ながら、現物は行方不明で、珠光直筆の原史料もこれまで確認されたことすらありません。原史料を見ないままにテキストを論じることはやや危険でもあるのですが、最善を尽くすつもりですので、どうかご容赦ください。

先にも触れた通り、この「心の一紙（心の文）」は、「茶の湯の祖」とされる珠光自身の言葉、しかも弟子に対する事実上の訓戒です。これまで多くの茶道史関係の方々が取り上げ、さまざまな解釈が施されてきました。逆に言えば、珠光の言葉に触れない茶道史の語りはない、とさえ言えます。しかし、いやだからこそ、茶道史では今や食傷気味で、皆が何となく「わかったつもり」になっている……。実はこの点こそが非常に厄介なのです。

なおかつ、不遜を承知で敢えて言えば、この史料、今まであまりきちんと理解されてこなかったのではないでしょうか。現状の文末近くにある「心」という言葉がキイワードなので、タイトルが「心の一紙」とされてきたわけですが、この概念の理解がこれまで不十分だったのではないか。そのため、珠光の主張が正しくとらえられてこなかった。この史料を読み込んでいくにつれて、そんな不満が募ってくるようになりました。

そして近年、「心の一紙」にほの見える仏教的ニュアンスを排除して、同史料を解釈しようとする論調が目につくようになってきました。おそらくその背景には、禅宗や大乗仏教の影響を重視してきた先学の議論を見直そう、もっと言えば覆そうという思惑があるのでしょう。確かに、先行研究を盲信せず、改めて再検討する姿勢自体は大切です。けれども、旧説の正しき部分を引き継ぐことは、むやみに否定し去る以上に大切なのではないでしょうか。「批判のための批判」に堕していないか、十分な注意が要ると思います。

さて、この「心の一紙」という史料が重要なのは、冒頭にも若干述べたように、現代の我々にも通ずる、〈生きる上での苦しみ・悲しみ〉に光を当ててくれるテキストだからです。我々がより良く生きるにはどうすればよいのか、その指針が示されているとさえ言えるでしょう。「かなしむ人間」と題した本書で珠光「心の一紙」を取り上げるのも、まさしくこの点に理由があります。

また、この「心の一紙」には、美術史や文学、文化史、社会史など、広汎な分野にまたがってしばしば話題となる、「和漢の境《さかい》をまぎらかす」という有名な一節が含まれています。つまり、珠光の「心の一紙」は、アジアのなかの日本文化論、いわゆる〈和漢論〉の根幹に関わる史料としても、実に重要なのです。

そこで本章では、ちょっと欲張って、従来の「和漢の境をまぎらかす」の解釈にもメスを入れてみたいと思います。全体の文脈をしっかりとらえることで、「和漢の境をまぎらかす」の一節も正しく理解できるようになるはずだからです。

二　〈和漢論〉の構図

珠光「心の一紙」そのものの読解に入る前に、まず〈和漢論〉とは何かについて、簡単に説明しておきましょう。茶道史のみならず、日本の文化史を考える上で忘れてはならない、〈和漢論〉の構図（モデル・プラン）に関する議論です。

「和漢」という言葉の初出は、源　順《みなもとのしたごう》の『倭名　抄《わみょうしょう》』（承平年間、九三〇年代）と言われています。そして、藤原公任《きんとう》の撰じた『和漢朗詠集』以降、一般化したと考えられるそうです。それ以前の段階、九世紀までの唐風文化を承けて、却って自国文化が意識に上ってきたことが、こうした事情の背景にはあります。『古今和歌集』仮名序（紀貫之作）でも、和歌と漢詩との同質性を謳っていますが、これも中華に互したいという、いじらしいナショナリズムの表れでしょう（前田雅之『古典的思考』（笠

間書院、二〇一一年)、拙著『中華幻想』(勉誠出版、二〇一一年)など)。

ほかならぬ「和漢のさかいをまぎらかす」と銘打つ書籍を近時著した島尾新氏も、まず『和漢朗詠集』から〈和漢〉の構図を説き起こしました。小川剛生氏のご教示によれば、この『和漢朗詠集』に歌・詩が載るかどうかで、その作家の後代への影響度が異なってくる、と言います(ここに載らない作家は、後世、踏襲・参照されなくなってしまう)。結果論的な言い方にもなりますが、和漢の枠組みは、おおよそこの書物の登場で決まってしまった、というわけです(拙稿「雪舟と王維と」(『美術史論叢』三三号、二〇一七年)参照)。

〈漢〉の文化が最初に日本になだれ込んできたのが奈良時代。それが平安時代に影響を及ぼしました(島尾は「漢1」と仮称)。つぎに高品質な〈漢〉文化が大量に流れ込んできたのが鎌倉時代です。その影響は、おおよそ室町期まで続きました(「漢2」)。この後、華夷変態《かいへんたい》=明清交替の時期を経て、「漢3」ともいうべき第三の波が日本に打ち寄せます(たとえば、黄檗宗《おうばくしゅう》の文化や南画の流行など)。ただし、「漢3」は、本章ではとても扱い切れません。

中世(鎌倉~戦国時代)に関して言えば、その島尾氏が開示してみせた、〈和漢の入れ子構造〉(図6-1・6-2)という見取り図が簡明かつ便利です。このプランは、とくに平安期に即して提起された、故千野香織氏の「日本文化の二重構造」論ともよく響き合います。ここでは、千野氏と島尾氏との印象的かつ問題提起的な文章を引いて、〈和漢の入れ子構造〉の要諦をつかんでいただきましょう。

「唐」と「和」というこの二重構造は、日本の歴史のうえで、その後も有効に機能し続けてきた。日本人は、新しい外国文化を摂取しようとするたびに、それまでの「唐」の枠の中身のある部分を「和」の枠内へ移し替え、「唐」の枠のなかに新来の外国文化を取りこむ、という

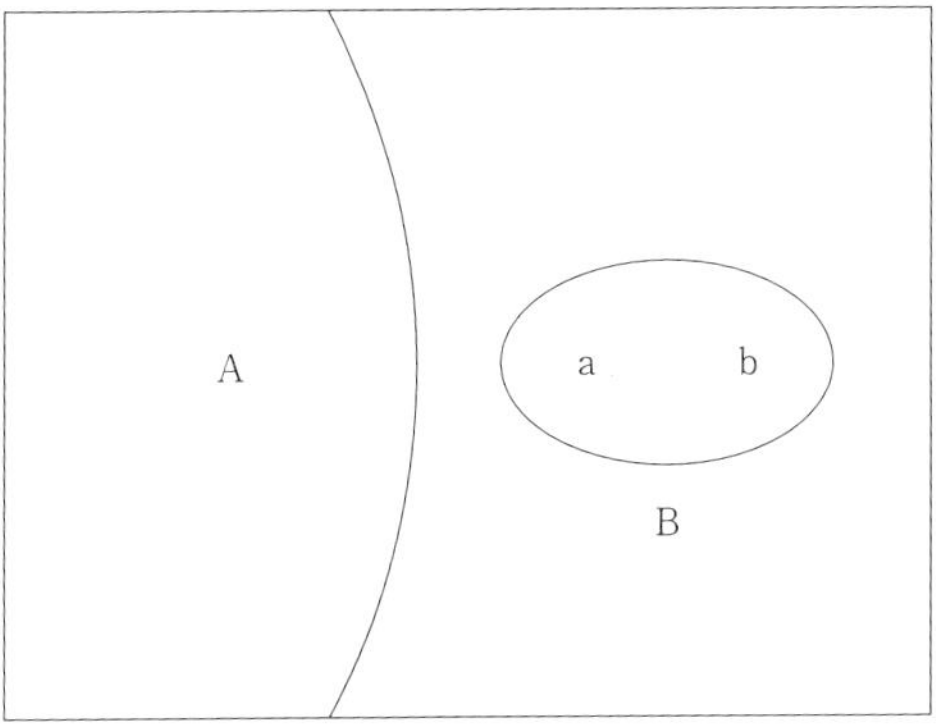

図6-1　平安時代の和漢の二重構造（千野香織氏作成，出典：「日本美術のジェンダー」『美術史』136号，1994年）

＊A＝〈唐〉，B＝〈和〉，a＝〈和のなかの《唐》〉，b＝〈和のなかの《和》〉

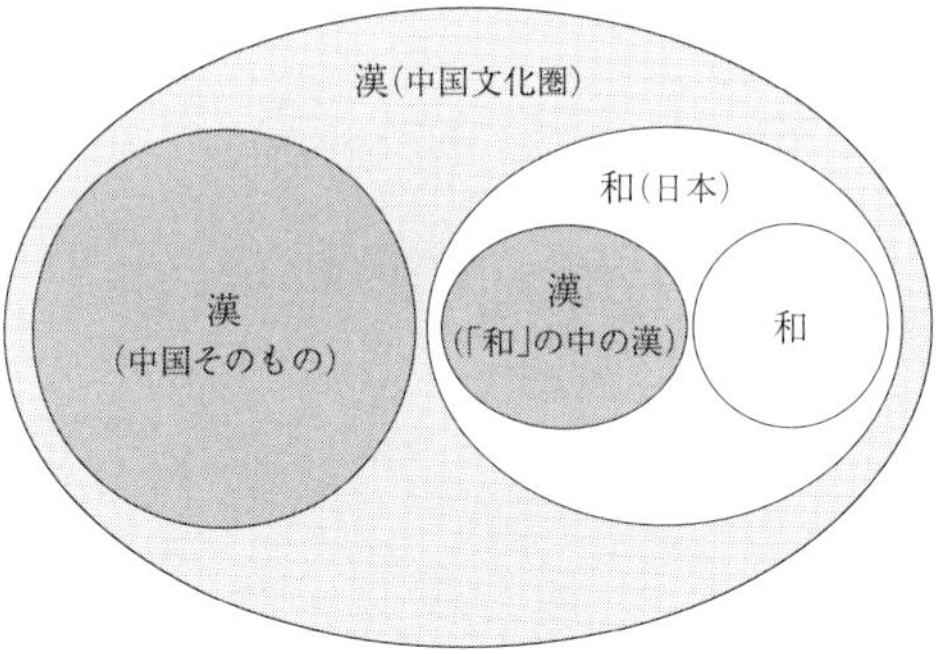

図6-2　和漢の入れ子構造（島尾新氏作成，出典：「会所と唐物」鈴木博之ほか編『中世の文化と場』東京大学出版会，2004年）

方式を取り続けてきたからである。いい換えれば、「和」とは常に、「唐ではないもの」を受け入れる大きな器であった。だからこそ、旧来のもの、伝統的なものはすべて「和」のなかに保存されたし、一方では、望みさえすればいつでも、新しいものを、そして欲しいものだけを、外国から「唐」の枠内に取りこむことができたのである。この二重構造は、近現代の「そと」と「うち」にまで存続しているように思われる。

（千野香織「南北朝・室町時代の絵巻物」『同著作集』ブリュッケ、二〇一〇年。初出一九九二年）

この構図の特徴は、外在する先進的な文化である「漢」＝中国を、「和」＝日本の中へと取り込むこと。それが「和」＝日本の中でさらに「和」と対になることによって、中国文化圏を構成する「和」「漢」と、日本をかたちづくる「和」「漢」とが相似形をなすことになる。……「和漢の構図」は、東アジア周縁の文化が、その内に東アジアを包み込むが如き幻想を産み出すための装置だった。

（島尾新「日本美術としての「唐物」」河添房江・皆川雅樹編『唐物と東アジア』勉誠出版、二〇一六年）

さて、こうした和漢の対比的構図が再編され、融合へ向かってゆく、というのが室町時代でした。ただし、この「融合」というのが実は曲者です。本当にまじりあって、一つのものになりおおせたのでしょうか？

たとえば、希代の能書家、伏見天皇〔一二六五～一三一七〕の宸筆《しんぴつ》〔天皇・上皇の書蹟《しょせき》〕に対する、十五世紀中葉頃のある評言を見てみましょう〔『正徹《しょうてつ》物語』一〇七段。傍線橋本、以下同じ〕。

仮令《けりょう》〔たとえていえば〕、床押板《とこおしいた》に和尚〔牧谿《もっけい》〕の三鋪《さんぽ》一対、古銅〔胡銅《こどう》〕の三具足《みつぐそく》置きて、みがきつけの屏風〔金銀屏風〕など立てたる座敷の躰《てい》の様に、和漢の兼ねたるは、伏見院の宸筆《しんぴつ》なり。

東山殿会所の一隅にもあった床と押し板は、日本の発明品。金銀屏風も日本のもの。これに対して、杭州〔浙江省〕西湖《せいこ》に住まう画僧牧谿法常《もっけいほうじょう》の水墨画は漢画の優品として名高く、胡銅の三具足〔香炉・花瓶《けびょう》・燭台〕は唐物〔高級舶来品〕の代表例です。つまり、伏見上皇は、和様・唐様さまざまに、種々の書体・書風を駆使することができた。伏見院の書とは、和と漢とを混淆して一体的に昇華させたものではなく、仮名も真名〔漢字〕も書体を自由自在に書きわけられる点に妙味があったわけです。この評価は、続く青蓮院尊円法親王《しょうれんいんそんえんほっしんのう》の書蹟に対するそれに比べると、実に対照的です。

青蓮院御筆はみす〔御簾〕すだれかけわたして、みがきつけの屏風障子に、何《いずれ》も日本の物計《ばか》り置きたる躰也。

つまり、尊円の書は和様一辺倒であり、純粋といえば聞こえが良いが、要するに平板なのですね。

幾様もの書体を書き分けられなかった。それに比べればヴァラエティに富むとはいえ、伏見院の書蹟は和漢融合ではなく、せいぜいのところ和漢の相並ぶ「兼帯」に過ぎなかったが、しかしその並立を可能とする妙技が光っていた、ということになります（京都国立博物館編『宸翰』（展覧会図録、二〇一五年）参照）。

ここで、これよりも四十年ほど後の史料、珠光「心の一紙」に目を向けてみましょう。本史料に見える、「和漢の境をまぎらかす」という言葉が、確かに和漢融合の志向性を感じさせますね。「まぎらかす」という動詞は、静的というよりも動的に解するのが自然です。それゆえ近代の歴史家たちは、室町時代に和漢の融合が進んだ、という「時代の変化」をよく表す定型句として、この文言を繰り返し用いてきました。たとえば、狩野元信《かのうもとのぶ》が漢画と大和絵とを融合させて、狩野派の基礎を築いた、というように。

しかしながら、常識的に、和漢の「融合」はかなり長い時間をかけないと達成できません（カナやかなの発明、「国風文化」の発達などが好例ですね）。混じり合って、溶け合って、一つのものになるというのは、やはり大変なことなのです。

しかも、島尾新氏が言うように、和漢が「まぎらかされた水墨画風」（たとえば狩野元信の画作）は考えられるが、「まぎらかされた唐物茶入《ちゃいれ》」や「天目《てんもく》」は想像しづらい。それが独立した個別的な立体物だからというだけでなく、素材も意匠も機能もほぼ一義的に固定化されてしまっているからです（もちろん例外や恣意的変更はあります）。「きれいに分かれた和物と唐物とを「取り合わせ」

ても、それだけでは単なる混在」にしか過ぎません。室町時代・十五世紀段階までは、「和漢の並立」が主流であった、というのが妥当な見方でしょう。やはり、十五世紀半ば過ぎの珠光の時代において、積極的に「和漢融合」が目ざされた、というのは、ちょっと気が早すぎるような気がします。おそらく〈漢〉が〈和〉に融解してしまった十六世紀末頃、つまり豊臣期以降の茶の湯の歴史において、確かに「和漢の境」は曖昧となった。それが千利休の時代なのでしょうね。そうしたなかで、「茶祖」珠光の言がことさらに読み替えられて、「まぎらかす」は「こき混ぜる」と同じような意味に解されるに至ったのではないか。その後の「茶の湯」の展開を知っている（あるいは茶道史を構築した）後世の人々が、後知恵で、「和漢の境をまぎらかす」に前のめりな融合志向を読み込んでしまった。いやあるいは、千利休や山上宗二らの〈読み替え〉に――言葉は悪いですが――近代の茶人たちも洗脳されてきた、というべきかもしれません。ちなみに、千利休に茶道を伝えたとよく言われる武《たけ》野紹鷗《のじょうおう》は、珠光が死んだ年に生まれています。

したがって、実証主義的な立場に立つ身としては、珠光が発した「和漢の境をまぎらかす」という言葉を正確に解釈するには、珠光の意図はもちろん、彼を取り巻く社会的常識や発言の文脈・背景そのものを的確にとらえる必要があります。

――すでに読者の皆さんはおわかりと思いますが、十五世紀半ば過ぎの段階で、珠光は和漢の「融合」まで意図していなかっただろう、というのが私の見立てです。以下、若干くどくどしくなるかと思いますが、その理由も含めて開陳して参ります。

三　茶道史の〈語り〉を相対化する

前置きがまだ続き恐縮ですが、いま一つ、「茶の湯」成立に至る「茶道」の歴史について、簡単におさらいしておきましょう。珠光の「一紙」を正確に理解するためにも、その再検討の前提となる、これまでの〈歴史語り〉を確認しておく必要があるからです。

従来の茶道史の典型的な語り口といえば、おおよそ次のようなものではないでしょうか。すなわち、鎌倉初期に栄西が茶を将来し、禅院を中心に喫茶の風が広まった。そして室町幕府八代将軍足利義政に至って書院の空間に茶の湯の文化が育まれ、珠光（侘茶の祖）―武野紹鷗―千利休により〈茶道〉が大成された。そしてこの珠光の侘茶にお墨付きをつけたのが、足利義政および同朋衆の能阿弥であった……。おもに『山上宗二記』などに見られる言説《ディスクール》です。

しかし、このような説明は、珠光が酬恩庵《しゅうおんあん》、のち大徳寺に出世した一休宗純（臨済宗大応派《だいおうは》）に帰依し、利休が大徳寺との関係を深めたという事実から生まれた、結果論的な解釈だと言わざるをえません。茶と臨済禅との関係が強調されるあまり、鎌倉時代以前まで「茶禅一味」の命題《シェーマ》が無理矢理さかのぼらされ、茶の元祖として栄西が祭り上げられてしまった。もちろん、初期の茶の導入に栄西周辺の活躍があったこと自体は否定できませんが、近年、抹茶式喫茶法は、禅宗よりもむしろ天台などの旧仏教系寺院で発展・流布したことが解明されつつあります（橋本素子『日本茶の歴史』

淡交社、二〇一六年)。

また、珠光が足利義政や能阿弥に親近したという伝説の根拠も、同時代史料にはまったく見出せ

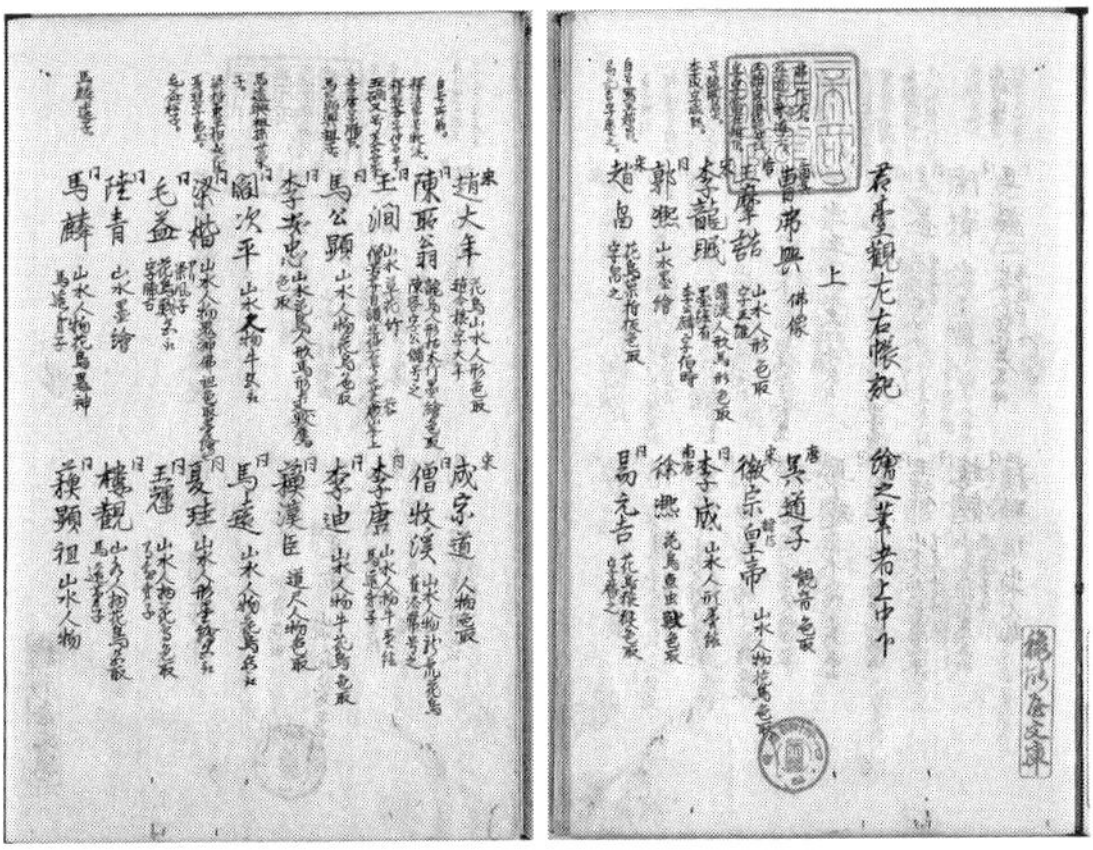

図 6-3　『君台観左右帳記』(国会図書館蔵)
※巻頭,「画人録」の冒頭部分。

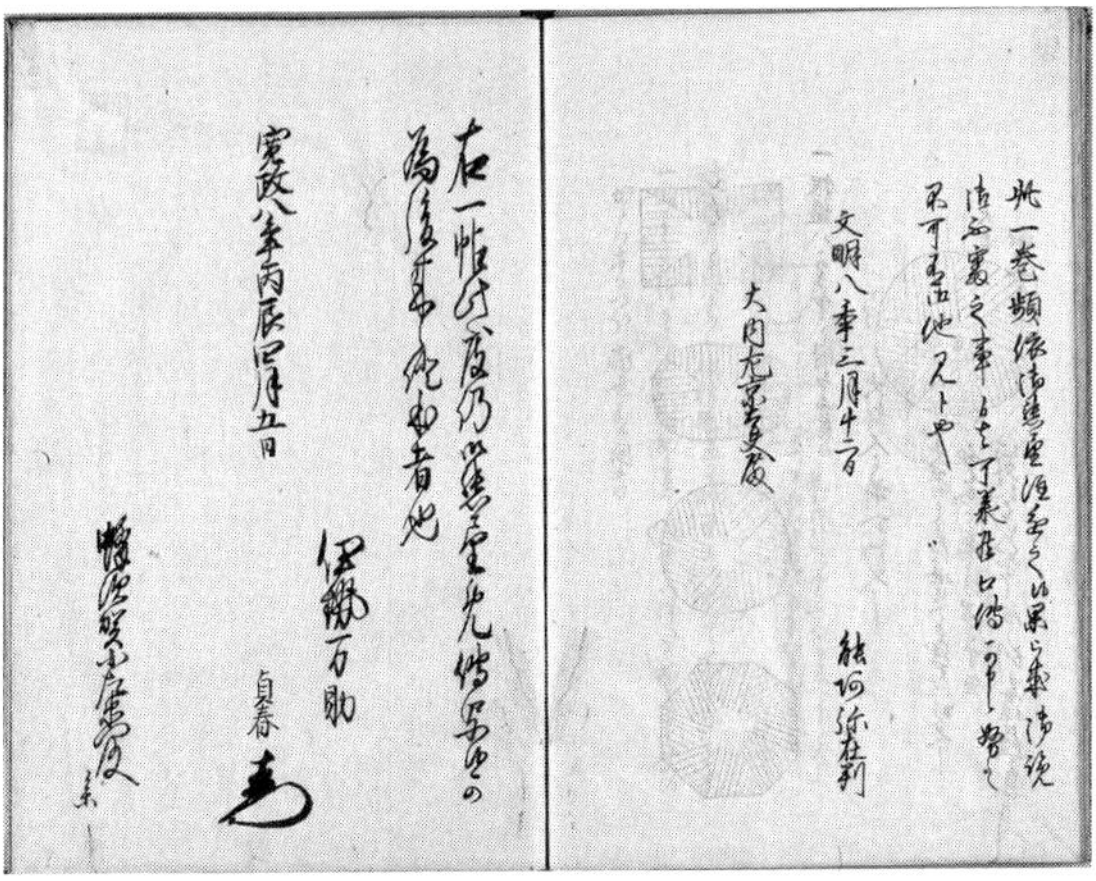

図 6-4　『君台観左右帳記』(国会図書館蔵)
※本奥書(右)と書写奥書(左)の部分。

ません。室町将軍家付きの能阿弥から珠光へ『君台観左右帳記《くんだいかんそうちょうき》』（室町将軍家の座敷飾りのマニュアル本。参考資料として図6-3・6-4参照）を授与された、と珠光の養嗣子たる宗珠が嘯《うそぶ》いたことが、こうした伝説を創り上げる要因になったと考えられます。

そもそも、宗珠や養父珠光がどこでどんな『君台観左右帳記』を手に入れたかすら、まったく分かっていません。それどころか、はたしてそれが直接に室町将軍家や能阿弥に由来するものなのか、現在ではおおむね否定的見解が趨勢を占めています（矢野環『君台観左右帳記の総合研究』（勉誠出版、一九九九年）参照）。

その伝説の実否はともかくとして、『君台観左右帳記』を与えられたという〈由緒〉は、珠光―宗珠―武野紹鷗らの流れに大きなプレミアを付与しました。いわゆる東山御物の数々が近世以降の日本の規範的美意識を醸成したのとまったく同じ構図が、ここには看て取れます。将軍家の美意識の正統嫡流が、〈茶道〉に流れ込んだわけですから。

もはや常識と言って良いと思いますが、東山銀閣の東求堂《とうぐどう》で有名な足利義政の書院造とは、財政難に苦しんだ義政が自身のコレクションを切り売りし、限られた数の唐物・唐絵を効果的に陳列するために工夫して生まれたもの。後世、美術品の軌範として高く評価されることになる東山御物は、義政の手許を離れたからこそ与えられた呼び名です。つまり、本来であれば不名誉な称号なのでした（桜井英治『交換・権力・文化』（みすず書房、二〇一七年）、徳川美術館編『室町将軍家の至宝を探る』（展覧会図録、二〇〇八年）、三井記念美術館編『東山御物の美』（展覧会図録、二〇一四年）など参照）。しかも、ブランド品の常として、偽造品・偽装品は後を絶ちません。実際に義政までさかのぼる唐物天目の伝世品は、限りなく皆無に近い、というのが実情です。

また、東求堂の陳列方法が、結果的に〈わび〉や〈さび〉、〈ひえ〉、〈かれ〉などを準備したとしても、それが義政本人の狙いであったとは確言できません。ましてや、義政の念頭に和漢融合なる概念設計があったかといえば、それは相当に疑わしい。

以上を要するに、珠光の志向した茶の「道」を、いったん、室町将軍家そのもの、あるいは後世つくられた〈東山幻想〉から切り離して考える必要があります。そのためには、浄土宗出身の珠光が参禅していた、大徳寺僧一休宗純の思想を参照する必要があると考えます。室町文化史上のきら星とも言うべき一休が補助線となって、珠光の「心の一紙」の正しい解釈が可能となるのです。

さて、後世につくられた頓蹟《とんち》話で有名な一休さんは、後小松《ごこまつ》天皇の御落胤であったという巷説もあり、〈破戒〉や〈逆行〉、〈風狂〉をモットーとした激しい性格の禅僧でした。もともと臨済禅は、棍棒やゲンコツで殴ったり、「喝《かつ》！」と大声でどやしつけたりするなど、乱暴なところが目立つ宗派ですが（失礼！）、時代を経るごとに、だいぶん功利的かつ世俗的な雰囲気が強まっていったようです。しかし、そうした退廃的状況に一休は心底、堪えられなかった（今から半世紀ほど前、エリートの子女らが学生運動に熱心に身を投じたようなものでしょうか？）。

一見、禅の教えと矛盾するようですが、彼は遊郭に通ったり、女性をはらませたり、お経を粗末にしたり、印可状《いんかじょう》（弟子に与える悟りや嗣法《しほう》の証明書）を出さなかったり、……とにかく禅の宗旨や戒律に反する〈自由〉なことばかり繰り返しました。したがって、一休が珠光に嗣法の印可（証明書）として、北宋の著名な禅僧圜悟克勤《えんごこくごん》――禅の教科書『碧巌録《へきがんろく》』の著者です――の墨蹟《ぼくせき》を与えた、などという逸話は、事実であるはずがないのです。どんなに頑張っても、豊臣期以降に作られた神話の域を出ません（『（仮称）山上宗二記《やまのうえそうじき》　天正十七年二月江雪斎宛』（今日庵文庫蔵〈翻刻＝『茶道文化研究』六輯、二〇一四年〉）、藪内竹心『源流茶話』（『茶道古典全集』第三巻、一九六〇年）など）。

ともあれ、一休の破天荒な行動は、よく知られるように、〈囚われない〉ことの実践なのでした。彼の好んだ「自縄自縛」という言が示すように、〈囚われ〉や〈こだわり〉こそが、悟りへの道を阻害しています。どうしても悟りたい、という強い決心すら、ときに邪悪な〈執着〉となってしまうわけです（芳澤勝弘『「瓢鮎図」の謎』（ウェッジ、二〇一二年）、小川隆『語録のことば』正・続（禅文化研究所、二〇〇七・二〇一〇年）など参照）。〈自由〉でいることの大切さを、一休は身を以て主張したのでした。まあ、それが許されるべきことか否かは、また別の話ですが。

四　古市澄胤とその周辺

冒頭付近にも述べた通り、〈わび〉〈さび〉といった日本の枯淡美、あるいは「和漢混淆」や「兼帯」――「和漢の境」をめぐる議論――に関して必ず引き合いに出されるのが、本題の、珠光「心の一紙」です。しかし、この「一紙」が、はたして「和漢混淆」を主張したり、ときに言われる如

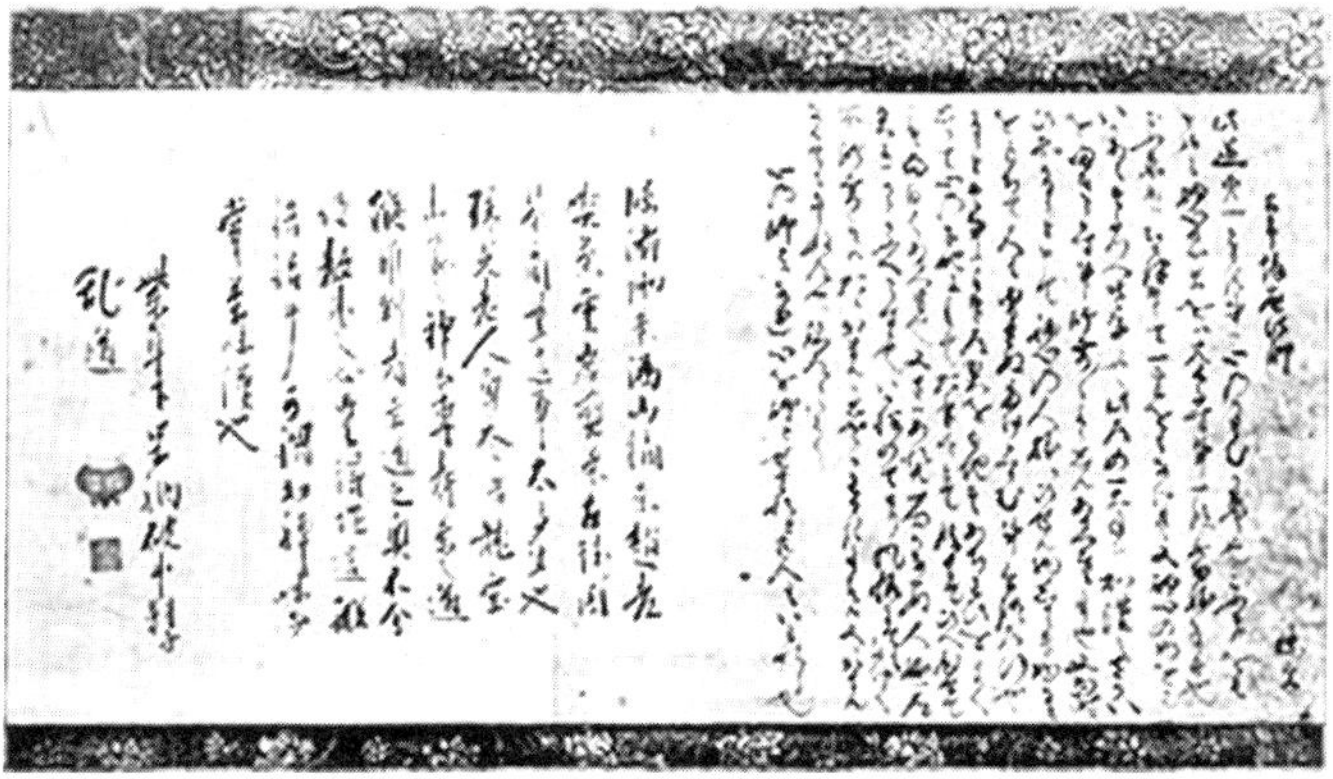

図6-5　珠光「心の一紙（心の文）」（写）

※『茶道聚錦』2（小学館，1984年）より転載。原本（写）は現在行方不明とされる。

く唐物至上主義を否定したりしたテキストと見なせるのでしょうか？

　やや長くなりますが、ここで「心の一紙」の全文を掲げておきます（図6-5参照）。原本も存在せず、写しの、しかも不鮮明な写真や先学の翻刻をもとにしたものなので、不正確なところがあるかもしれません。ただそれでも、要点をつかむことは可能だと思いますので、ご了解下さい（わたくしに段落を分けました）。

古市播磨法師　珠光

❶此道、第一わろき事ハ、心のがまむ〔我慢〕・がしやう〔我執《がしゆう》／我情《がじょう》〕也、こふ者〔巧者〕をばそねミ〔嫉み〕、初心の者をバ見くだす事、一段無勿躰《もったいなき》事共也、こふしや〔巧者〕にハちかづきて一言をもなげき〔嘆き〕、又、初心の物をばいか〔如何〕にもそだつ〔育つ〕べき事也、

❷此道の一大事ハ、和漢之さかいをまぎらかす事、

肝要々、ようじん〔用心〕あるべき事也、
❸又、当時、ひゑかる丶〔冷え枯るる〕と申して、初心の人躰がびぜん物〔備前物〕・しがらき物〔信楽物〕などをもちて、人もゆるさぬたけくらむ〔闌け暗む〕事、言語道断也、かる丶〔枯るる〕と云事ハ、よき道具をもち、其あぢわひ〔味わい〕をよくしりて、心の下地によりてたけくらミて、後まで、ひへやせて〔冷え痩せて〕こそ面白くあるべき也、
❹又、さハあれ共、一向かなハぬ人躰ハ、道具にハからかふ〔拘う〕べからす候也、いか〔如何〕様のてとり〔手取〔釜〕〕風情にてもなげく〔嘆く〕所、肝要にて候、
❺たゞかまんかしやう〔我慢・我執／我情〕がわるき事にて候、
❻又ハ、がまんなくてもならぬ道也、銘道ニいわく、
❼〈心の師とハなれ、心を師とせざれ〉、と古人もいわれし也、

あらかじめ私の解釈のポイント（抄訳）を提示しておきましょう。

❶我慢（慢心）や執着は良くない。巧者（上手）をそねんだり、初心者（下手）を見下したりしてはならぬ。❷「この道」（仏道になぞらえられた「茶の道」）を極めるポイントは「和漢の境をまぎらかす（気にしない）」ことだ。❸当世はやりの備前・信楽（いわゆる「和物」の茶道具）に飛びついて、〈冷え〉だの〈枯れ〉だのと格好つけるのは言語道断だ。「心の下地」から閑《しず》かに茶を

点てよ。❹それが叶わぬからと言って道具に走るのも止めるべきだ。粗末な手取り釜程度のものを欲しがるのでも良いではないか。❺およそ慢心・執着こそ、悪《にく》むべきことなのだ。❻とはいえ、「慢心・執着」もこの道には必要だ。なぜなら古人も次の名言を言っているだろう――、❼「心をコントロールせよ、心に振り回されてはいけない」と。

とくに難しいのは、❺と❻とが一見矛盾し、逆説のように思われる点です。これについては詳しく後述することにしましょう。以下、本文の分析に入っていきます。

まず、一行目の「　古市播磨法師　　珠光　」という変わった書きぶり。おそらくこれは、文書《もんじょ》（書状）の端裏書《はしうらがき》か、懸紙《かけがみ》（包紙《ほうし》）の一部を切り貼りしたものだと思われます。端裏書とは、誰からその手紙が送られてきたのか、受取人が保管する際につけるインデクスです。文書の袖（右端）の裏側に、必要事項を書き込みます（ときに発信者が気を利かせて宛名・差出人名を書くこともあり、これを「端裏銘」と呼んで区別する人もいます）。かつての手紙や公文書などは、おおむね奥から巻き込んで畳みますから、袖の裏の部分が最終的に表《おもて》に来ます。書状は折り畳んだまま保管されるので、端裏にメモをつけておくと検索にとても便利なのです。

ただし、こうした有名人の書状は、巻物や日記に張り込まれたりする際、ときに懸紙の一部や文書本紙の端を切り取って、標題代わりに本紙の隣に貼り付けられてしまうことがあります。つまり、さきの一行目の記載が端裏書なのか包紙ウハ書なのか、後述する通り、私は後者の可能性が高いと思いますが、いずれにせよ、むしろこの一行目の存在から、本史料はほんらい書状としてしたためられたと見て間違いないでしょう。

　現在、現物が行方不明の本史料について、その大きさを推算した神津朝夫氏も、識語《しきご》を書いた江雪和尚の印影の大きさから、縦が二七センチメートル弱だと想定しています（神津「珠光の茶の湯論」〈熊倉功夫編『茶人と茶の湯の研究』思文閣出版、二〇〇三年〉）。書状の竪紙《たてがみ》としても不自然な大きさではありません。妥当な推論でしょう。

　ともあれ、原史料たる書状が何らかの台紙に貼り付けられ、さらにその全体を書写した結果が「心の一紙」の書面となり、写真（図6-5）のように掛幅装《かけふくそう》にされたわけです（十七世紀中頃に小堀遠州が手配して表装しました。奥の識語は大徳寺一八一世・龍嵓院主《りょうこういんす》の江雪宗光《こうせつそうこう》（江月宗玩《こうげつそうがん》の法嗣）によるもの）。

　ただし、重要な問題は、現状を見る限り、この文書には前欠も後欠もありうる、という点です。とくに「心」にまつわる一節で締めくくる現状では、月日も宛所《あてどころ》も差出《さしだし》もないのが不自然ですし、何より、いささか尻切れトンボの感が強い。もう少し補足的な文章が欲しいところです。

　おそらく、本書状の料紙は裏紙《うらがみ》（現在で言う礼紙《らいし》のこと）を備えた二枚組で、二枚目の裏側には本文の続きが書かれていたのではないか。そして何かの折りに本書状の二枚目（裏紙）が失われてしまい、筆写の機会を逸した。それゆえ、手紙の後段を現在見ることが叶わなくなったのではないでしょうか（裏紙がないとすれば、裏紙の端裏に書かれた「古市播磨法師　珠光」の一文も残るはずはない。よってこの一文は、残っていた包紙の方に書かれていたもの、と判断される。）。

つぎに、この書状（書き付け）を与えられた古市澄胤（一四五〇～一五〇八）について、遅まきながら紹介しておきましょう。利休の弟子に当たる山上宗二によれば、彼は「数奇者、名人、珠光の一の弟子、名物其数所持の人也」、と伝えられています（『山上宗二記』）。大和国の有力な土豪《どごう》で、興福寺の官符衆徒《かんぷしゅと》（太政官符によって任じられる寺院上層部の家臣であり、寺院の警察権力・兵力を担った）の棟梁《とうりょう》にまで成り上がった武勇の人です。妻の実家の越智《おち》氏らとともに畠山氏惣領の義豊（旧西軍畠山義就《よしひろ》の子）を支え、西軍の雄、大内氏の上洛もあって勢力を拡大し、大和全域を圧倒しました（呉座勇一『応仁の乱』（中公新書、二〇一六年）など参照）。ところが、越智氏に見放され、畠山尚順《ひさのぶ》（旧東軍畠山政長の子）との戦争で孤立すると、やがて敗死に追い込まれてしまいます。

古市澄胤の絶頂期は十五世紀末頃であり、兄の澄栄《ちょうえい》とともに、風呂やご馳走、風流《ふりゅう》の装飾を施す豪奢な「淋汗《りんかん》（林間）」の茶会を主催したことで、当時から有名でした。明応二年（一四九三）に澄胤は、南山城の相楽《そうらく》・綴喜《つづき》両郡の守護代にも任じています。一四八八年に連歌師の猪苗代兼載《いなわしろけんさい》から『心敬僧都庭訓《しんけいそうずていきん》』を授与されたというので、本章の主題の「心の一紙」も、一四九〇年前後に珠光から澄胤に送られた可能性が高いでしょう。そして本章の趣旨から見ても無視できないことに、一休宗純の禅刹である洛南の酬恩庵《しゅうおんあん》（現・一休寺）は、まさしく古市が守護代に任じた綴喜郡の内に所在したのです。

つまり、古市氏の行軍・進駐の過程で、一休およびその周辺と古市澄胤その人との接点があった蓋然性はきわめて高いと考えられます。官符衆徒の棟梁にまで成り上がった澄胤ですから、ハイカルチャーへの関心の度合いも相当に高かったでしょう。当時話題の一休に目が向かないはずがありません。

澄胤を介してか、あるいは珠光自ら動いたのかもしれませんが、この頃までに、一休と珠光との接点が生まれたのではないでしょうか。時名を得ていた一休の教えを胸に、この「心の一紙」を珠光はしたためた。――このように考えると、史料の読みもすっきりしてきます（詳しくは第六節参照）。

さて、「心の一紙」の要点は、繰り返しますが、現状の締めの一句――「心の師とハなれ、心を師とせざれ」（前記傍線部❼）――に凝縮されています。だからこそ、本史料は「心の一紙」と呼ばれているわけです。そして前述の通り、これは実際には必ずしも書状の末尾にあったとは限らない可能性がある。ただ、そうは言っても私は、〈決め〉の科白《せりふ》としてこれほどふさわしいものはない、と考えています。なぜならこれは、大乗仏教の定型表現に根ざした箴言《しんげん》だからです。

にもかかわらず、とくに最近、この一句はあまりにも軽視されてきた嫌いが強い。たとえば、次のような評言がこの史料の一節には投げられています。――（α）「ここには珠光が影響を受けたとされる禅の思想が直接的にはうかがえない」（前掲、神津朝夫「珠光の茶の湯論」）。（β）「珠光が述べる「心の師とはなれ、心を師とせざれ」という格言は、よくよく考えても理解しにくい言葉ではある」（矢部良明『茶の湯の祖、珠光』角川書店、二〇〇四年）。（γ）「ともかくも「心の文」の前後から、この一節（「心の師とは……」）の意味を限定するのは難しい」（島尾新『「和漢のさかいをまぎらかす」』淡交新書、二〇一三年）。

要するに、近年の傾向としては、禅味や大乗仏教色を排除するか（α）、厳しい言い方をすると論理的整合性の追究を放棄するか（β・γ）、いずれかに止まっている、と言わざるをえません。

まず前者（α）に関する卑見を述べれば、「心の一紙」の受給者、古市澄胤も親昵していた能楽師金春禅竹や連歌師柴屋軒《さいおくけん》宗長（宗祇の弟子）・山崎宗鑑、画師曽我蛇足《じゃそく》らが、なべて一休宗純のもとに集っていた点を軽視しているのではないか、という疑問です。彼らは、軒並み一休の影響を受けた人物でした（芳賀幸四郎『同歴史論集V』（思文閣出版、一九八一年）ほか）。兼ねて知られるように、珠光らは一休宗純の大徳寺内の塔頭、真珠庵の法事にたびたび奉加《ほうが》（寄付・喜捨《きしゃ》）しています。珠光たちは、一休にそれなりに帰依して、たびたび参禅していたと見るのが自然ではないでしょうか。

また後者（β・γ）について言えば、テキスト解釈に関してあまりに無頓着だと思われます。数少ない珠光の肉声を伝える史料なのだから、もっとしがみつかなければならないはずです。ごく最近では、田村航氏が「心」（❶・❼）と「心の下地」（❸）との違いにこだわって分析を進めており、注目されます（田村『一条兼良の学問と室町文化』（勉誠出版、二〇一三年））。本章では、仏教的な観点から、そうした検討の方向性を幾分か深めていくことに致しましょう。

そして、珠光が浄土宗寺院の奈良称名寺と縁が深く、同寺を菩提寺とする点は見過ごせません。少なくとも、「心の師とハなれ、心を師とせざれ」という文言の直接の典拠は、謡曲の表現などを介しつつも、浄土教の聖典、源信『往生要集』に求めるべきだからです。

いずれにせよ、本史料を読解するうえで、仏教的ニュアンスを排除することは妥当ではないと考えます。むしろ、この「心」の正体について、大乗仏教の観点から、さらに深く追究していかねばなりません。

五 珠光は和物を好んだか？

それでは、本格的に本文を読み進めていきます。

「心の一紙」の劈頭《へきとう》では、「此の道」で「第一に悪き事」(まず忌むべきこと)として、「我慢」(根拠のない慢心・傲《おご》り)や「我執《がしゅう》」(うつろいやすい〈心〉を〈不変の自己〉だと誤解して執着すること)、あるいは「我情《がじょう》」(私欲・私情)を挙げています(❶)。これらは、モノへの執着や差別《しゃべつ》＝評価《ジャッジ》してしまう高慢さ、自己への過信などを意味する仏教語です。本文末尾の「心の師とハなれ」云々(❼)の成句も併せ考えれば、仏教的ニュアンスを込めてこうした愚かな〈心〉の動きにまず注意せよ、と冒頭から弟子を叱咤していることになります。要するに珠光は、茶の道に邁進しようとする澄胤に対し、現世的な〈心〉を超えよ、〈心の師＝主人〉たれ、と喝破《かっぱ》したわけです。

なお、珠光が茶道を仏道になぞらえようとしていたことは、有名な一節、「和漢の境をまぎらかす」を導く、「此の道の一大事」という表現にもうかがえます(❷)。『法華経』方便品にも説かれる通り、「一大事(因縁)」とは自身が悟ること、及び、衆生《しゅじょう》を悟りに導くことを意味します。これは禅宗でも非常に好まれた定型句《クリーシェ》でした。つまり、「此の道」は、やはり仏道に准《なぞら》えられているわけです。

さらに続きを追います。「初心の人躰」――暗に澄胤を指していますね――が、備前《びぜん》だの信楽《しがらき》だの、近時流行の和物の水指等に固執するのはいかにも愚かしい。どんなに通《つう》ぶっても誰も認めてくれないばかりか、そもそも「言語道断」だ、と叱っています(❸)。唐物から和物への過渡期にあって、無闇に和物に飛び付く風潮をたしなめた苦言だと言えましょう。

なお、ここで言う「和物」とは、実際には水次《みずつぎ》・水指《みずさし》などを指し、茶道具の核ともいうべき茶碗を指してはいません。当時人気のあった茶碗は、灰被《はいかつぎ》天目や瀬戸天目などであって、あくまで唐物、ないし、それを精巧に模した国内産の擬唐物だったのです。珠光の死んだ年に生まれた武野紹鷗が活躍した頃、天文二十四年(一五五五)に編まれた『茶具備討集《ちゃぐびとうしゅう》』でさえ、「水続《みずつぎ》・湯瓶《とうびん》・煎茶《せんさ》瓶《びん》・薬缶《やかん》・篠耳《ささみみ》・茶盆《さぼん》・碧形《きんなり》・芋頭《いもがしら》〈土物《つちのもの》也、当世数寄者《すきもの》愛名之《めでなづく》〉、滋賀楽《しがらく》物・備前物」、と記しています(傍線橋本)。和物や高麗物の茶碗が茶の湯の世界を席巻するのは、遅くとも十六世紀後半までずれこむと見るべきです。要するに、珠光の時代に唐物否定論・和物推奨論を見いだすことは、まったく正しくありません(林屋晴三「和物の登場」(『茶道聚錦』2、小学館、一九八四年)、今泉淑夫「「等伯画説」の一節をめぐって」(『日本歴史』三一六号、一九七四年)、赤沼多佳「〝和漢のさかいをまぎらかす〟」(『日本の美学』三巻九号、一九八六年)など参照)。しばしば、珠光のことを唐物否定論者と見なし、和物を高く評価した人物と位置付ける巷説を見かけますが、史料の誤読にもとづく謬見だと言わねばなりませ

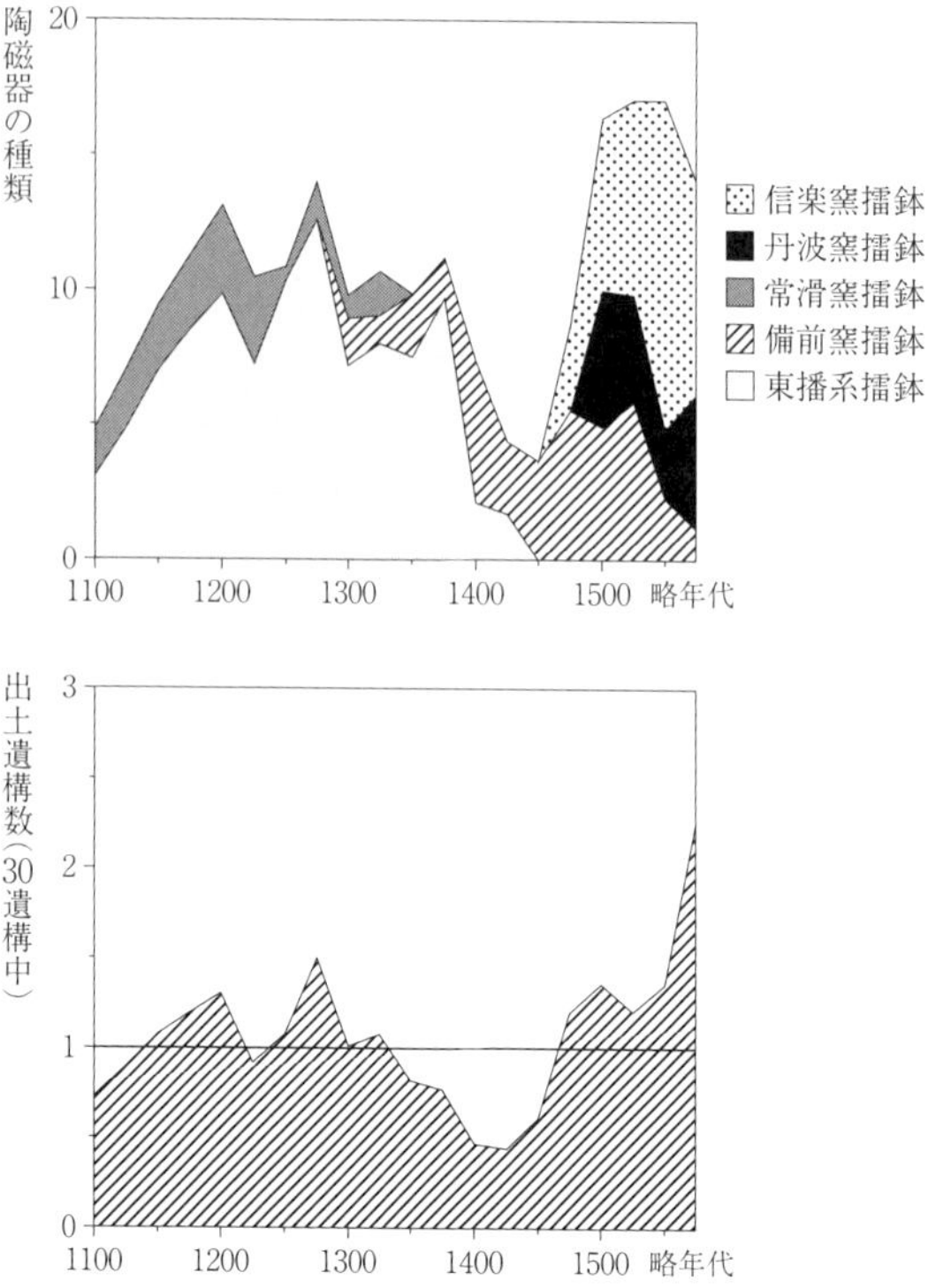

図 6-6　京都における擂鉢《すりばち》出土量の変遷（上）と陶磁器出土比率の変遷（下）

（鋤柄俊夫氏作成。京都文化博物館編『京都・激動の中世』（展覧会図録，1996 年）より）

ん。

なお、茶碗そのものではありませんが、京都におけるすり鉢の出土状況（図6―6）などを参照すると、この時期、京都では信楽《しがらき》や丹波、備前で焼かれたすり鉢の出土が急増していることが分かります。それまで圧倒的な数量を誇った東播系すり鉢は逆に激減しました。これはおそらく、当時の応仁・文明の乱（一四六七～七七年）によって生産地が打撃を受けたり、それまでの瀬戸内海―淀川を中心とする流通ルートが使えなくなったりなど、生産・流通面での変動が起きたためでしょう。信楽焼は、比較的戦火の乏しい東の甲賀方面から、西向きに大和・南山城へ流入したものと思われますし、備前焼も、瀬戸内海ではなく、陸路から琵琶湖などを経て京都に入った可能性が考えられます。丹波の製品の流入経路も、ほぼ同様だったのではないでしょうか。

　つまり、唐物や擬唐物の不足を補う新種の和物が急になだれ込んできた。そうした偶然が、一種の和物の流行状態を作り出してしまう。モノの奔流がモードを変えたと言っても良いでしょう。しかし、それがいかにも当世風で、浮き足だっているように、珠光の眼には映ったのではないでしょうか。

　そのあとを読みますと、「如何様のてとり〔手取（釜）〕風情にてもなげく〔嘆く〕所、肝要にて候」（❹）。珠光は、どんな粗末な手取り釜（注ぎ口があり、持ち手の弦がついている茶釜）でも感心したり欲したりするのが大切だ、と説いています（中世の荘園関係史料では、村側が領主に保護や給付を要求することを、しばしば「嘆く」とか「嘆き申す」と表現します。❶の「なげき」も、こう訳さないと理解できません）。たぶん、茶道具はことさらに選ばないくらいがちょうど良い、ということなのでしょう。過度のこだわりは無用、というより邪魔者なのです。

　ところで、世に「珠光茶碗」と呼ばれる不思議な青磁の茶器があります。江戸時代後期、松平不昧の時代などに、「珠光茶碗（青磁）」――珠光の愛した唐物青磁碗――として、さかんに称揚されたものです。もちろん、近現代でも高評価を獲得し続けました。とはいえ、そうしたものすら、実際には『山上宗二記』以後の〈わび・さび・かれ・しみ〉の価値観に基づく〈創られた伝統〉であったと言わねばなりません。珠光茶碗の実像については諸説ありますけれども、最近、十二〜十三世紀、福建省の同安窯で焼かれ、北部九州で多く出土する、日用雑器クラスの青磁（専門的には同安窯Ⅲ類）であるという説得力ある論文が出されました（小山雅人「珠光茶碗の虚実」『京都府埋蔵文化財論集』六集、二〇一〇年）。おそらく、「和物に飛びつくな」という部分（❸）と、「粗末なものでも満足せよ」という個所（❹）とが混ざり合って、質素な「珠光茶碗」という〈名づけ〉が後世になされたのでしょう。

ともあれ、「珠光は唐物至上主義を批判して和物を積極的に推奨した」などということは決してありません。むしろ、当時流行し始めた和物に飛びつくことを戒めていたのだと、きちんと認識しておくべきです。世間で誤解が横行している現状では、この点は幾度でも強調しておきたいと思います。

六 「和漢のさかいをまぎらかす」再考

それでは逆に、珠光が「唐物を重視せよ」と言っていたかといえば、先に述べたことからすぐ了解されるように、これも正しくありません。それを端的に示すのが、くだんの「和漢のさかいをまぎらかす」という一節です（❷）。

これまで珠光が「和漢混淆」を積極的に主唱したものと考えられてきた、この名科白ですが、私はその解釈に疑問を感じています。「まぎらかす」という語には、とりまぜて違いを曖昧にするというほかに、気持ちや考えを他にそらす、というニュアンスがある（『日本国語大辞典』第二版）。ここでの趣意は、和漢の違いに拘泥するな、と取るべきだと考えるわけです（倉澤前掲書・田村前掲書も同趣の見解を示す）。

こうした外界の捉え方に関わる点では、もう少し仏教的な意味での補足説明が必要でしょう。仏教の考え方では、人々のなかに阿頼耶識《あらやしき》という深層の精神・生命の根源があって、この世のすべての現象は、阿頼耶識が創り出した幻像だと考えられています。誤解をおそれずに言えば、いまそこにある〈現実〉とは、〈心〉が創り出した幻想に過ぎない。現代思想の現象学に近い世界観でしょうか。この大乗仏教的な阿頼耶識の観念に沿って「和漢の境をまぎらかす」を考えて見ると、「まぎらか」される和漢とは、現実の世界の具象物ではない。あくまでも主観的な、幻想的な視覚・認識プロセスの領域で起きていることなのです。つまり、「和漢の境をまぎらかす」ということは、和漢の境を無化しようとする、〈心のはたらき〉そのものを指しています。

こうした理解のヴェクトルは、本章で縷々《るる》確認してきた「心の一紙」の解釈とも整合的です。すなわち、流行の道具に執着するな、「よき道具」の味わいを大切にせよ（❸）、どんな粗末な茶道具（たとえば手取り釜程度）でも良いではないか（❹）。和漢の違いや道具の良し悪しという区別にこだわる〈心〉を捨てなさい（❸）、という謂《いい》です。

しかも目指すべきは「心の下地」から「たけくらむ」ことだとも言っています（❸）。ここで単なる「心」ではなく、「心の下地」と銘記していることに、十分注意しなければなりません。では、この「心の下地」とは、いったい如何なるものなのでしょうか？

その手がかりを、少し前の時代を生きた、世阿弥の言葉に求めてみましょう。禅を学びつつ能楽を大成した世阿弥は、こんなことを言っています。「師の許す位は、弟子の下地と心を見すましてならでは許さぬ」（『花鏡』知習道事）、と。ここに明らかなように、「下地」と「心」とは、明確に区別される概念でした。しかも、その両方を直観できなくては一人前とは見なせない、というのが彼の指導方針です。また世阿弥は、表面的・世俗的な「心」の奥底にある、「下地」をとらえることこそが「印可《いんか》」（嗣法許可・免許皆伝）の条件だとも、先に続けて述べていました（「下地は及ばねば相応せぬによって叶はず」同前）。

日本の中世社会に見られた「下地中分」（荘園・公領を寺社本所領と武家領とに分割すること）の語を想起するまでもなく、この「心の下地」とは、仏教語の「本分の田地」を意味しています。つまり、「本来の面目」「主人公」「一大事」「福田」（夢窓疎石《むそうそせき》『夢中問答《むちゅうもんどう》』六二段・六四段ほか）といった、悟りの境地、細かい区別を無視すれば、真我《しんが》・仏性《ぶっしょう》・心地・如来蔵《にょらいぞう》・真如《しんにょ》・涅槃《ねはん》・菩提心《ぼだいしん》などのことです（西村惠信『夢中問答入門』（角川ソフィア文庫、二〇一四年）参照）。「心の下地」が、大乗仏教における〈本来自己《ほんらいじこ》〉あるいは〈菩提心〉、〈仏性〉を指すことは、もはや明白でしょう（図6-7参照）。

なお、遺憾ながら倉澤行洋氏は、「心の師とハなれ」の一節を禅的に理解すべきだと正確に指摘しつつも、「心」を「自己本源」（＝菩提・涅槃《ねはん》・仏性そのもの）と同一視してしまっています。これ

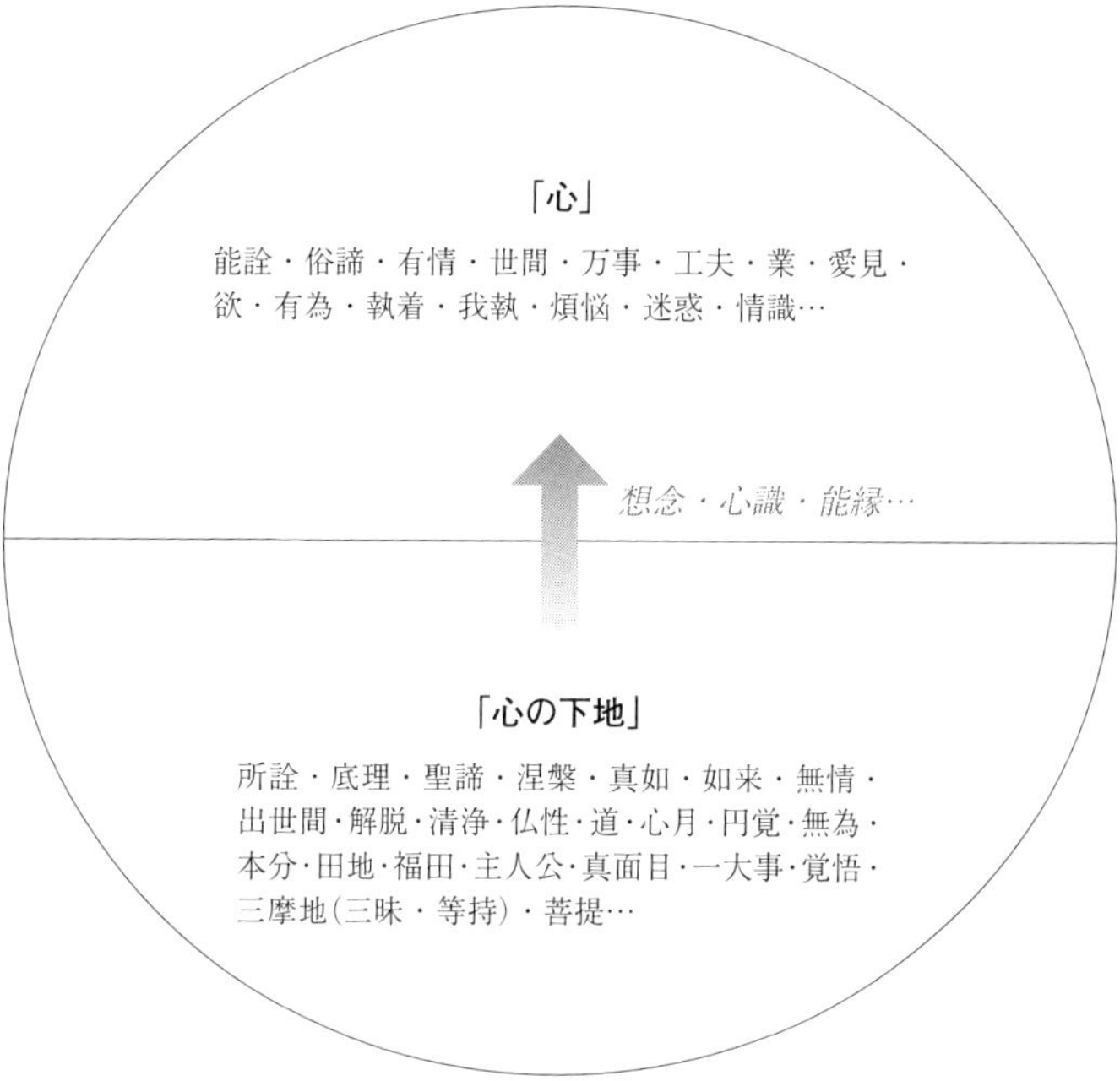

図 6-7　「心」と「心の下地」の関係(概念図)

に対して、あくまで大乗仏典の常識的解釈に則って、「心」＝煩悩《ぼんのう》＝毒龍《どくりゅう》と解すべきだというのが私の考えです。「心の一紙」に見える「心の下地」は、「心」とは違う。この点を改めて強調しておきたいと思います。

　また、世阿弥が能でもっとも大切にしていた原理が、「序破急」です。簡単に言えば、ゆっくり始まって拍子に乗り展開し、急に終わる、という三段構成をとります。これに関し、世阿弥はこんなことを言っています（『拾玉得花《しゅうぎょくとっか》』）。

> ただ、万曲の面白さは、序破急成就のゆゑと知るべし。も

し面白くなくば、序破急不成就と知るべきなり。恐らくは、なおほこの心、得る事如何。奥蔵心性を極めて、妙見〔悟りのこと〕に至りなば、これを得べきか。

ここに見える「奥蔵の心性」こそ、先に見た「心の下地」、つまり如来蔵であり、仏性を指すこと、間違いありません（小川豊生「「性花」という思想」〔前田雅之編『画期としての室町』勉誠出版、二〇一八年〕）。同じものを、心敬は「むねの底」あるいは「心源」と呼んでいます（『さゝめごと』、田村前掲書）。要するに、「心の下地」＝菩提・真我・仏性・如来蔵のレヴェルから立ち上がる深みを表現できれば、人々に感銘を与える序破急を自然に実現できる、というわけです。

さて、「たけくらむ」の〈たけ（長）〉は、世阿弥の理解に従えば、稽古を重ねて達成しうる高い伎倆を意味します。世阿弥の周辺では、「闌位《らんい》」・「闌《た》けたる位」とも表現されました（世阿弥『至花道』、金春禅竹『至道要抄』）。そういう意味では、確かに〈たけ〉も相当な演技力を示すわけですが、「生得（の）幽玄なる」「位」よりは一段低く位置づけられていたようです（『風姿花伝』第三問答条々）。後者の「生得」とは文字通り、生まれつき、という意味。また、「幽玄」とは、「美しいこと、さらに「柔和」・「花やか」・「静かなる」・「優しく」（『風姿花伝』第六花修云）などの性質を」もつ「美的観念」を指す言葉です（加藤周一「世阿弥の戦術または能楽論」『同著作集』3、平凡社、一九七八年）。

そして、〈たけくらむ〉の〈くらむ〉は、『日葡辞書』によれば、「心が陰うつになり悲しくなる」、あるいは単に「暗くなる」の意。すると、〈心の下地〉にもとづかぬ〈たけくらむ〉とは、ひとり和物道具に頼ってどうにか幽趣佳境を気取ってみせる、といった意味合いでしょう。

逆に、〈心の下地〉から生じた〈たけくらむ〉は、自らの〈真我＝本来自己〉から湧き起こる深遠な境地を、（もちろんお稽古は大切ですが）たくまずして表現しうるレヴェルを指していることになります。そうした境地を獲得できれば、事々しくなく、床《ゆか》しいままに、「後まで、ひへやせ」ることができるわけです❸。謡曲で言えば、「序破急」も完璧にこなすことができる。

要するに、茶の道においては、能楽や大乗仏教の思想と同様に、うわべの虚飾（＝〈心〉の動き）を乗り超えて、自分の奥底の〈真我＝仏性《ぶっしょう》〉のレヴェルから事を成さなければならない。そうすることで初めて、真に「面白く」茶を点てられる――。これが珠光の教えの中核と考えられます。

常識的に了解されるように、それが実現可能かどうかは措《お》くとしても、茶は道具本位でなく、我欲や流行に流されず、〈菩提心＝悟りの境地〉でこそ点《た》てるもの。虚栄心や物欲に満ちた茶の湯では、真心が籠もるはずがありません。

七　「心の師とハなれ、心を師とせざれ」

ここでようやく最後の「心の師とハなれ」云々❼を解釈・分析する段階に至りました。言うまでもなく、珠光「心の一紙」のハイライトです。

モノへの執着やそれがもたらす驕り高ぶり――現代語とまったく異なる意味の「我慢」――こそ、

もっとも注意すべき「心」の正体です。これは、何にもまして克服すべき対象なのですが（❶・❺）、その一方で、悪しき「我慢」もまた欠かせない（❻）、と珠光は説きます。これはいかにも逆説的で、理解しがたい言明です。いったい珠光は、「我慢」「我執（我情）」を否定しているのか、肯定しているのか。どちらなのでしょうか？

実際、論者によっては、モノへの執着＝心意気がなくては茶道も上達しない、と珠光が古市澄胤を激励した、と見る向きもあります。おそらくこの解釈は、俗世で栄達して茶の道に邁進する古市澄胤を、ただ叱り飛ばすだけでなく、おだてたり擁護したりするための言と見ているのでしょう。誰しも、叱られるばかりでは反発したくなりますからね。教育効果を高めるためにも、まず相手に寄り添わねばならない。そう理解することも、あながち否定し切れません。

けれども、難解なこの逆説を、そのように解釈するのが妥当なのでしょうか？ 全体を通して見れば分かる通り、そして最後の締めの一句「心の師とハなれ」云々（❼）を虚心に受け止めれば、結局のところ珠光は、〈我慢〉や〈執着〉を明らかに否定しています。しかも、珠光は、深遠な仏教的観念に沿って、「心の一紙」を全編綴っているようです。では、右のパラドクスはどのように解すれば良いのか？

卑見では、これを的確に理解するには、先にも触れた〈風狂〉〈破戒〉〈逆行〉〈風流〉の一休宗純をこそ媒介にすべきと考えます。とりわけ、一休の背骨となっていたであろう、維摩《ゆいま》信仰に注目しなければならない。

ただちょっとその前に、「心の師とハなれ」の典拠とされる源信『往生要集』巻中（大文第五「助念の方法」―第四節「止悪修善」）の一節を、実際に確認しておきましょう。

> もし煩悩が心を覆いつくして、以上述べてきた個別的・総体的な治療法（大乗経典の読誦を含む合計六種の行法――橋本註、以下同じ）のどれをも受けつけない時には、その煩悩の根源を知って、心の師となって心を導くことが必要である。心を師として心に引きずられてはならない。
>
> （原漢文。引用は、川崎庸之ほか訳『往生要集――全現代語訳』（講談社学術文庫、二〇一八年）による）

仏道の修行生活中に魔が差した場合の、究極の対処法を示したくだりです。煩悩を打ち払うためには、まさしく「心の師とハなれ、心を師とせざれ」――心を自らコントロールせねばならない、心に翻弄されてはならない――と説いています。自分の欲望や短慮、つまり煩悩に振り回されてはいけない。それをむしろ一つ上の次元から眺めて、相対化し統御すべきだ。要するにこれが「心の一紙」の肝心要の部分なのです。

『往生要集』は、経典の要文や格言を蒐集・紹介し、仏道のあり方を説く著作物としてよく知られています。ただし、この「心の師」云々の文言は突如として登場し、典拠が題示されることもありません。とはいえ、この一節は、ほぼ間違いなく大乗仏教の根本経典の一つ、『大般涅槃経《だいはつねはんきょう》』の「願わくは心の師と作《な》れ、心を師とせざれ」によるものでしょう（熊倉功夫『茶の湯の歴史』（朝日選書、一九九〇年）ほか）。また、この一節はきわめて重要であったらしく、禅宗を胚胎した華厳宗の根本経典、『華厳経』にも幾度か引用されています。

もちろん、同じ大乗仏教の括りに入ると言っても、自力救済で自己に仏性の本源を求める禅宗と、死後の極楽往生を願ってときに「他力本願」と揶揄される浄土教とでは、あまりにヴェクトルが違い過ぎます。いや、完全に逆方向を向いていると言った方が良い。だから、浄土宗の称名寺の檀越《だんのつ》たる珠光と、臨済宗の大徳寺の禅僧たる一休宗純とを結びつけるべきではない、という意見が出てきても、それほど不思議ではありません。

しかし、それがいかに浅薄な割り切り方に過ぎないかは、歴史をひもとけば明らかです。たとえば、十一世紀末以降、日本の禅林でもさかんに読まれた仏典の要文集、永明延寿《えいめいえんじゅ》（禅宗の一派たる法眼宗《ほうげんしゅう》の中国僧）がまとめた『宗鏡録《すぎょうろく》』でも、永明は明らかに『大般涅槃経』を参照し、「もしも心を師にしてしまうと六趣（六道）から逃れることはできなくなる」、と説きました（同書、巻七十五「問答章」）。つまり、浄土や華厳、禅など、大乗仏教に多少とも馴染んだ人間なら、この句はまさしく座右の銘だったのです。輪廻《りんね》からの解脱《げだつ》（真の成仏《じょうぶつ》）を目指すなら、しっかりと心をコントロールしなければならない。

また、中国元代禅宗界の大物にして、十四世紀の日本人留学僧もこぞって参禅した中峰明本は、まさしくこの問題に光を当てました。中峰は、つねに自分はまだ悟ってなどいない（「未悟禅」）と嘯《うそぶ》き、浄土に生まれるのを願うのは人間の自然な考えだと肯定してみせます（『山房夜話』、野口善敬『元代禅宗史研究』禅文化研究所、二〇〇五年)。つまり、浄土願望を一つの方便(手がかり)として、自然な心のありようから衆生を悟りに導く途を探ったわけです。煩悩を単に排撃・破砕するのではなく、ニュートラルに眺めて、やがて自然に手放していく。それが彼の考える禅の修行の一つなのでした。

そして、まさしく一休宗純が、そうした志向のもと、衆生を仏道に導こうとしていました。一休が若い頃に大乗仏典『維摩経《ゆいまきょう》』の講説に触れ、その思想に感化されたのではないかというのは、今泉淑夫氏の卓見です(今泉『一休とは何か』(吉川弘文館、二〇〇七年))。その一休は、そのものずばり、「予、今、衣を更えて浄土宗に入る」(『狂雲集』二二七)と題する偈《げ》(仏教的漢詩)を遺しました。浄土宗の教えにも一定の理解を示し、人間の素直な思いをむしろ肯定しようとする姿勢です(前掲、芳賀幸四郎『歴史論集』Ｖ)。浄土宗を奉じる珠光たちにとって、この偈はとても嬉しく、力強く思われたに相違ありません。

八　維摩信仰と珠光の教えと

話は前後しますが、この『維摩経』についても簡単に紹介しておきましょう。同経は、パラドクスに満ちた、実に興味深い仏典です。哲学的真理は、しばしばパラドクスで表現されますが(山田友幸「北大人文学カフェ　哲学者はパラドクスがお好き」https://ocw.hokudai.ac.jp/lecture/philosopherslikeparadox-2011)、それを多用したドラマティックな仏典と評価できます。しかも同経典は、自身のエゴ＝〈心〉に突き動かされ、「小乗」的思想に流れる仏弟子たちを、在家の居士維摩詰《ゆいまきつ》が啓発・論駁していく、意外な展開を見せます。大乗仏教の真髄、〈先度《せんど》他者〉(自分よりも先に他の人々を彼岸＝悟りの境地に誘うこと)を説諭して、仏弟子たちの進む道を正そうとしたのです。

とりわけ禅宗に即して言えば、〈煩悩即菩提〉というパラドクスをもっとも鮮やかに説いた仏典が、この『維摩経』なのでした。そのなかでもとくに有名なのが、「維摩の一黙、響きは雷の如し」という一節でしょう(「入不二法門品」)。文殊大士(菩薩とも)が維摩居士に「不二法門に入るとはいかなることか」と問うた際、維摩はただ沈黙してみせました。それが非常に感動的だったわけですね(鎌田茂雄『維摩経講話』(講談社学術文庫、一九九〇年)・丘山新『菩薩の願い』(NHKライブラリー、二〇〇七年)など)。対立する概念は実は本来一つのものである、相対的な区別や対立関係を超克するのが目指す地平だ――。これが、「不二の法門」の教えです。ですから、維摩居士は、ああだこうだと分別を繰り述べることなく、ただただ黙りこんだ。勇気の要る対応ですが、最高の止揚《アウフヘーベン》ですよね。実に格好が良い。諸家一致して指摘するように、同経最大のクライマクスと言えましょう。余談になりますが、能楽の創始者、世阿弥が京都東福寺僧の岐陽方秀《きようほうしゅう》らから『維摩経』の不二論を学んでいたことも、ここで付け加えておきたいと思います。

また『維摩経』の別の箇所、弟子品においては、釈迦に倣い樹下で坐禅をしていた仏弟子舎利弗《シャーリプトラ》に対し、維摩居士が「煩悩を断たぬままに涅槃に入るべきだ」と説諭しました。これは、「当処を離れず常に湛然《たんねん》(どんな状況下にあっても〈今ここにいること〉・〈一瞬でも雑念に意識が囚われないこと〉で仏性の海に浸ることが出来る)」、というわけです(永嘉真覚《えいかしんがく》『證道歌《しょうどうか》』(禅宗四部録の一)、拙稿「北条得宗家の禅宗信仰を見直す」(村井章介編『東アジアのなかの建長寺』勉誠出版、二〇一四年)など参照)。この境地を、目指さなければならない。

そして、本章の立場からもう一つ注目すべきなのは、『維摩経』のうちの仏道品《ぶつどうほん》です。ここでは、文殊菩薩の「何を如来(悟り)の種とするか」という問いに対して、「もし菩薩、非道を行《ぎょう》ずれば、これ仏道に通達すとなす」という維摩詰居士の究極の回答を掲げています。迷いの世界にあっても汚れないのが菩薩＝修行者のあるべき姿であり、善悪の別を突き破れば悟りが開けるという、激烈な教えですね。汚泥のなかでこそ蓮華が咲くのであって、空中に種を蒔いても花開くことはない。煩悩があるからこそ悟りがある――、と噛み砕いて説明してくれてもいます(蓮の花は悟りの譬え、泥は俗世の譬喩です)。汚濁に生きる在俗の居士、具体的には都市貴族たちが仏道に帰依するに当たって、これほど希望に満ちた教えもなかったでしょう。

以上のような『維摩経』(とくに仏道品)の理解に照らしますと、「我慢」が必要だという珠光の記述(❻)は、慢心を抱くこと自体を手放しで薦めたものだとは到底考えられません。むしろ、問題はその先にあり、〈自らの慢心に自身気付くかどうか、そしてそれを統御・放逐できるかどうか〉という点にあったと考えられます。言い換えれば、〈慢心〉があるからその対偶たる〈悟り〉があるのであって、逆に〈悟り〉の道を知るためには、自分の〈慢心〉の存在に気づかなくてはならない、ということです。

その直後に、例の締めの文句、「心の師とハなれ、心を師とせざれ」が置かれます。右の逆説を明快に説明した名句であること、もはや贅言を要さないでしょう。それでも念のため敢えて繰り返すならば、濁世・汚泥のなかで心の清浄を保つことを高く評価し、自身の迷いや浮ついた気持ち――〈心〉の動きや迷い――に気づくこと。そして、それに囚われることなく、ただ静かに手放すこと。そうした〈悟りへの道〉を、珠光は説破したわけです。

もちろん、現実世界に目を向ければ、戦争に明け暮れ、〈心〉を使い過ぎている古市澄胤の発心《ほっしん》を促す、珠光なりの叱咤激励ではあったでしょう。しかしさればこそ、澄胤の慢心を自身でメタ認知し、それを対象化して手放す強さを、珠光は彼に求めたのではないでしょうか。珠光の思考は、以上のように解すべきだろうと思います。

＊

これまで長々と述べてきましたが、珠光のいわゆる「心の一紙」には、禅味があふれている。これが本章の結論です。当時の社会的通念や大乗仏教の常識に照らせば、こう解釈するほかない、と考えます。珠光は、弟子の古市澄胤に対して、〈和漢〉の対比や相克をめぐる〈心〉の〈迷い〉や〈物欲〉、〈執着〉を手放せ、と説諭しました。そしてさらに、その〈心〉を手放して〈下地＝福田＝涅槃＝悟り〉を摑みなさい、と喝破したわけです。大乗仏教の教説そのものとさえ言えるでしょう。我々が心安く生きるためにも、こうした教えは、とても参考になると思います。

さて、最近読んだ本のなかに、これとよく似た名言に出会いました。日本人として初めてインドでヒマラヤ聖者に認定された、相川圭子氏の文章の一節です。

私たちの心というのは、常に何かを欲しがり、何かの動きをしたいのです。……しかし、いずれは飽きてしまい、満足に達することはない……。……外側のものへの執着であり、その欲望はどんどん限りなく膨らむだけ。そうして、私たちは心の平安を失ってしまうのです。……それを避けるには、自分をしっかりと見つめ、コントロールしていかなければなりません。不安や不満はすべて、外側のものを得ようとする心の欲望から生まれてくるものです。（相川『心を空っぽにすれば夢が叶う』講談社インターナショナル、二〇〇八年）

珠光の〈嘆き〉と、見事に重なってきますよね。こうした叡智を、我々の日常生活の指針として受け取ることが、歴史に学ぶこと、古典を大切にすることに繋がるのではないでしょうか。文学部の一教員として、哲・史・文という諸学の重要性《アクチュアリティ》を、改めて訴えておきたいと思います。

読書案内

桜井英治『室町人の精神』（講談社学術文庫、二〇〇九年）
珠光の生きた室町時代を、深く広く知りたい方のために。
島尾　新『「和漢のさかいをまぎらかす」――茶の湯の理念と日本文化』（淡交新書、二〇一三年）
和漢の構図論の決定版。多角的かつ丁寧に、東アジアの片隅の日本文化を論じます。

村井康彦『茶の文化史』（岩波新書、一九七九年）

　茶の湯の歴史に関する古典的名著。日本文化に関心ある人なら必読です。

橋本素子『中世の喫茶文化――儀礼の茶から「茶の湯」へ』（歴史文化ライブラリー、吉川弘文館、二〇一八年）

　茶道史の旧態依然とした〈歴史語り〉を相対化するための、実証研究の最先端が示されています。

東京国立博物館・NHKほか編『特別展　茶の湯』（毎日新聞社、二〇一七年）

　茶の湯の全体像を、いま、すべて、見直してみようという野心的な企画展図録。ここに載せたコラムが、本章の出発点になりました。お声がけ下さった、三笠景子氏をはじめとする企画担当者には感謝の言葉しかありません。

田上太秀『涅槃経を読む』（講談社学術文庫、二〇〇四年）

鎌田茂雄『維摩経講話』（講談社学術文庫、一九九〇年）

西村惠信『夢中問答入門――禅のこころを読む』（角川ソフィア文庫、二〇一四年）

ヨグマタ・相川圭子『心を空っぽにすれば夢が叶う』（講談社インターナショナル、二〇〇八年）

　田上書・鎌田書は、本章で注目した大乗仏教の主要経典を分かりやすく解説してくれたもの。西村書は、何度も装い新たに刊行されるほど読み継がれている、禅思想の入門書。南北朝時代に活躍した夢窓疎石の講釈を懇切に嚙み砕いてくれています。相川書は、私たち人間の心とは、常に渇望し執着するものなので、コントロールせねばならぬことを分かりやすく教えてくれます。そのための修行の一つが、瞑想＝禅定《ディヤーナ》だとも。

第七章　愁歎の人形浄瑠璃

冨田康之

はじめに

「人形浄瑠璃」と言いますと、すぐに「文楽」という言葉を思い起こすのではないでしょうか。この「文楽」という言葉については、何となく「文」と「楽」という文字に引かれて、浄瑠璃の「文」句を三味線の音「楽」に合わせて語る芸のことかと思ってしまったりするかもしれません。それは中々面白い思い付きではありますが、残念ながら正解ではありません。この答を出すには人形浄瑠璃の歴史をたどってみる必要があるのです。そこで簡単にちょっとだけお話ししておきましょう。

竹本義太夫が貞享元(一六八六)年に大阪道頓堀に竹本座《たけもとざ》の興行を始めました。翌二年には近松門左衛門作『出世景清』を上演したのですが、この作品はそれ以前の浄瑠璃と比較して作品内容が格段に優れたものであったため、後代に「古浄瑠璃」と「当流浄瑠璃」とを区別する境の作品として位置づけられるようになりました。その後元禄十六(一七〇三)年に『曽根崎心中』が大当りとなり、それを契機に近松は竹本座の専属作者として活躍することになったのです。実は『曽根崎心中』上演前の竹本座は、経営が非常に行き詰っておりました。それが『曽根崎心中』の大当りにより、それまでの負債を一気に解消してしまったのですから、専属作者に招くというのも頷けるものでしょう。一方、義太夫に師事していた竹本采女が独立して豊竹若太夫と名乗り、豊竹座《とよたけざ》を立ち上げました。以降、竹本座と豊竹座が対抗しつつ義太夫節の人形浄瑠璃を発展させていきます。近松没後になりますと、複数の作者が一緒になって作品をつくる、いわゆる合作者制度も活発になり、その中で三大名作などと呼ばれる『菅原伝授手習鑑』(延享三(一七四六)年)、『義経千本桜』(延享四年)、『仮名手本忠臣蔵』(寛延元(一七四八)年)などが生み出されていきました。しかしながらこのような黄金期と呼ばれる時期も過ぎ去り、それから二十年ほどした明和二(一七六五)年には豊竹座が、同様に明和四年に竹本座が退転することになったのです。義太夫節の人形浄瑠璃の二大巨頭が終焉を迎え、新作が減少するのに合わせて旧作の再演が増えていきました。そのような状況の中で、植村文楽軒《うえむらぶんらくけん》という人物が淡路島から大阪に出て浄瑠璃の稽古場を開き、文化二(一八〇五)年には人形浄瑠璃の芝居小屋を作りました。料金の安さなどから人気を博し、観客の支持を得て現在にまで至ったわけです。「文楽の芝居」は結局のところ義太夫節の人形浄瑠璃のことでしたので、それがそのまま「文楽」という名で呼ばれるようになったわけです。結局、「文楽」とは人の名前だったんですね。

一　義太夫節の愁歎について

さて、それではこれから義太夫節人形浄瑠璃のお話しを始めましょう。近松門左衛門は時代物浄瑠璃と世話物浄瑠璃を作りました。大雑把に言って時代物というのは、当時の人から見た古典劇、そして世話物というのは当時の人から見て現代劇というように考えると理解しやすいと思います。時代が下がるとその分類方法がやや複雑になりますが、ここではあくまでも大雑把でいきましょう。また、時代物と世話物では描かれる内容も異なることが普通です。時代物はおもに「忠義」をテーマに描かれますが、一方、世話物は「義理」にまつわる内容が主眼となることが多いのです。そうしますと中心人物として描かれるのは時代物では武士となり、世話物では町人ということになります。一つ付け加えておきますが、『仮名手本忠臣蔵』は赤穂浪士の討ち入りの事件をモデルとして作られていますから、現代劇である「世話物」ということになるのかというと、それは違います。実は、『仮名手本忠臣蔵』は『太平記』のお話しとして作られておりますので、「忠義」が描かれ、武士の活躍する「時代物」ということになります。

さて、話しを戻しましょう。近松の描いた時代物は、基本的構成は五段で作られております（因みに世話物は三巻構成となっています）が、それぞれの段ごとに内容的な特徴があります。ちょっとそれを見てみましょう。

浄瑠璃大概
初段之事付《つけた》り恋
二段目の事付り しゅ羅
三段目の事付り愁歎
四段目の事付り道行
五段目の事付り問答

（「貞享四年義太夫段物集」）

二段目の「しゅ羅」とありますのは「修羅」のことで、演劇の中で使われる場合では闘争や戦いのことを意味します。また四段目に「道行」とありますが、この言葉を聞いておそらくすぐに思い出されることとは、心中物浄瑠璃で男女が廓などを抜け出して死に場所まで移動する場面かと思います。確かにそれも「道行」ですが、それだけというものでもありません。時代物浄瑠璃にも「道行」は作られています。この「道行」というものは、単なる移動を示しているのかというと、そうではありません。浄瑠璃の中で仕組まれる「道行」というのは、二つの要素をもっていることが必要です。一つは、語りが通常の場面より音楽性豊かな曲節となっていること、もう一つは移動感のある表現をとることです。因みに、移動感のある表現とはどのようなものを言うのでしょうか。何だか難しそうな気がしますが、実は簡単です。移動の折々に見える目印を表現の中に詰め込んでいくのです。そうすると観客は、登場人物が今何処まで来ているのか、ということを理解できることになります。地名を読み込んでいくのも同じ効果が出ますので、それでも移動感が表現できることになります。

さて、初段から五段目までに「恋」、「修羅」、「愁歎」、「道行」、「問答」の要素が仕組まれることになっていますが、現代のお芝居でも「恋」は観客を惹きつける大事な素材と言えましょう。また、武士が活躍する話ですから「修羅」も必要な素材です。今の時代劇でもほとんど不可欠のものですね。さらに涙を流す愁歎の場面は作品の要となるものです。愁歎の場面はやはり気分が重くなるものですから、次の段では気分を少々華やかにして「道行」につづけます。最後は善人方が勝利を迎え、祝言で締めくくることになります。

それではいよいよ「三段目の事付り愁歎」という部分に注目してみましょう。時代物浄瑠璃では、作品全体の山場となるのはこの三段目に作られることが基本となっています。そこでの特徴というのが「愁歎」ということになるのです。つまり人形浄瑠璃は最初から泣き悲しむような愁歎場面がいちばんの山場として作られるのがお約束なのです。

では、それはどんな内容なのでしょうか。多くの場合三段目で善人方の誰かが死んでしまうという仕組みになっています。具体的に例を挙げれば、忠臣が主君の危機を救うために身替りとして死んでしまうとか、場合によっては主君の子の身替りに家臣の善人の誰かが自分の子どもを身替りにして殺してしまうとかいうものです。ただでさえ人が死ぬという場面は悲しみを伴うものですが、自ら身替りを申し出て命を落としたり、あるいは自分自身ではなく自分の子どもの命を引き換えにするという趣向ですから、その悲しみはとても強いものになっています。
一方、世話物の浄瑠璃ではどのようになっているのでしょうか。世話物と言えばすぐに思い浮かべるのは心中物なのではないでしょうか。『曽根崎心中』を始め、『心中天の網島』(享保五(一七二〇)年)など、近松の代表的な作品が挙げられますが、愛し合う二人が死ななければならない状況に追い込まれ、やむに止まれず命を絶つことは、涙なくしては見届けられないものでしょう。しかし、近松は『冥途の飛脚』(正徳元(一七一一)年)などという作品も作っています。これは「処罰物」と言われるような分類に入っており、心中のように「死」で終わるものではありません。とは言え、死ななくても大変哀れを誘う愁歎の強い物語となっています。

二　愁歎の表現

それではここで「愁歎」の表現という問題について考えてみたいと思います。近松門左衛門の言説の中には、「憂い」という言葉で表されています。ちょっと見てみましょう。

浄るりは憂《うれい》が肝要《かんやう》也とて、多くあはれ也なんどいふ文句を書き、又は語るにも文弥節《ぶんやぶし》やうのごとくに泣くが如く語る事、我が作のいきかたにはなき事也。某《それがし》が憂はみな義理を専らとす。芸の六義《りくぎ》が義理につまりてあはれなれば、節も文句もきつとしたる程いよ〳〵あはれなるもの也。この故に、あはれをあはれ也といふ時は、含蓄の意なふしてけつく其情《そのじやう》うすし。あはれ也といはずして、ひとりあはれなるが肝要也。たとへば松島なんどの風景にても、ア、よき景《けい》かなと誉《ほめ》たる時は、一口にて其景象《けいしやう》が皆いひ尽されて何の詮《せん》なし。其景をほめんとおもはゞ、其景のもやう共をよそながら数々云ひ立《たつ》れば、よき景といはずして、その景のおもしろさがおのづからしるゝ事也。此類《このるい》万事にわたる事なるべし。

（『浄瑠璃文句評注　難波土産』、浄瑠璃評注巻之一　発端）

【訳】

浄瑠璃は「憂」が重要であるからといって、よく「哀れなり」などという文句を書いたり、また、語る場合には「文弥節」のように泣くように語ることは、私の作品の作り方にはないことである。私が作り出す「憂い」はすべて必然的な道理によるものである。さまざまな道理と義理とが行き詰って、哀れさを生み出すのであれば、節も詞章も引き締まった表現の方がさらに哀れに感じるものである。だから、哀れであることを「哀れなり」と言ってしまっては、深い味わいがなくて結局その哀れであるという感情が薄いものとなる。「哀れなり」と言わないで、自然と哀れであるということが重要なのである。たとえば、松島などの風景にしても、「ああ、良い景色だなあ」と賞美してしまうと、一言でその景色が言い尽くされてしまって何のかいもない。その景色を褒めようと思うのであれば、その景色の様子を客観的に数々言い立てていくと、「良い景色」と言わないでも、その景色の良さが自然とわかるものである。この種のことはすべてのことに言えることである。

まず『浄瑠璃文句評注《じょうるりもんくひょうちゅう》　難波土産』〈以下、『難波土産』〉について少々説明しておきましょう。『難波土産』は角書《つのがき》に「浄瑠璃／文句評註」とあるように、人気浄瑠璃作品の語句や表現に対して評や注釈を施したものです。この本が有名なのは、その発端部分に近松の言説（いわゆる近松の「虚実皮膜《ひにく》論」）が載せられていることによります。出版されたのは元文三（一七三八）年ですが、近松が没したのは享保九（一七二四）年ですので、没後十数年後の出版となります。作者については諸説ありますが、一つは三木平右衛門貞成が作者で、近松と親交のあった儒者の穂積以貫が重要な内容の材料を提供したという考え方が示されたりしています。でも、私はちょっと別の考えをしています。簡単に説明しますと、冒頭部「発端」の近松の言説は、穂積以貫が近松から聞いた内容を元に纏めたもの。以後の「注」については三木平右衛門の手に成り、「評」の部分は穂積以貫が書いたものではないかと考えています。

さて、話しを戻しまして近松の「憂い」に関わる言説を見てみましょう。「語るにも文弥節やうのごとくに泣くが如く語る事、我が作のいきかたにはなき事」と言っている部分ですが、「文弥節」というのは「泣き節」とも言われるように、太夫が自ら泣くよう語るのが特徴の浄瑠璃でした。つまり、「もらい泣き」と同様の効果をもたらすといって良いでしょう。この場合本当に悲しいのか、あるいは人が悲しんでいるのを目にすることによって、悲しいと錯覚してしまうのかが曖昧となっているると言えます。しかし、もらい泣きであったとしても結局涙を流すことになるので、いわゆるカタルシス（魂の浄化）が得られることになります。実はドラマなどは小説などと違って案外簡単に人を泣かすことができるのではないでしょうか。たとえば、不治の病に罹った主人公とその恋人の別れなどが描かれるようなドラマでは、その恋人同士が涙を流し嘆き悲しむ場面を見るだけで自然と涙を溢《こぼ》したりします。作品の完成度の高さなどとは関係なく、よくある拵《こしら》え事とわかっている場合ですら泣いたりした経験があるのではないでしょうか。安易な方法ではありますが、カタルシスが得られるとなればそれなりに人気を博すものとなります。実際、文弥節は広い地域で流行しました。しかし、近松はそのような方法を選択しませんでした。もらい泣き的な効果は排除したのです。そして、やむに已まれぬ必然的な成り行きを設定し、自然と哀れを感じるという方法を目指したと言えるでしょう。

ところで、近松の作品には「哀れなり」という表現はまったくないのでしょうか。実はそうではありません。近松の作品中にも「哀れなり」という言葉はやはり使われています。ここは、ほかの作者のように多用することはありませんという意味でとらえておいて下さい。

それではこれより実際の作品を検討していきたいと思います。最初はやはり『曽根崎心中』の道行冒頭の文章を挙げましょう。

この世のなごり、夜もなごり。死にに行く身をたとふれば、あだしが原の道の霜、一足づゝに消えてゆく、夢の夢こそあはれなれ。あれ数ふれば暁の、七つの時が六つ鳴りて、残る一つが今生《こんじやう》の鐘の響きの聞き納め、寂滅為楽と響くなり。

（『曽根崎心中』道行）

【訳】

今生の別れのとき、夜も最後の夜。死にに行く身を譬えるならば、あだしが原の道に置ける霜が一足歩むごとに消えていくようなもので、夢の中の夢のようなはかないものである。あれ、数えると暁の七つ鳴る鐘の音が六つまで鳴り、残る一つがこの世の鐘の聞き納めとなるが、その鐘の音は寂滅為楽と響いている（「寂滅為楽《じゃくめついらく》」とは、煩悩の境地を脱し、涅槃の境地に至ってこそ真の安楽にたどり着くということ）。

さて、この道行文の冒頭については太田南畝著『俗耳鼓吹《ぞくじくすい》』の中で、近松と同時代人で儒者として有名な荻生徂徠が「近松が妙処、此中にあり、外は是にて推しはかるべし」と称賛した逸話が残されています。では、この表現の中で、どこに妙処を見いだしたのでしょうか。それを少し探ってみたいと思います。

最初に知っておく前提として、すでに二人（曽根崎新地天満屋の遊女おはつと醤油屋平野屋手代徳兵衛）は死地である曽根崎の森に向かって、天満屋を抜け出したところになります。心中するために抜け出す訳ですから、「この世のなごり、夜もなごり。」という表現は当然のことですね。「今生の最後の夜」ということは観客も了解済みです。そして、心中しようとする身の上は、あまりにも儚いことを綴ります。問題はつぎに続く「七つの時が六つ鳴りて、残る一つが今生の鐘の響きの聞き納め」という部分ではないでしょうか。これは現代の私たちには少々わかりづらいかもしれません。まず「七つの時」とは寅の刻、現在の午前四時（前後一時間を含む）ころとなります。これは不定時法ですので、季節によって少々変わってきます。ということで、「七つの時」の時間がわかりましたが、その七つの時を知らせる鐘の音が六つ目まで鳴り、残る一つの鐘の音が鳴ると、それが今生の聞き納めになると表現しています。これは一体どういうことでしょうか。

実は、江戸の人々の活動時間を示しています。「お江戸日本橋七つ立ち……」と旅立ちの頃合いが歌にも唄われているように、朝はまだ暗いうちから活動が始まります。つまり、「七つの時」とは、人々が起き出してくる頃というわけです。万一、人が心中しようとしている場面に行き合せたなら、間違いなくそれを止めることになるでしょう。そうなれば心中はできなくなりますが、廓を抜け出した者には追手が掛かり連れ戻されてしまうでしょう。そうなれば二人の愛は結ばれることが不可能となってしまいます。結局、廓を抜け出した二人は、その時点から「七つの時」に至るまでが生きていられる時間ということになります。死なねばならない運命を背負い、死ぬことを目的として死地に赴くその一足、一足が、自らの命を縮める行為にほかならないという状況を思い遣れば、深く私たちの心に響いてくるのではないでしょうか。

三　死に行く者の嘆き（心中直前の述懐）

ところで心中物浄瑠璃の下巻では、心中する二人がある特定の場所を抜け出し、死に場所へ「道行」しますが、どの作品でも心中を決行する直前に同じような趣向が展開することになっています。それは観客の涙を誘う、きわめて計算されたものと言えましょう。まず、どのような趣向なのか、『曽根崎心中』を確認することから始めましょう。

ア、嘆かじと、徳兵衛顔振り上げて手を合せ、我幼少にてまことの父母《ふぼ》に離れ、叔父といひ、親方の苦労となりて人となり、恩も送らずこのまゝに、亡き跡までもとやかくと、ご難儀《なんぎ》かけん、勿体《もったい》なや、罪を許してくだされかし。冥途《めいど》にまします父母には、おつつけ御目にかゝるべし。迎へ給へと泣きければ、おはつも同じく手を合せ、こな様は羨《うらや》ましや、冥途の親御《おやご》に会はんとある。我らが父様《ととさま》、母様《かかさま》は、まめでこの世の人なれば、いつ会ふことのあるべきぞ。便りはこの春聞きたれども、会うたは去年《こぞ》の初秋の、はつが心中取沙汰《とりざた》の、明日は在所へ聞えなば、いかばかりかは嘆きをかけん。親達へも兄弟へもこれからこの世の暇乞《いとまご》ひ、せめて心が通じなば、夢にも見えてくれよかし、懐かしの母様《ははさま》や。なごり惜しの父様やと。しやくりあげ〳〵、声も、惜しまず泣きければ、夫もわつと叫び入り、流涕《りうてい》こがるゝ、心意気、理《ことわり》せめてあはれなれ。

（『曽根崎心中』）

【訳】

「ア、嘆くまい。」と徳兵衛は顔を振り上げて手を合せ、「自分は幼いときに本当の父母と別れ、叔父でもある、親方の世話で一人前になり、その恩も返せぬままに、死んだあとまであれこれとご迷惑をかけるだろうとは、もったいないことだ。どうぞ罪を許してくださいませ。冥途におられる父母には、間もなく会えるでしょう。お迎えくださいませ」と泣くと、おはつも同じように手を合せて、「あなたはうらやましいこと、冥途の親御に会おうという。私の父様、母様は元気で生きている人だから、死んだら次はいつ会うことがあるだろうか。便りはこの春に聞いたけれども、会ったのは去年の初秋のこと。私の心中の噂が明日在所まで広まったなら、どれほどの嘆きをかけるだろう。親たちへも兄弟へもこの場からこの世の暇乞いをします。せめてこの思いが届いたならば、夢でも会ってくださいな。懐かしい母様よ、名残惜しい父親よ」としゃくり上げしゃくり上げ、声も惜しまず泣くと、夫も「わっ」と叫んで激しく涙を流し抑えきれないその思いは、あまりに尤もで哀れであった。

この部分は、二人の心中する直前のやり取りであり、この後すぐに心中を決行することになります。つまり、心中決行直前に展開される趣向とは、二人の「述懐」場面を仕組むことにありました。ここでは引用しておりませんが、この直前に死ぬ準備として、死後の姿が見苦しくないようにと身体を木に縛りつけます。ここに至ってお互いの姿を見たとき、はじめて「情けなき身の果て」と嘆くことになりました。それからこの引用部分に続いているわけです。そして述懐では、徳兵衛は叔父に対する恩を返せぬまま死んでしまうことに対する謝罪を述べています。つまり「残されていく者」への思いを述べていると言えましょう。また、おはつは徳兵衛と違い自分の父母が存命であること、また兄弟たちも同様に生きている状況にありました。それ故おはつが死んだらその知らせが在所まで届き、そのときに親兄弟がどれほど嘆き悲しむだろうと思い遣っています。これもまた「残されていく者」に対する思いということになりますが、この部分は強く観客の悲しみを誘うものとなっています。ここで注目しておきたいのは、観客の悲しみの原因は、単に二人が死んでしまうということではなく、二人が大きな嘆き(残されていく者へ抱く嘆き)を抱えたまま死んでいくその無念さにより、湧き上がってくるものと言えるのではないでしょうか。言い換えれば、潔く死ねない事情をもつ人々が死なねばならないことに、より強い哀れさを感じることになるのです。

それでは心中直前の述懐の趣向をもう一つだけ見てみましょう。

首くゝるも喉《のど》突くも、死ぬるにおろかのあるものか。よしないことに気を触れ、最期の念を乱さずとも、西へ〳〵と行く月を、如来と拝み目を放さず、たゞ西方《さいはう》を忘りやるな。心残りのことあらば、言うて死にや。なんにもない〳〵。こなさん、さだめてお二人の子たちのことが気にか、ろ。アレひよんなこと言ひ出して、また泣かしやる。父親《てておや》が今死ぬるとも、何心なくすやく〳〵と、かはいや寝顔見るやうな。忘れぬはこればつかりと、かつぱと伏して泣き沈む。

（『心中天の網島』下之巻）

【訳】

（治兵衛）「首を絞めるのも喉を突くのも、死ぬのに苦しみの違いがあるものか。つまらないことに気を取られて最期の一念を乱すことなく、西へ西へと行く月を如来様と思って拝み目を放さないで、ひたすら西方浄土を忘れてはいけませんよ。心残りのことがあるなら、言ってから死になさい。」（小春）「何もない、何もない。あなたはきっと二人の子のことが気になるでしょう。」（治兵衛）「アレ、妙なことを言って、また私を泣かせてくれるものだ。父親が今死んでしまうのも知らず、無邪気にすやすやと、ふびんな、その子らの寝顔が見えるようだ。忘れられないのはこればかり。」とがばと伏して泣き沈んだ。

『心中天の網島』について一言説明しましょう。内容は、紀伊国屋遊女小春と紙屋治兵衛が網島の大長寺で心中した事件を仕組んだものです。構想が見事で完成度の高い作品として有名ですが、通常の作品とは違ってつぎに会った時には心中するという状況から始まります。ですから、最初は心中が回避されるような進展を見せ、作品の中頃で一気に逆転し、心中へと突き進むという設定になっています。

さて、『曽根崎心中』のおはつと徳兵衛の述懐場面のように、この作品でも死ぬ直前で小春と治兵衛とのやり取りが仕組まれています。小春は心残りのことは「何もない」と言っておりますが、上之巻で侍客に心中する心と見透かされた折、「私一人を頼みの母様、南辺に賃仕事して、裏屋住み、死んだ後では袖乞非人の飢ゑ死にもなされうかと、これのみ悲しさ。」と話しています。これを信用すれば小春には母がおり、それだけが気掛かりであるという設定になっています。しかし、心中直前には残される人々について触れるのが常套《じょうとう》手段なのですが、そこでは小春は母について語りません。小春は実際にはいない母を口実にして、侍客に心中を止めてもらうための方便として語ったという考えもされています。その場合、小春の機転が利く性質を表現したものと考えられます。

さて、小春はさておき、治兵衛には勘太郎と末という二人の子がいました。妻のおさんは中之巻の終わりで父の五左衛門に無理やり治兵衛と離縁させられてしまいます。ですから二人の子が特にここではクローズアップされることになります。母のいなくなった二人の子の父親という立場で、その子たちを見捨てて心中しようというものですから治兵衛の思いはきわめて辛い状況にあったはずです。心中しようとする者が大きな嘆きを抱えたまま死んでいくという構想は、『曽根崎心中』と同じものであったと言えるでしょう。これもまた、死ねない事情をもつ者が死なねばならないことに、強い愁歎を感じることになるのです。

ここでは死んでいく二人に対する愁歎を中心に考えてきました。人形浄瑠璃の愁歎には、これ以外の方法で仕組まれているものも多くあります。つぎにそれらについて考えてみましょう。

四　残された者の嘆き

次は時代物の作品に注目してみたいと思います。こちらも世話物と同様に死が仕組まれています。それでは最初に最も有名な『仮名手本忠臣蔵』を見てみましょう。

魂魄此土《こんぱくこのど》に止《とど》まつて。敵討の御供すると。云声も早四苦八苦。母は涙にかきくれながらナフ勘平殿。此事を娘にしらし。せめて死目に逢してやりたい。イヤ〳〵親のさいごは格別。勘平が死んだ事必ずしらして下さるな。お主の為に売つたる女房。此事聞て不奉公せば。お主に不忠するも同然。只其儘《そのまま》に指し置かれよ。サア思ひ置く事なしと。刀の切先喉にぐつと指し貫きかつぱとふして息絶へたり。ヤアもふ聟殿は死なしやつたか。扨《さて》も〳〵世の中におれが様な因果な者が又と一人有ふか。親父殿は死なしやる。頼みに思ふ聟を先き立て。いとしかはいの娘には生き別れ。年寄つた此母が一人残つて是がマア。何と生きて居られふぞ。コレ親父殿、与市兵衛殿。おれも一所に連れていて下されと。取り付いては泣きさけび。又立ち上がつてコレ聟殿。母も倶《とも》にと縋《すが》り付ては伏し沈み。あちらでは泣き、こちらでは泣き、わつと計にどふど伏し、声をはかりに嘆きしは目も当てられぬ次第なり。

（『仮名手本忠臣蔵』六段目）

【訳】

（勘平）「魂はこの世に留まって、敵討ちの御供をする」という声ももはや苦しみの中。母は涙を流し悲しみに沈みながら「ノウ勘平殿、このことを娘（お軽）に知らせ、せめて死に際に合わせてやりたい。」というと、（勘平）「イヤイヤ親の臨終というのであればともかくとして、勘平が死んだことはけっして知らせてくださいますな。主君のために身売りさせた女房。その女房が夫の死を聞いてしっかり奉公しなくなれば、主君に対して臣の道に背くのと同じこと。ただそのままに放っておいてください。サア思い置くことはありません」と、刀の切先を喉にぐっと刺し通し、がばと伏して亡くなった。（母）「ヤアもう聟殿は死んでしまわれたか。さてさて世の中に私のような不幸なめぐり合わせをもつ者がほかにあるものか。親父殿は死なされた。頼りとする聟を先に死なせ、いとしい、かわいい娘には生き別れ、年取ったこの母親が一人で残って、これがマア、どうして生きていられようか。コレ親父殿、與市兵衛殿、私も一緒に連れて行ってください」と、取りついては泣き叫び、また立ち上がって「コレ聟殿、母も一緒に」と縋りついては伏して悲しみ、あちらでは泣き、こちらでも泣き、わっと言ってどうと伏して、声を限りに嘆いたのは目もあてられない様子であった。

ここで示したのは『仮名手本忠臣蔵』の中でも特に人気のいわゆる「勘平腹切り」の段です。まさに勘平の臨終場面を取り上げてみました。

さて、舅殺しの汚名を背負って腹を切った勘平は死んでしまいますが、本来ならば舅與市兵衛の金を奪い、命まで奪った斧定九郎をその場で討ち取る手柄を立てた功労者のはずでした。また、討ち入りの仲間にしてもらうつもりで渡した金は突き返され、妻は身売りしたままになってしまいました。暗闇が生み出した錯誤により、余りにも理不尽な腹切りとなってしまったのです。観客の悲しみはこの勘平の死にこそ対応するべきものでしょう。しかしながら実は勘平の死はそれ程までには観客に悲しみをもたらさないのです。それは、勘平の死の前に、討ち入りの一味徒党の連判に勘平の名前を書き加えてもらうことができたからです。このとき、勘平は「ア、忝や有難や。我望達したり。母人歎いて下さるな。舅の最後も。女房の奉公も。反古にはならぬ此金。一味徒党の御用金」と言っています。勘平は死の直前に討ち入りの仲間に組み込まれ、それによってすべての状況が意味あることに転換し、本望を叶えたことになるのです。死ぬことはそれなりの悲しみをもたら

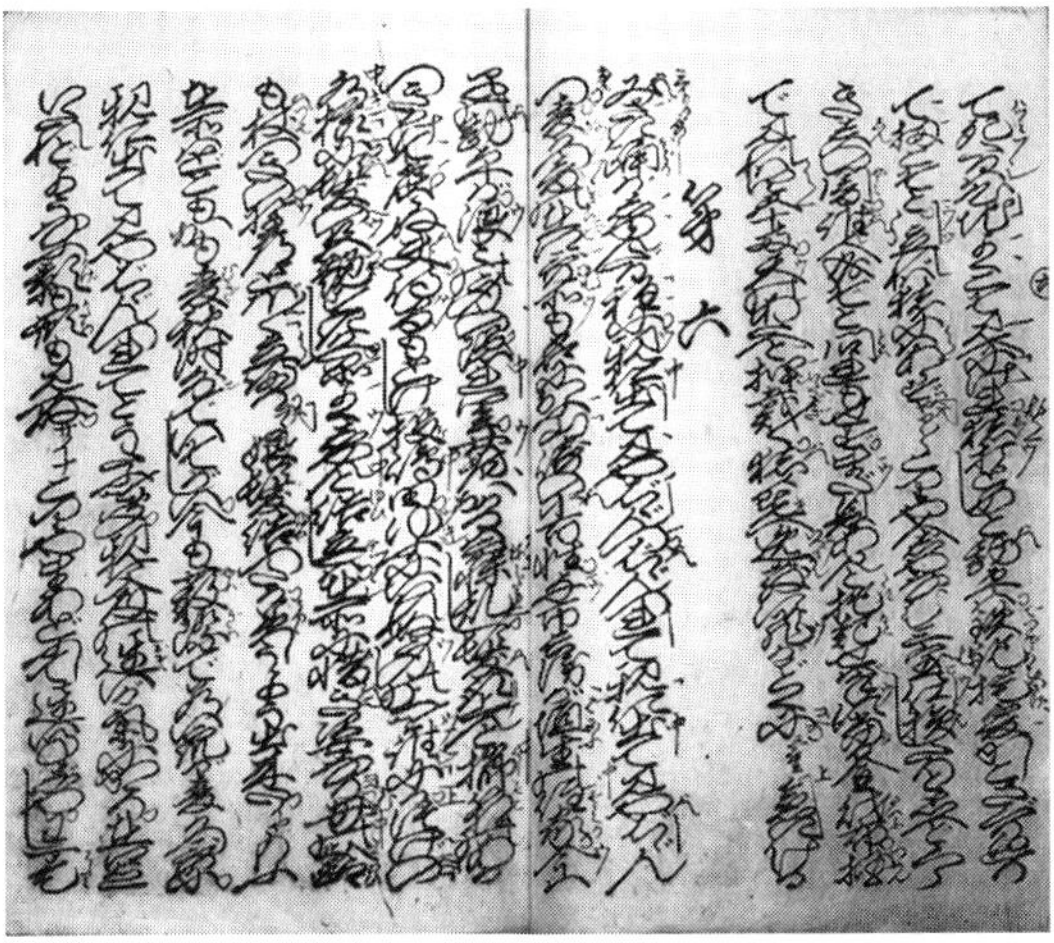

図 7-1　『仮名手本忠臣蔵』六段目

しはしますが、むしろ観客は勘平の望が叶って安堵する気持ちが生まれてくることになります。

一方、ここで嘆き悲しむのはお軽の母ということになります。勘平の死は救いがあったわけですが、お軽の母は状況の転換ができません。誤解がもとで勘平を責め立て、腹切りにまで追い詰めてしまいました。父親は定九郎に殺されてしまい、娘とは離れ離れを強いられることになってしまいました。母親の悲しむ狂乱ぶりは観客の涙を誘います。死んでしまう勘平は名誉を回復し、死の意義も当時の観客には十分認められることになるでしょう。しかしながらお軽の母は一方的に失うものばかりでした。「聟の名誉の回復」があったからと言って、母にとってはあまりにも大きな代償だったわけです。観客が涙を流す主要な原因は、勘平が死ぬことではなく、残されるお軽母の気の毒さにあったと言えましょう。

心中浄瑠璃の悲しみが死んでいった者に対しての深い同情にその原因があったとするならば、時代物の死はむしろ残されていく者に対する同情にあったと言えましょう。

それではもう一つの時代物浄瑠璃を見てみましょう。


躮《せがれ》がなくばいつ迄も人でなしと云はれんに。持つべき物は子成ぞやと、いふに女房猶《なほ》せき上げ、草葉《くさば》の陰《かげ》で小太郎が聞いて、嬉しう思ひませふ。持つべき物は子なるとはあの子が為によい手《た》向《むけ》。思へば最前別れた時、いつにない跡《あと》追うたを、呵《しか》つた時の〳〵其《その》悲しさ。冥途の旅へ寺入《てらいり》と早むしがしらせたか、隣村へ行くと云ふて道迄逝《までいん》で見たれ共、子を殺さしにおこして置いて、どふマア内へ〳〵逝《いな》る、物ぞいな。死顔《しにがお》なり共今《ま》一度見たさに未練と笑ふて下さんすな。包みし祝義《しゅうぎ》はあの子が香奠《かうでん》。四十九日の蒸し物迄持つて寺入さすと云ふ、悲しい事が世に有ふか。育ちも生まれも賤しくば殺す心もあるまいに。死ぬる子は媚《みめ》よしと美しう生まれたが、可愛《かはい》や其身の不《ふ》仕《し》合《あはせ》。何の因果に疱瘡《はうさう》迄、仕舞《しまふ》た事じやとせき上て、かつぱとふして泣ければ。（後略）

（『菅原伝授手習鑑』四段目）

【訳】

（松王丸）「倅がいなければいつまでも人でなしと言われるだろうに。もつべきものは子だなあ。」というと（松王丸の）女房（千代）はますますしゃくり上げ「あの世で小太郎が聞いて、嬉しく思うでしょう。『もつべきものは子だ』とはあの子にとっては良い手向けとなりましょう。思い返せば先ほど別れたとき、今度に限って後を追ってきたのを叱ったときの、叱ったときのその悲しさといったら。冥途の旅に出るための寺入だと早くも虫が知らせたのだろうか、私が隣村へ行くと言って道まで出てみたけれど、子を死なせにやっておいて、どうやってマア内へ、どうやってマア内へ行けるものでしょうか。死に顔だけでももう一度見たいとここに現れたのを未練なことと笑ってくださいますな。寺入の祝儀としてもってきたものはあの子の香典。満中陰の供え物の蒸し物までもって寺入をさせるという、悲しいことがほかにあるだろうか。育ちも生まれも卑しい身分であったならば（身代わりとして）殺すという考えも起きないだろうに。

死ぬような子は顔が美しいという諺どおりに美しく生まれてきたが、かわいそうにその身にとっては不幸。どんな因果として子共の大厄の疱瘡まで無事に済ませたのに」と、しゃくり上げてがばと伏して泣くと。(後略)

『菅原伝授手習鑑』は、左大臣藤原時平の讒奏《ざんそう》(事実と違って悪く奏上すること)により無実の罪で筑紫へ配流の身となった菅丞相(菅原道真)が、帝を守護するために祈誓をかけて雷神となり、ついに藤原時平を滅ぼすまでを描いた作品です。そのあいだ、菅丞相を助けようとする人々の困難と死が仕組まれています。ここで引用したのは四段目のいわゆる「寺子屋の段」と呼ばれるところです。松王丸がわが子小太郎を菅丞相の息子菅秀才の身替りとして武部源蔵の元に寺入させ、その命と引き換えに危機的状況から脱した後で展開される場面です。源蔵が小太郎の首を取る場面は観客の前では行われません。厳しい詮議に責められて源蔵は奥の間へ行き、首桶を携えて再登場します。ここでは一切の悲しみの要素はありません。あるのは松王丸が厳しく源蔵夫婦に詰め寄ることによる緊迫感だけです。万一身替りが見破られたら、源蔵夫婦はただ一討ちと刀を抜きかける準備をします。そして首実検を行った松王丸が間違いなく菅秀才の首だと判断することになるのです。悲しみよりもこの危機的状況がどのように展開するのかという緊迫感のみが強調される場面なのです。そこでは人の死があまりにも単純に取り扱われているようにも感じられるのですが、それがあとになって一気に愁歎へと展開していきます。しかし愁歎の中心は残された松王丸・千代夫婦にあって、

小太郎ではありません。この後、松王丸は源蔵に小太郎の最期の様子を聞く場面は、

（松王丸）定めて最期の節、未練な死を致したでござらふ。

（源　蔵）イヤ若君菅秀才《かんしゆうさい》の御身代《おんみがはり》と言ひ聞かしたれば、潔ふ首指しのべ。

（松王丸）アノ逃げ隠れも致さずにナ。

（源　蔵）につこと笑ふて。

（松王丸）ム、、、、、でかしをりました。利口なやつ。立派なやつ。健気《けなげ》な八つや九つで、親にかはつて恩送り。お役に立つは孝行者。


と会話が交わされています。小太郎はあくまでも武士の子としての名誉を守って死んでいくのであり、称賛の対象として仕立てられています。小太郎に対する悲しみがまるでない訳ではないでしょうが、小太郎を亡くした夫婦の愁歎がいちばんの涙を絞らせるものとなっています。死んでいく者に対する直接的な悲しみというものではなく、残された者の悲しみを抉り出していく仕組みと言えましょう。

　時代物の人形浄瑠璃では、死は忠義の結果として仕組まれるものであり、悲しみももちろんあるでしょうが、半ばは称賛として成り立っている場合が多いのです。むしろ愁歎は残される者たちの悲しみを強調するものとして描かれていると言えましょう。

おわりに

これまで人形浄瑠璃の愁歎についてお話ししてきました。簡単にまとめますと「愁歎」という要素は人形浄瑠璃に不可欠のものであり、その多くは「死」という題材によって仕組まれていました。「死」が「愁歎」を生み出すのは、詰まるところ離別ということになるでしょう。そうすると、二つの立場が浮かび上がってきます。それは去る者と残る者ということになります。結局のところ、離別を描く視点を設定する場合、去る者(すなわち死んでいく者)の側から見る立場と、残される者(死なれて残される者)の側から見る立場ができますが、去る者の側から描いたものが世話物浄瑠璃の心中物に多く作られ、残される者の側から描いたものが時代物に多く作られるということになります。ただし、それ以外にはまったくないのかというと、そうでもありません。たとえば最初に挙げた近松の代表作の一つである『冥途の飛脚』です。処罰物として位置づけられるもので、直接的な死は描かれておりません。概略は飛脚屋亀屋忠兵衛が為替金を横領し、遊女梅川を身請けして逃走し、忠兵衛の在所大和新口村で捕らえられるというものです。この下之巻新口村で忠兵衛と梅川は忠兵衛父孫右衛門と交差することになります。孫右衛門の述懐がここで展開することになりますが、その場面は次のように描かれています。

久離《きうり》切つた親子なれば、善いにつけ悪いにつけ、構はぬこととはいひながら、大坂へ養子に行《い》て、利発《りはつ》で、器用で、身を持つて、身代《しんだい》も仕上げたあのやうな子を勘当《かんだう》した、孫右衛門は戯気《たはけ》者《もの》、阿呆者《あはうもの》と言はれても、その嬉しさはどうあらう。今にも捜し出され、縄かゝつて引かるゝ時、よい時に勘当して、孫右衛門は出かした、仕合《しあは》せぢやと、褒められても、その悲しさはどうあらう。今から思ひ過されて、一日も先に往生《わうじやう》させて下されと、拝み願ふは、今参る如来様、御開山《ごかいさん》、仏に嘘はつかぬぞと、土にどうど平伏《ひれふ》して、声をはかりに泣きければ、梅川も声をあげ、忠兵衛は障子《しやうじ》より手を出し、伏し拝み、身を揉《も》み嘆き沈みしは理《ことわり》とこそ聞えけれ。

（『冥途の飛脚』下之巻）

【訳】

（孫右衛門）「縁を切った親子だから善いことでも悪いことでも、関係のないこととは言いながら、大阪へ養子に行って賢くて器用で、品行もよく財産も築いたあのような子を勘当した、孫右衛門は馬鹿者やら阿呆者やらと言われても、その嬉しいことはどれほどであろう。今にも捜し出されて縄を掛けられて引っ立てられるとき、良いときに勘当して孫右衛門はよくやった、幸せ者だと褒められても、その悲しさはどうだろう。今から捕まったときのことが思い遣られて、一日でも先に死なせてくださいと、拝み、願うのは今参る如来様、御開山、仏に嘘はつきませんよ」と、地面にどうとひれ伏して、声を限りに泣くと、梅川も声を上げ、忠兵衛は障子から手を出して伏し拝んで、身もだえして嘆いたのは道理であると思われた。

ここでは忠兵衛の父孫右衛門の悲しみが展開されていくのですが、同時に忠兵衛と梅川の悲しみと重なりあっていることが強く伝わってきます。残される孫右衛門のわが子忠兵衛に対する強い思いに応えるように、対面できない境遇のために障子越しではあるけれど、父への思いを十分に受け止めている忠兵衛が際立ってきます。ここでは去る者として忠兵衛と梅川が設定されており、この対面のあとに二人は捕り手の役人に捕らえられてしまうことになっています。忠兵衛が横領したのは侍客に届ける為替金三百両でした。当時の法によれば十両以上の盗みは死罪でしたから、観客はこの後の忠兵衛の運命を知っていた筈です。忠兵衛は捕らえられた後、孫右衛門の前を通り掛かり、「身に罪あれば覚悟の上、殺さるゝは是非もなし。御回向頼み奉る。親の嘆きが目にかゝり、未来の障り、これ一つ。面《つら》を包んでくだされ、お情けなり」と言って泣くことになります。「死」そのものは直接的には描かれておりませんが、「死」を前提としていることは確認できます。やはり、究極の別離を前提としていることで愁歎が強く印象づけられることに成功していると言えるでしょう。しかしこの邂逅はお互いがまだ現に生きている状況です。残される者と去る者がどうにもならない状況の中で、互いをともに思い遣る切なさを表現しえていると言えましょう。

現代においても文楽の芝居を見に行きますと、涙を流している観客の方々を見ることができます。たかだか人形のお芝居ではないかと思う方もいらっしゃるかもしれませんが、是非一度劇場に足を運んでみてくださいませんか。どうして江戸時代から今まで続いてきたのかを、きっと感じ取ることができると思います。そしてそれが伝統芸能を守るということにまさにつながっていくのです。

読書案内

丸谷才一著『忠臣蔵とは何か』（講談社文芸文庫、一九八四年）

一九八五年、野間文芸賞を受賞。きわめて大胆な発想による文芸評論としてお薦めです。

廣末保著『古典を読む　心中天の網島』（岩波書店、一九九七年）

近松研究者として夙《つと》に著名な廣末氏の、近松の表現にしっかりと向き合った一冊です。作品の分析や読み方におおいにヒントとなります。

第八章　「晋《しん》の予譲《よじょう》が例《ためし》を引き」
――予譲の説話と絵馬をめぐって

鈴木幸人

はじめに

「かなしみ」という題から、仇討（敵討ち）へは少しく径庭があるかもしれませんが、自らを引き立ててくれた主君を滅ぼされた家臣の仇討、それは憤懣、悲憤、恨みの為せるところ、そこには、おそらく深いかなしみの相があるだろう、そしてその行為自体がかなしみの色調を帯びざるをえないのではないか、そんな考えから、「晋の予譲」の故事にまつわるいくつかの作品を見ていきたいと思います。

予譲については、後に詳しく述べますが、中国、晋の刺客で、主君の智伯《ちはく》を滅ぼした趙襄子《ちょうじょうし》を討とうと数度こころみるのですが失敗、最後には趙襄子の衣を刺して（刺衣、裂衣）恨みを晴らしたうえで自刃した、という説話が残り、我が国においても忠臣の鑑とされた人物でした。いまさてどれほどの人が予譲の名と説話を知っているか、しかし、予譲の名を知らずとも、「士は己を知る者の為に死す」の文句なら知る方もあろうかと思われます。

一　「予譲」を引く浄瑠璃・歌舞伎

義経千本桜　三段目鮓屋「晋の予譲が例を引き」――裂衣の一太刀

さて、その予譲が登場する、本稿タイトルに掲げた「晋の予譲が例を引き」の句は、浄瑠璃「義経千本桜」（一七四七年初演）、三段目の詞章からのものです。義経千本桜は、現在も人形浄瑠璃文楽や歌舞伎で盛んに上演される演目ですが、源平合戦の世界を取り上げ、平家滅亡後の源義経のたどった運命を描き、死んだはずの平知盛、維盛、教経がじつは生きていたという設定で物語が展開します。

ここで取り上げたのは、その三段目の切、「下市村鮓屋の段」、弥助として匿われている平維盛をめぐる物語で、鮓屋主人（元は海賊だったというのがオリジナルの設定なのですが、再演以降、当の「弥助鮓」からのクレームが出たのか、海賊に襲われた役人というまったく逆の設定に変わって今もその設定で上演されるのが通例となっています。弥左衛門が海賊であったことにはこの「悲劇」の根幹にかかわる重要なポイントがあるように思われるのですが……。そこはひとまずおくとして）弥左衛門の息子「いがみの権太」が維盛親子を助けようと活躍する段なのですが、結局は鎌倉の源頼朝の計らいで命を助かることになる維盛が、かなしみに暮れ怒りを込めつつ、その頼朝の召替え（着替え）の「陣羽織」を懐剣で刺して、亡くなった平家一門そのかなしみの恨みを晴らそうとする場面があります。

そこで語られるのが、冒頭の詞章、本稿タイトルの「晋の予譲が例を引き」です。少し長いですが、引用します。（義経千本桜・三段目、引用は『日本古典文学大系文楽浄瑠璃集』岩波書店より、読みやすさを考慮して一部表記を改めています。）

「生きて尽くせし忠義は薄く、死して身代る忠勤厚し。これも不思議の因縁」と、語り給へば、「テモさても、そんならこれも鎌倉の追手の奴等が皆仕業」「ホヽオ言ふにや及ぶ、右大将頼朝が威勢にはびこる無得心、一太刀恨みぬ残念」と、怒りに交じる御涙、「げにお道理」と弥左術門、梶原が預けたる陣羽織を取り出だし、「これは頼朝が着替へとて、褒美の合紋に残し置きし。ずたずたに引き裂いても、御一門の数には足らねど、一裂づつの御手向け。サア遊ばせ」と差し出だす、「ナニ頼朝が着替へとや、晋の予譲が例を引き、衣を裂いて一門の恨みを晴らさん、思ひ知れ」と、御佩刀《おんぱかせ》に手を掛けて、羽織を取つて引き上げ給へば、……

維盛は平家一門の恨みを晴さんと、「予譲の故事にならって」、頼朝の陣羽織を刺し裂こうとします。しかし物語は意外な方向へ進むのです。その陣羽織、衣を裂こうと見れば小野小町の歌、機知にとんだ返歌として著名な和歌の句、「内ぞゆかしき」としたためてある。衣を裂いて中を見れば、その内からは袈裟衣と数珠が出てくる。当初からの頼朝の計画は、出家させて維盛の命を助ける、それはかつて維盛の父重盛に命を助けられた頼朝の深慮、恩返しの計らいなのでした。そのことが語られる浄瑠璃の詞章の続きも引用しておきます。

羽織を取つて引き上げ給へば、裏に模様か歌の下の句、「内や床しき、内ぞ床しき、と二つ並べて書いたるは、アラ心得ず。この歌は小町が詠歌、『雲の上は、ありし昔にかはらねど、見し玉簾の内や床しき』とありけるを、その返しとて人も知つたるこの歌を、物々しう書いたは不思議。殊に梶原は和歌に心を寄せし武士、内や床しきはこの羽織の縫目の内ぞ床しき」と、襟際附際切り解き、見れば内には袈裟衣、数珠まで添へて入れ置いたは、「コリヤどふじや」「コハいかに」と、呆れる人々維盛卿、「ホウさもそふずさもあらん。保元平治のその昔、わが父小松の重盛、池禅尼と言ひ合はせ、死罪に極まる頼朝を命助けて伊東へ流人。その恩報《おんほう》じに維盛を助けて出家させよとの、鸚鵡返しか、恩返しか。ハア敵ながらも頼朝はあつぱれの大将、見し玉簾の内よりも心の内の床しや」と、衣を取つて、「これとても、父重盛の御蔭」と、戴き給ふぞ道理なる。

仇討ちに当人の衣を裂く、刺すということをする。その代表が「晋の予譲」であり、その故事になぞらえて平維盛も源頼朝の陣羽織を刺す、というのです。しかし頼朝の恩返しの真意、維盛を助命する意思のあることが、まさに衣を裂くことで出てきた袈裟と数珠によって示される。衣(陣羽織)を裂いて、衣(袈裟)が出てくるという設定にも作者の趣向の冴えを感じさせるところです。結局、維盛たちは助かるものの、それは父重盛の頼朝を救った遺徳によるといえることですが(先述のとおり重盛は権太の父弥左衛門も、海賊にせよ襲われた役人にせよ、助けていた訳ですが)、維盛たちを助けようとした権太のまさに命懸けの計画、それは不仲になってしまった父との和解を目指して、仕組んだ権太の計画、とどのつまり権太の死、その妻子の犠牲は、所詮無駄死であったことがわかるという悲劇……。

実のところ、筆者はながらく歌舞伎や浄瑠璃に親しみながら、この演目もたびたび見物しながら、なので浄瑠璃の文句としては知っていた(諳んじていた)のですが、よく調べもせずに今日までいたっていました。浄瑠璃・歌舞伎劇における「絵画」の役割について考えを進めるうち(この三段目では重要なアイテムとして重盛の肖像画が使われるのです)ようやくこの文句の考察にいたったのでした。この千本桜・鮓屋の物語は「絵姿」がつねに背後にあると思われます。すなわち絵姿＝小松内府重盛の肖像画、前段ではそれを用いて供養の場面があり、権太が重盛の肖像画を垣間見ることで、弥助を維盛(＝重盛の長男)かと見定め、父親との和解を目指して、維盛を助ける企てをするわけで、登場人物たちはその絵姿の見えない糸で操られるとみられるのです。そのときそれを際立たせる、あるいはそれを示唆するものとして「衣」(主要人物の持ち物、身に着ける物)が登場するという構図、趣向なのだと思われます。肖像画と衣服、絵と持物の対比、そこに今更ながらに気が付いた、というのが、実のところ本稿のモチーフ、出発点のひとつ、とまず種明かしを申し上げておきます。

仮名手本忠臣蔵　九段目山科閑居「唐土の予譲、日本の大星」――忠臣の鑑

さて、まず「衣を裂く」のが「晋の予譲」ですが、それによって予譲は「忠臣の鑑」とされたことが重要です。これも著名な浄瑠璃芝居「仮名手本忠臣蔵」(先の「義経千本桜」と同じ作者メンバーによる翌年、一七四八年、大坂竹本座初演の作品)、元禄期のいわゆる赤穂事件、赤穂義士の吉良邸討ち入りの物語ですが、その九段目、山科閑居の段。瀕死の加古川本蔵が大星由良助(史実の大石内蔵助です)に語る台詞にも「晋の予譲」が登場しています。

本蔵熱き涙をおさへ、「ハツア、嬉しや本望や。呉王を諌めて誅せられ。辱かしめを笑ひし呉子胥が忠義はとるに足らず。忠臣の鑑とは唐土の予譲、日本の大星。昔よりいまに至るまで唐と日本にたつた二人。その一人を親に持つ力弥が妻になつたるは、女御更衣にそなはるより、百倍まさつてそちが身は、武士の娘の手柄者。手柄な娘が婿殿へお引の目録進上」と懐中より取出すを力弥取つておし戴き、開き見ればコハ如何に、目録ならぬ師直が屋敷の案内いちいちに。玄関、長屋、侍部屋。水門、物置、柴部屋まで絵図に委しく書付けたり。由良助、はつと押戴き、「ヘツエありがたし。徒党の人数は揃へども敵地の案内知れざる故、発足も延引せり。この絵図こそは孫呉が秘書。我がための六韜三略。かねて夜討と定めたれば、継梯子にて塀を越え、忍び入るには縁側の雨戸はづせば直ぐに居間。ここをしきつてコレコレコレコレかう攻めて」と親子が喜び……

（仮名手本忠臣蔵・九段目、引用は、岩波文庫『仮名手本忠臣蔵』より、読みやすさを考慮して一部表記を改めています。）

何人も中国の武将や忠臣らの名が出てきて、当時の浄瑠璃作者の知識や作劇の拠って立つところが認められますが、「忠臣の鑑とは唐土《もろこし》の予譲、日本の大星。昔よりいまに至るまで唐と日本にたった二人」と、古今の忠臣の代表者は二名だけだ、と語られています。大石内蔵助（芝居では大星由良助）を持ち上げるために「予譲」が引き合いに出される訳ですが、「晋の予譲」が近世中期において、主君の仇討を試みた者の代表格、忠臣・義士の鑑とされていたことがわかります。今では逆に、「赤穂浪士・忠臣蔵」（ただしこちらすら、今の学生諸君には伝わらないことが多いのですが）の「大石内蔵助」と匹敵する、ということで逆にその当時の「予譲」の存在感をわかってもらえるでしょうか。

二　予譲の説話──「士は己を知る者の為に死す」

順序が逆になりましたが、その予譲の説話について改めて紹介しておきましょう。

予譲については、司馬遷『史記』(巻八十六、「刺客列伝」、第二十六)に記載がありますが、『戦国策』にもみえています(書物によって内容にいくぶんの異同がありますが、ここでは予譲説話を知っていただくという主旨のもと、概要としてまとめておきます。)

予譲は、中国の春秋時代(紀元前五世紀)の晋の刺客。没年は前四五三年。晋では、六卿とよばれた韓、趙、魏、范、中行、智氏が勢力をもった。予譲は范氏、中行氏に仕えたが相応に待遇されず(これが後で大事になります)、智伯からは「国士」として遇され尊重された(ここが大事です)。智伯は、韓、魏と共謀した趙襄子に滅ぼされ、頭蓋に漆を塗って酒杯にされるという辱めを受けた(前四五三年)。

予譲は逃亡し、主君の仇を討つ機会を待つことになります。(ここからの予譲のやり方が凄まじいのです。)

まず、受刑者に姿を変え、趙襄子の宮殿に入り込み、厠の壁塗りをしながら暗殺を企てますが、発覚して失敗。この時は趙襄子に義士と認められて許されることになります。(この命を狙われた側の趙襄子の態度も度量の大きさを感じさせます。)

二度目は、身体に漆を塗って病人を装い、炭を飲んで声を変え、橋の下で待ち構えるのですが、見破られてしまう(趙襄子の乗る車の馬が察した、といいます)。予譲はもはや逃れられないことを悟り、趙襄子からその上衣を所望し、これに三度剣で斬りつけることで仇討を全うし自刃して果てるのです。その生き様は真に忠義の士であるとされた、というのが予譲の説話の概要となります。

そして、こうした予譲に関して人口に膾炙するのは、次の文句だと思います。

「士《し》は己を知る者の為に死す」。

士たるものは自分の価値をわかって待遇してくれる人のために命も惜しまない、ということです。（今般テレビドラマで「私は武士の娘です」というフレーズが流行っているようですが、「士」たるものの矜持と責任、おそらく現代社会に希薄なそれ、に通ずるとしてよいでしょう。）ちなみにこの句にはその前と続きがあって、およそ全体を記すと、以下のとおりです。（繰り返しますが、趙襄子は予譲の主君智伯を滅ぼした仇です。）

趙襄子最怨智伯、漆其頭以爲飲器。
豫譲遁逃山中曰、嗟乎、士爲知己者死、女爲説己者容。
今智伯知我。我必爲報讎而死、以報智伯、則吾魂魄不愧矣。

【読み下し】
趙襄子《ちょうじょうし》、最も智伯《ちはく》を怨み、その頭《こうべ》に漆《うるし》して以って飲器《いんき》と為す。
予譲《よじょう》、山中に遁逃《とんとう》して曰く、嗟乎《ああ》、士は己《おのれ》を知る者の為に死し、女は己を説《よろこ》ぶ者の為に今、智伯、我を知る。我、必ず為に讎《あだ》を報いて死し、以って智伯に報ぜん。則《すなわ》ち吾が魂魄《こんぱく》、愧《はじ》ざらん、と。

「士は己を知る者の為に死し、女は己を説《よろこ》ぶ者のために容《かたち》づくる」、つまり「立派な男子であれば、自分の真価をよく知ってくれて、認めてくれた人のためなら死んでもよいと思うものだ。女性は、自分がそばにいると喜んでくれるような人がいれば、その人のためにお化粧をするものだ」と。前段はともかく、後段はちょっと現代社会では憚られそうな発言ですが、前段を説明するために後段を引き合いに出すわけで、女性は自分がそばにいると喜んでくれるような人がいればその人のためにお化粧をするものだ、それと同じように士は云々、という表現になっているわけです。このレトリックの是非はともかく、似たような意味で、「人生意気に感ず」という言葉もありますが、こちらこそもう古い観念でしょうか。だとするとこの文言（士は己を……女は……）、女性に関して憚られる以前に、士＝予譲の生き方そのものが今の時代には合わない、もしかすると語ることさえ憚られることなのかもしれません。

ともかくも、予譲は、自らを引き立ててくれた主人のために、艱難辛苦を厭わない、しかし結果は直接には敵討ちを果たすことはできなかったが忠臣の鑑として位置づけられていたのです。

三　予譲を描いた絵画――「予譲刺衣図」絵馬

我が国の近世期、予譲の説話や名前は、浄瑠璃に取り込まれているだけでなく、絵画や工芸意匠にもしばしば登場しています。ここでは絵画の作例をおもに見て行くこととしましょう。江戸の人々に、いかに予譲が知られた人であったかの一端を示すことになると思います。

図8-1　入江北嶺筆「予譲刺衣図」絵馬
東京・浅草寺

まず取り上げたいのは、おそらく最も著名な、――ここで著名なというのは、もっとも多くの人々に見られたであろう絵だからですが――、入江《いりえ》北嶺《ほくれい》筆「予譲刺衣図」絵馬です（図8-1）。東京の浅草寺に現在まで伝わるものです（ちなみに毎年春に恒例の特別公開で見学できます）。二五七・五×二〇二・八センチメートル、という大きな絵であって、詳細は後述しますが、天保十二（一八四二）年ころに奉納された絵馬（＝奉納扁額）で浅草寺の観音堂に掲げられていた数多くの奉納絵馬のひとつでした。『台東区文化財調査報告書第51集　浅草寺の絵馬と扁額』（台東区教育委員会、二〇一五）によれば、ヒノキ板に直接彩色、盛上彩色、金箔地。奉納者はこれを描いた画家本人、入江北嶺自身と門人寺□島洲ほかとされています（裏面に銘文あり）。絵馬本体には年代の記載ないのですが、額に貼った題箋《だいせん》に「入江北嶺筆　天保十二年」とあったといわれていますが、現在は確認できません。

図 8-2　狩野芳崖「予譲刺衣図」絵馬
慶応年間制作，明治 18（1885）年奉納銘　山口・下関住吉神社

予譲を描いた絵画の作例

さてこのほか、予譲を描いた絵画や造形作品は、古いところでは、絵巻形式で「程嬰杵臼豫譲繪巻」があります（九州大学デジタル画像に収められており狩野元信の絵巻の写し、模写かと考えられるものです）が、近世には、浅草寺同様、絵馬の作例が多く見られるのが特色としてあげられるでしょう。管見に及んだところを列記しておきます。

・滋賀　三井寺、紀楳亭筆「予譲刺衣図」絵馬、享和元（一八〇一）年
・大阪　道明寺天満宮、「予譲刺衣図」絵馬、江戸時代後期
・山口　下関住吉神社、狩野芳崖「予譲刺衣図」絵馬、慶応年間の制作、明治十八（一八八五）年

奉納銘(図8-2)

狩野芳崖(一八二八―一八八八)は、アーネスト・フェノロサとの関係や、狩野派の掉尾を飾るとして、近代日本画の祖のような位置づけの画家ですが、御用絵師をつとめた長州、下関には芳崖の手になる奉納絵馬がいくつも残されていることが知られます。その絵馬の画題には、山口県有形文化財指定の作例ですが、「繋馬図」(一八五六年、忌宮神社)、「武内宿祢投珠図」(一八六四年、忌宮神社)、「韓信股潜図」(慶応年間頃、忌宮神社)そして「予譲裂衣図」(慶応年間頃、住吉神社)などがあります。

なお、以下四点はいずれも、『台東区文化財調査報告書54浅草寺の絵馬と扁額』の「資料編Ⅰ江戸・東京の絵馬」に掲載されるものです。

・浅草寺「予譲刺衣図」(鈴木芙蓉、一八一六年以前)
・妙義社(亀戸天神境内御嶽神社)「予譲刺衣図」
・堀ノ内妙法寺「予譲刺衣図」(堤孫二、一七九九年)
・目黒蛸薬師堂(成就院)「予譲刺衣図」

こうした作例が数多くあったことでしょう。

このほか、青森県弘前・最勝院にも予譲の絵馬があったとの報告があります。六尺額、鳳山画と記録されていますが図様は不明です(「旅と伝説」三―一〇、三四号)。

埼玉・箭弓《やきゅう》稲荷神社の「予譲の仇討」絵馬は、趙襄子が馬上から上衣を予譲に与える場面です。

図 8-3　橘守国『絵本写宝袋』
享保 5(1720)年初板，明和 7(1770)年改修

最近筆者が知ったものとして、まだ実見できていないのですが、福島県いわき市の常勝院本堂の杉戸絵、いわき市指定の有形文化財に指定されて江戸時代後期の制作とされるもので、その二十四面のうちの二面が予譲説話を描いたもので、解説によると「馬に乗る貴人と従者、さらに剣を用いて衣を突き刺そうとする人物という奇異な場面が描かれている。この画題は晋の智伯の臣予譲の故事に基づいた予譲裂衣図と考えられる。」とあり、「奇異な場面」とされているところなど、現在でのこの画題の受け止められ方、端的にあまり知られていない状況をよく示しているように感じられます。同時にこの解説から推測するにおそらく、ここでの図様は、橘守国の絵手本『絵本写宝袋』（享保五（一七二〇）年初板、明和七（一七七〇）年改修）に所載の図様（図8-3）に近いものと思われます。

なおこの橘守国の絵手本の影響力は近世絵画史に看過できないものであって、北斎をはじめとする浮世絵や、ここで取り上げている奉納絵馬の図様の分析に欠かせないものということができるのですが、ここでのこうした予譲の図様（騎馬の趙襄子、その従者、衣を刺そうとする予譲。橋のた

もとでの場面）は、神社建築の浮彫装飾や日本刀の刀装具、三所物（小柄《こづか》、笄《こうがい》、目貫《めぬき》）にもしばしば見られるものです。ここから往時、いかに人々に知られた図様であったことがわかるでしょう。

言わずもがなとは思いますが、こうした絵馬や浮彫装飾、工芸品装飾などには、画題やタイトルを書き添えるということはまずありません。いわんやキャプションが付くということもありません。いわば「展覧会慣れ」してしまった私たちは、すぐキャプションや題箋、さらに解説文を探してしまう癖がついていますが、まずそれはない。逆に言えばつまり、絵馬に描かれているとか、工芸の題材に使われているということは、説明抜きに多くの人々にほぼ了解されるという前提がある、と考えてよいと思います。「みんな」の知らないものやこと、物語や人物では、こうした画題、題材にはなれない。そのみんなが知っている物事を、さて今回はどのように描くか、そこが作者の腕の見せ所であった、とするのがこうしたものたちの制作状況だったと考えるべきでしょう。近世文芸にいう、「世界と趣向」の関係に通じるところと思われます（ただし絵馬の解説書のようなものが刊行されるという一方の事情もあります。このあたりの詳細は今後の課題としたいと思っております）。

また近代絵画でも、橋本雅邦や平福百穂の作例が知られます。

橋本雅邦の「予譲」は油彩画で、明治十四年頃の作品です（川越市立美術館所蔵）。橋のたもとで衣を今まさに突き刺そうとする予譲の定型の姿、場面ですが、予譲が立身になっているのが他との違いです。川辺の芦や川水もリアルなタッチで描かれており臨場感ある舞台設定が特筆されるでしょう。そこに人物は予譲ひとりですが、そしてその予譲の姿は立ち身であるほかはこれまでの姿を踏襲するところで、眼光鋭く、頭髪は乱れ髭茫茫の顔貌、着衣の袖はひるがえり、といったどうやら粉本に定型を求めたもののようですが、そこに油彩独特の陰影に富んだ色彩表現が用いられて、ある種の凄味を感じさせる画面になっています。

近代日本画を切り開いた芳崖と雅邦に、ともに予譲の作例がある、一方は奉納絵馬で、片方は油彩画であるという対比もふくめて、興味深いところです。

さて、定型からどうも離れられない予譲の絵画ですが、平福百穂(一八七七―一九三三)の六曲一双屏風の作例にいたって、ようやく変容を見せます。これは大正六(一九一七)年の文展特選を得たもので、予譲が躍りかかって仇を討とうとするものの、車を引く馬が前足を高く跳ね上げて敵討は失敗に終わる訳ですが、そのシーンを描いたものです。これまでの絵馬の図様とは違うドラマの緊迫の一瞬を捉えたものです。これまでの定型とは違う図様創出を目論んだとみなしてよいでしょう。

本作品は、東京の永青文庫の所蔵するところとなっています。現在の公益財団法人永青文庫は肥後熊本の細川家歴代の歴史資料や美術品を収蔵するところですが、コレクション設立者である細川護立氏(細川家十六代、一八八三―一九七〇)は、日本の近代美術コレクターであって同時代の日本画家たちを支援し、作品蒐集したことでも知られています。この百穂の予譲の作品もそのひとつと言えるのですが、予譲の作品が細川家に伝来しているのは、これは流石にこじつけの誹りは免れまいとは思いますが、後に紹介する戦後の短編小説（山本周五郎『よじょう』、剣豪宮本武蔵が登場人物のひとり）とのつながりを私には思わせるのです。

画師・入江北嶺のエピソード——絵馬の評判を探る

浅草寺の予譲の絵馬を描いた入江北嶺（一八一〇—一八四三）という画師は、鈴木南嶺の門人。名は貫、通称は善吉。字は交長。江貫とも号した江戸後期の円山派の画人ですが、北海道に所縁のある人でもあるのです。箱館（函館）の生まれで、越後屋という袋物商の息子だったといい、幼少の頃より絵を好み、南嶺の絵を見てその絵を学びたいと思い、ついに妻子を残して、文政の末年ごろ江戸に行き本意を達し、北嶺と号したといいます。この予譲の絵馬の画風からもわかるように、また鈴木南嶺に師事したということからも知られるように、円山派の画法をよくしたことが伺われます。江戸では深川、のち天保六（一八三五）年に越中島に住んだことが知られます。享年三十四。法名は北嶺玄邦信士。墓所はもと西久保の俊朝寺にあったのですが、昭和六（一九三

図8-4　『現存雷名　江戸文人寿命付』初編（嘉永2年刊）に掲載された入江北嶺

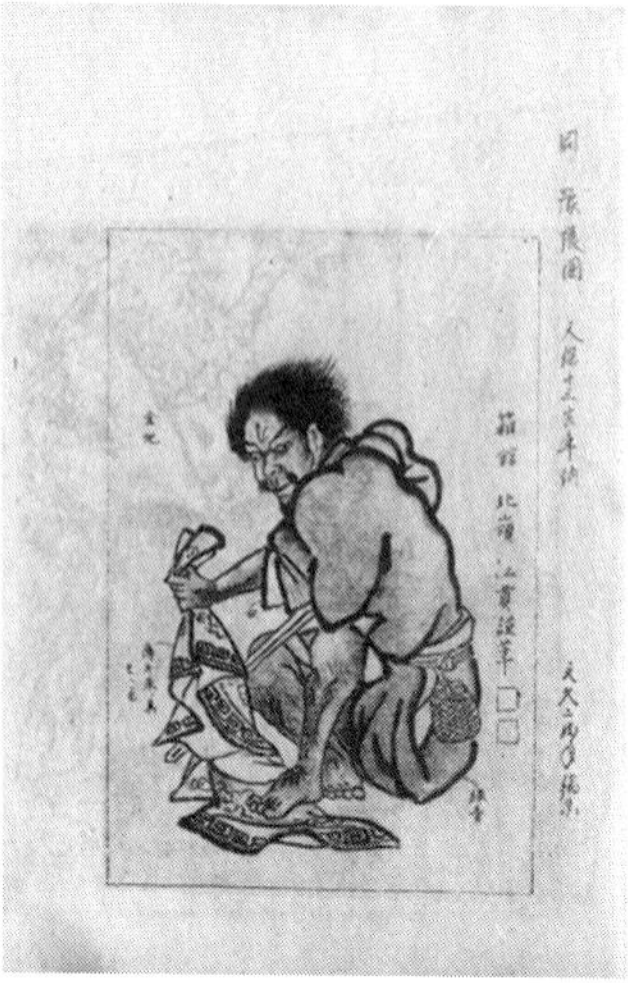

図 8-5 「予譲刺衣図」絵馬
『武江扁額集』(斎藤月岑編，1862 年刊)

一)年に現在の文京区白山の心光寺に移転しています(昨年、二〇一八年秋、筆者も伺うことができました)。

同時代の人名録等では、『江戸現在　公益諸家人名録』(天保十三年夏刊)に「画　北嶺　名貫、字交長、奥州函館人　深川新地入江善吉」として挙げられ、『現存雷名江戸文人寿命付』初編(嘉永二年刊)には「入江北嶺/文人の山をなしたる□□は外に類なき君かいさほし/極上々吉寿七百五十年/深川新地」と記されています(図8-4)。また近代の日本画家の結城素明による「北嶺江貫に就て」というその生涯や係累、経歴に関する詳細な調査報告があります(『掃苔』第三巻第十二号、東京名墓顕彰会、一九三四年)。

さて、いま天保十二(一八四一)年に浅草寺に奉納とされている「予譲刺衣図」絵馬は、『武江扁額集』(斎藤月岑編、一八六二年刊行)に掲載されているのですが、その当該頁においては(図8-5)、

「同(=浅草寺観音堂所掛)豫譲図　天保十三寅年納」

「函館　北嶺　江貫謹筆」「文久二戌年縮図」

とあって、天保十三(一八四二)年奉納とされています。
また裏面には「願主入江北嶺」と奉納者が北嶺自身であることも確認されていますが、北嶺はこの作品の世評を聞くため、三年間乞食にまじって本堂の周りで起き伏したという話が伝わっています。この話はそのもともとの出典は不明なのですが、三代目三遊亭金馬著『浮世だんご』、稲垣史生『江戸の面影』などにも記されていて、よく知られた話だったことがわかります。おそらく、事実とは違うのでしょうが、それが語り伝えられ、大方に受け入れられたということの方が重要であると思われます。

語り伝えられる北嶺のこの行動は、彼が描いた画題、絵に描かれた予譲の行動と似たところがあります。乞食になって、敵を付け狙った予譲と、乞食にまじって、絵の評判をそれとなく聴こうとした北嶺と。画題と絵師のエピソードがとシンクロするかのように、綯《な》い交《ま》ぜになって受け止められること、私には奇妙な符丁のようにも思われるのです。往時のかかる画家にとっては、一般の評判が何より大切であったこと、その切実さを思わせますし、逆にいえば、人々が求めた画家の姿、取るべき態度、おそらくはある種の奇なる人物像を求めたい欲求が、そこには示されているのかもしれません。

「絵馬堂」の概略――画廊としての絵馬堂

ところで、絵馬、というと現代では普通には、神社にお参りした時に見かける、あるいはお願いをする小さな絵馬を思い浮かべるでしょうが、神社や寺院の拝殿や本堂、また「絵馬堂」に掲げられた大型の扁額絵馬をご覧になったことがあるでしょう。「絵馬堂」で著名なのは、京都の北野天満宮の絵馬堂や、香川金刀比羅宮の絵馬堂、また京都清水寺本堂や奈良長谷寺本堂に掲げられた大型絵馬は、江戸時代の初めから作例ある、文化史上も美術史上も貴重なものです。わが北海道にも京都ほどには遡れませんが、十九世紀前半の優れた奉納絵馬が遺されていることが知られています（増毛町の厳島神社等）。武将、神話の物語、説話。勇猛な武将の像は好まれたようです。曽我兄弟の敵討ち、平家物語、太平記の物語説話、戦国の武将たち、桜井の子別れ、神功皇后の三韓征伐……。と書き連ねてみますが、これらの物語や登場人物の多くは、現代の一般の人々からは、遠い存在であることを思わずにいられません。就中、楠公の桜井の子別れや神功皇后の三韓征伐となれば話題にするのも何かと憚られる向きがあるやもしれません。

こうした大絵馬が掲げられた絵馬堂、絵馬舎（近世には「えまや」とルビがあることが多い）また絵馬や扁額がところせましと掲げられる観音堂は、いまでも北野天満宮や清水寺、長谷寺にも見るように、多くの人々が絵馬を見る／見せる、まさに画廊としての役割を果たしていたと言えると思います。

このことは、入江北嶺の描く「予譲絵馬」のお話にも深くかかわってくるので、ここで少し、絵馬堂のことについて触れておきます。正確にいうと、絵馬堂だけでなく奉納絵馬を掛ける観音堂など本堂もふくめてになりますが。現在も古い絵馬堂が、規模の大小を問わずにいえば、各地に遺されています。おそらくもっともよく知られているのが、京都の北野天満宮の絵馬堂でしょうか。その現在の絵馬所は、元禄十三―十四（一七〇〇―〇一）年の修復時の建築、もともとは慶長十三（一六〇八）年に豊臣秀頼により絵馬堂が造営されたものです。

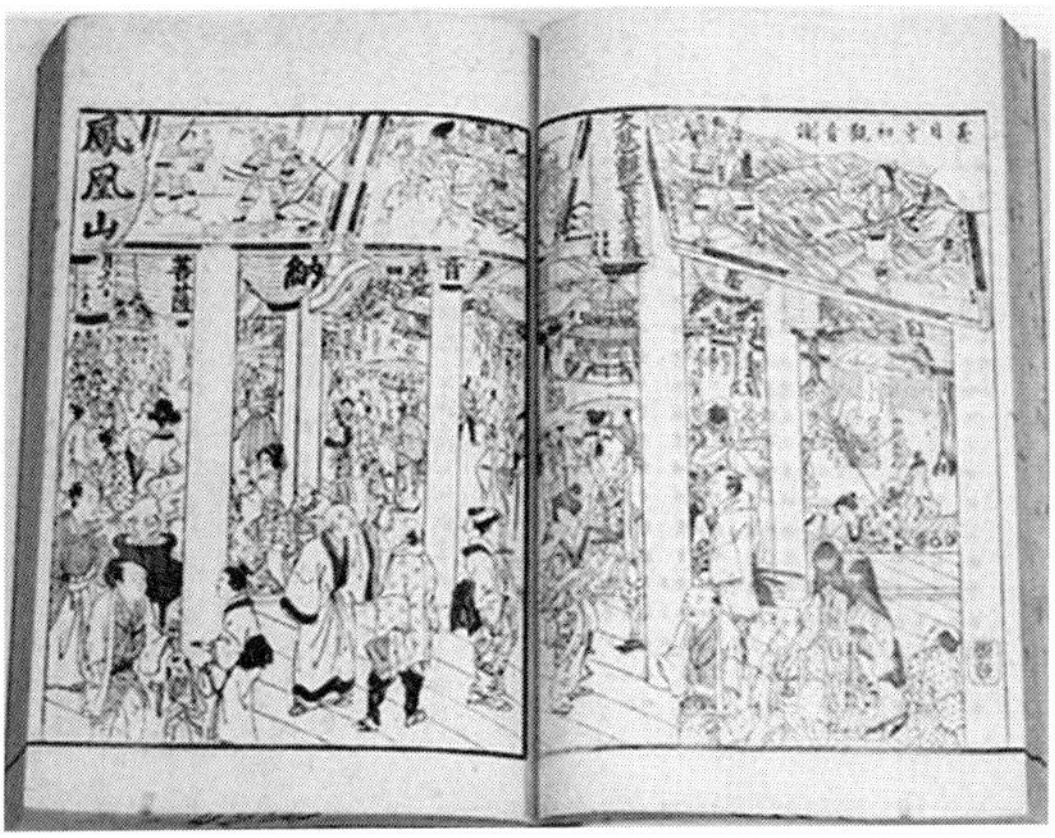

図 8-6　『尾張名所図会』「甚目寺初観音詣」天保 15（1844）年刊

　京都は比較的古い絵馬堂が遺されていて、以下、『京都の絵馬』掲載年表によるのですが、

・慶長十三（一六〇八）年　北野天満宮
・正徳年間（一七一一―一六）　藤森神社
・宝暦五（一七五五）年　御香宮神社、御霊神社
・宝暦年間（一七五一―六三）　安井金比羅宮
・寛政三（一七九一）年　今宮神社
・寛政九（一七九七）年　伏見稲荷大社

などがあります。

　現在浅草寺の奉納絵馬は宝物館で春の時期に展覧会が開催されて公開されていますが、もともとは絵

馬堂があって、また近代になっては本堂に多数掲げられていたことが知られています。またたとえば『尾張名所図会』に掲載される「甚目寺本堂」の奉納額、絵馬の掲げられる様子も同様なのですが（図8-6）、そこで絵馬の「絵解き」も行われていた、また絵馬をめぐっての批評も行われていたという記録が残されていることからも、北嶺が自分の絵の評判を聞こう探ろうとしたという前提には、こうした絵馬堂、絵馬をめぐっての状況があったことがわかります。

四　予譲説話の展開——落語・小説での変容

落語「指切り」＝「写真の仇討ち」——衣から写真へ

さて、北嶺の予譲絵馬にかんして、どうしても触れておきたいのは、この落語の噺「指切り」です。あらすじは、女（芸者）に振られた若い男（信次郎）が相手の女を殺そうとするのですが、伯父さん（もとは武士、なので若い甥も武士の血筋家系）に、浅草寺の入江北嶺の予譲の絵馬を引いて意見されまして、大切に持っていた女の写真を刃物で刺すと、血が出る、というものです。

以下、『林家正蔵集下巻』（一九七四年、青蛙房）から一部を引きますが、八代目正蔵（のちの彦六）の独特の口調での名演が彷彿としますぜひ声に出して読んでいただきたいと願うところです）。

……信次郎、話は違うが、あたしぐらいな年寄りになるとねェ、どうも仏ごころがおこるのかね、浅草の観音さまぃ毎度参詣に行くんだ。月に一ぺんは必ずお参りに行ってねェ、あの本堂の天井に額がたくさん揚がってるなァ。なんの某という人が描いたんだから粗末なものァ一枚もない、みんな傑作だァ。あの中でねェ、晋の予譲の故事を描いたのがあるがねェ、おまい知ってるかい？こんあことをおまいに言うのァ、釈迦に説法てえやつかもしれねえが、晋の予譲はねェ、自分の主人の智伯の仇を報じたいと思ってな、趙襄子の命を狙ったんだ。ひとたびやりそくなった捕えられた。趙襄子という人が大度量の人だから予譲をそのまンま許してくれた。これでも断念をしないで、今度は漆を塗って炭をのんで顔の相を変えて、乞食の姿になって橋の下に潜んでいた。……

別の題名を「写真の仇討」、「恨みの写真」、「写真の指傷」というのですが、ここでの「指切り」というタイトルが、すでにサゲをばらしているパターンで、約束の指切り拳万《げんまん》ではなくて、いやたしかに約束の意も響いてはいるのでしょうが、ほんとに指を切ってしまったのです。解説の類を読みますと、「一枚起請」、「写真廼仇討」がもとになっている、とあります。私としては、ここでの変容、予譲の「裂衣」、から「起請」、「写真」という違いに注目したいのですが、それは後に申し上げたいと思います。

（ちなみに、詳細はいまだ調査中なのですが、この噺は、戦後ＧＨＱの指令で自粛した演題のひとつとされているようです。歌舞伎の方で「忠臣蔵」や「寺子屋」などの演目、忠君愛国とか我が子を犠牲にして主君に尽くすとかの内容の芝居が上演できなくなったこと、その後の顚末は有名ですが、落語にも似たようなことがあったのです。

さて、そのもとになった「写真廼仇討《しゃしんのあだうち》」（人情噺「開明奇談 写真廼仇討」（明治十九年、二代目五明楼玉輔、全四十段））です。その概要は、西洋医術や写真術を学んだ松木彦之丞が、父を毒殺した長崎屋与市（霞小僧伝次）に復讐しようと狙ったものの明治政府の仇討禁止令で果たせず、妹の身請け金を肩代わりすることで罪を許して、ナイフで写真を刺し、晋の予譲に倣い、自分の孝道を貫くという筋立ての人情噺でした。そこに古くからある「一枚起請」を結び付けたものと考えられます。「一枚起請」は、現行の「写真の仇討ち」と筋はほとんど同じなのですが、男の突くものが女郎の起請文であるところが異なっています。

予譲の説話はこのように落語の世界でも扱われて、そこは落語のことですから、悲劇的な内容は、最後は可笑しみのサゲになります、落語の落語たるゆえんでしょう。しかし筆者が重要だと考えているのは、これが「写真」を用いている、ここでは、相手の女性、振られた憎い女ですね、そのおそらく顔写真かあるいは半身全身の肖像写真であること。これはあの予譲の説話がもつ内容や示すあり方から、あえていえばその世界観からは、離れていることがおわかりいただけるかと思います。すなわち、衣服から写真へ。

予譲の絵馬（そうです、浅草寺の、我々の見たあの絵馬そのものです）を引き合いに出して、伯父さんが甥っ子に意見します。ここでは予譲からは二重に違うわけですね。大人の伯父さんは、相手を殺して自分も死ぬなんて馬鹿なことはするものではない、それどころか、そんなことを思うだけでもいけないことだ、と諭すわけで（もちろん常識としては当たり前の態度です）、そこで何か相手に関係する物があるだろう、相手からもらった物とかはないのか、と甥に尋ねます。この段階で伯父さんは、相手の女の持っていたもの、所縁の品、それこそ身に着けていた物などを、晋の予譲よろしく突き刺して斬って恨みの心を晴らせ、という肚積もりであったと思います。しかし、甥は何ももらってない、女に関係するものはないと言い、でもそれなら、と言って出してきたのが、「写真」でした。それに対して伯父さんは（やはり先の『正蔵集』からですが）、

「写真？　それァ結構だねェ、むこうの姿が映ってる、え？　その写真によって復讐をしたらいいだろう」

と言います。ここに、伯父さんの肚積もり、すこし軌道修正していますが、でも伯父さんも写真の方がより良いと思ったかどうか。ここは難しいところではあるのですが、いずれにせよ予譲の説話からは大きな違い、変容を認めておかねばならないと考えています。

その後、甥の信次郎は（別の音源資料からですが）

「やい小照、貴様ァ殺して俺も死のうと思ったがな、伯父さんのご忠言によって、貴様を、晋の予譲の故事になぞらえて、写真によって成敗してやるから、そう思えッ」
「ワッ、一心だ、血が出たよ」
「へェッ、指を切ったんです」

となっています。サゲの可笑しみはさておき、ここで信次郎は、台詞には、「晋の予譲の故事になぞらえて」と言っていますけれども、「写真によって成敗」といい、相手の女の「写真」を刺すのです。ここでは写真、相手の姿がそのまま写っているものです。予譲の元の説話「衣を刺す」は、浄瑠璃歌舞伎の「義経千本桜」三段目では踏襲されていました。（相手＝仇、千本桜では、平氏を滅ぼした源頼朝、敵の度量の優れることもまた継承され示されていました。衣を刺し、裂いてみれば、仇の真意、恩義ある人に所縁の者の命を助けるという意がわかる、ということになっていたのでした。）しかしこの落語では、同じように、「晋の予譲の故事にならい」「晋の予譲の例を引き」といいながら、衣から写真へという変化があります。そして、言うまでもないでしょうが、私たちにとっては、相手＝仇の写真（肖像写真）への斬り付けの方が、その人の衣服（持ち物）への斬り付けよりも、恨みを晴らす方法として、よく理解でき、共感できるのではないでしょうか。
ここに至って、予譲の説話は、この今のわれわれの常識を、裏側から照射して意識化してくれることになる、ともいえるでしょう。われわれは、写真や肖像画、いうところの「イメージ」とその人を同一視することに慣れている。もし、ある人の持ち物を、その人と同一視、ないしはその代替品とみれば、それはすなわち「フェティッシュ」なことで、慎重に申し上げて、そこには多少の異常ささえ予想させることになるかもしれない。つまり、私たちを「フェティッシュ」的なものと「イメージ」的なものの相違、区別、対立から、あるいは、並立、相互依存の関係考察へと誘うことになるのではないか、と思われるのです。

山本周五郎「よじょう」——予譲からよじょう？へ

もうひとつ、予譲の説話の変容についてご紹介します。

山本周五郎（一九〇三—一九六七）の「よじょう」（一九五八年）という短編小説があります。かつてテレビドラマ化もされたようですが、近年商業演劇の舞台劇化もされています。そのタイトルは「ほら吹きと武蔵」。原作のタイトルは平仮名で「よじょう」です、決して校正ミスではありません。なぜ平仮名か。これは父を殺した宮本武蔵を乞食になって父の敵とねらうことになる岩太の物語なのですが、周りの人々は予譲の故事を知っているが、主人公は知らない、という状況が引き起こす誤解の事態。そこでタイトルもひらかなで「よじょう」。主人公岩太が予譲の故事を知らないのと同様、この小説の読者の多くも「予譲」を知らない世代、昭和三十年代初めですが、もうそういう時代になっていたことを示すものかと思います。（だから私たち平成令和時代に予譲を知らないのは当たり前としてよいでしょう。）

そのあらすじを原文を引用しながら紹介します。

ある包丁人が熊本城内の廊下で宮本武蔵に切り殺されます。その包丁人には不良息子の岩太がおり、岩太は、兄に勘当され、乞食になることにします。路傍の小屋で乞食を始めると、何をどう勘違いしたか、見ず知らずの人まで金や食料をくれるようになるのです。周りの人たちは岩太が父の仇を討とうとしていると勘違いしているのです。そうです、「晋の予譲」の顰《ひそみ》に倣っていると思われていたのです。もちろん岩太にその気はさらさらないのに、です。果ては宮本武蔵自身まで、朝夕二回、小屋の前に来て突っ立っていく。わざとらしく、かかってくるなら来い、というそぶりを見せるという事態にまでなる。

そうするうち岩太のところに武蔵の従者が来て、病気療養中の武蔵が亡くなったことを伝える。

以下原文引用します。


「ついては、主人からそこもとへ、贈物があるのです」

侍はふり返って、挟箱をあけ、中から一枚の帷子を取出した。水浅黄に染めた生麻の帷子であった。それはいつもあの人が着ていた、あの裾の長い帷子であった。

「主人が臨終に申しますには」と侍は云った、「――この二天(引用者註、宮本武蔵の号)を父の仇とつけねらう心底あっぱれであった、討てるものなら討たれてやるつもりだったが、その折もなく自分は病死する、さぞそこもとには無念であろう、しかし今やいかんともなし難い、身につけた着物を遣わすゆえ、晋の予譲の故事にならって恨みをはらすよう、とのことでございました」

（中略）

「ふん、死んじまったのか」岩太は帷子を眺めまわした、「死んじまって、そりゃまあしようがねえが、なんでえこりゃあ、へんなまねをするじゃあねえか、これをどうしろってんだ、形見に呉れるとでもいうのかい」

彼は頭を掻いた。

「——待てよ、いま妙なことを云やあがったぞ、よじょうの故事にならってどうとか、……そうだ、よじょうの故事にならって、恨みをはらせってやがった、慥かにそう云やあがったが、……よじょうたあなんでえ、よじょうたあ、わけのわからねえいかさまみてえなことを云やあがって、これをどうしろと、……おっ」

（原文引用終わり）

ことほどさように予譲の故事を知らない岩太に、その内容と武蔵の行為の意味を、そののち見廻り組支配の役人が教えてくれることになります。そのあとの原文を引用します。

　岩太は小屋の中にとび込んだ。とび込んで、帷子を放りだし、ひっくり返って笑いだした。

「あのじじいめ、あの見栄っぱりのじじいめ、死ぬまで見栄を張りやがった、死ぬまで」彼は笑って咳きこんだ。「――よじょうの故事、死ぬにも唯は死ねねえ、こんな気取った見栄を張りやがって、あのしゃっちょこばった恰好で……こいつあ堪らねえ、苦しい、助けて呉れ」

岩太は悲鳴をあげた。それでも笑いは止まらなかった、彼は小屋の中を転げまわった。

隈本城下の京町に『よじょう』という旅館が出来た。その家には宮本武蔵の帷子があって、望みの客には展観させた。帷子は水浅黄に染めた生麻で、三ところ刀で裂かれていた。(中略)旅館の名は(中略)その帷子のために、人人は『よじょう』と呼ぶようになった。さしたる仔細はない。そのために旅館は繁盛していた。

ここには、武士社会の建前を痛烈に揶揄した作者の視点があるように思われます。とくに武蔵の行為態度に関する皮肉なことは、おそらく、吉川英治描くところの武蔵像に対するアンチテーゼと位置づけることも可能でしょう。予譲の故事は、あの忠臣の鑑とされた英雄は、ここでは、「よじょう」とされて、これまでのそうした価値を裏側から照らし出すための、そして笑い飛ばし、ひっくり返すための、いわば戯画として用いられているといえるでしょう。

五　まとめに代えて――晋の予譲の例からの絵画論へ向けて

「かなしみ」に根ざして敵を討とうとすること、それを立派な行為、正しい心柄だとして、受け入れ応援してきた精神性というものが、日本のある時期まで、前面に全面に認められるのではないでしょうか。そのとき、おそらく、大切なのは、「士は己を知る者の為に死す」、己を知ってくれる人のために命を懸ける、ということ、これが前提にあるようです（逆に言えば、命を懸けられる人こそが、「知己」ということになるでしょう）。

本稿では、「晋の予譲の例」をめぐって、いくつかの話題に触れてきました。「かなしみ」からは、一見遠のいたかもしれません。説話自体も絵馬も浄瑠璃芝居も、しかしながら、いずれもが、深い悲しみに彩られていると感じるのは私ひとりではないと信じます。もし私ひとりなら、それこそが世に入れられない悲しみになるでしょうから。予譲そのものの説話、生涯、艱難辛苦ののち敵討ちが結局は不成功に終わった。しかし、見事に趙襄子を討ち果たし成功していればそれでかなしみは消えたのでしょうか。失敗してしまったことで、この説話を残して、これまでの長い年月予譲は語り継がれてきた訳ですが、それは永遠にかなしみを結晶化してしまうことになったかもしれません。

一方で話題にした「絵馬」は、そして絵馬に予譲が選ばれることは、どのような意味を持っているでしょうか。絵馬は、大願成就⇕命懸けの祈願、それは今では想像のつかないような祈りの力、いままでは思いもよらないこともある（雨乞いや出産安産、航海の安全、武運長久）のですが、裏返して言えば、いずれも「かなしみ」に土台を持つ、端を発する事柄、いまのかなしみから逃れたい、これからくるかなしみを避けたい、かなしみからの逃避への切実な願望といってよい状況に基づくことを忘れてはならないでしょう。そう気安くあれほどの絵馬を奉納したわけではない。だから絵師にとってはその描く絵の評判が命より大切、であるからこそ絵馬を奉納して、その絵馬の評判を聞き届けたい、それも上面のお世辞の言葉でなく、本当の声を聴きたい、そう願って北嶺は乞食に身をやつして本堂に寝起きした、という、この話が、真実味をもって受け止められたのだと思います。そんなの作り話だよ、というのは容易い。しかしその話がいかにもそうかもしれないと、言い伝えられてきたこと、予譲の物語と、絵師北嶺の行動が、シンクロして綯《な》い交《ま》ぜになって、語り伝えられていること。そこに私はおおいに興味を抱かざるを得ないのです。

これはすなわち、いままたこれから、かなしみこそが人が生きて行く上での常態（常の状態）であるのだと示して余りあるように思われます。

ここまで、「晋の予譲の例」を引くなかで、私が関心を持っています絵画や美術史を論じる上でも、いくつかの問題点、着眼点が見えてきたように思われます。いまだ考察がいたらず、問題提起、いわんや問題整理に終わってしまいますが、今のところ考えていることを述べて今回のまとめに代えさせていただきます。

（1）予譲を描いた著名な絵馬（浅草寺の入江北嶺作）をめぐって、まず「絵の評判と絵馬堂の画廊的性格」の問題があります。

①予譲説話自体の評価の問題としては、忠臣義士の鑑であったわけですが、それが近世絵馬の画題に好まれたこと、その他の画題も含めて（それらが、現代では私たちからまことに縁遠い存在になっているものがほとんどであることも含めて）近世期の大絵馬扁額の画題の傾向の問題につながることになるでしょう。

②同絵馬の評判、それは絵馬堂の画廊的性格の問題とリンクすること。
絵馬堂や観音堂の絵馬群は、いわば常設されて多くの人々の眼に触れる画廊の役割を果たしていたと考えられます。人々のイメージの共有と批評の問題がつながることになります。

③絵馬の絵の内容と、絵師の行動がシンクロする説話で語られること。
乞食になって主君の敵を付け狙う予譲、その予譲を描いた絵馬の評判を知ろうと乞食に交じって本堂で起き伏しする絵師の行動、またそうしたエピソードを受け止める人々の欲求は、いわゆる「芸術家伝説」の問題につながるでしょう。そしてそれが、絵馬堂というギャラリーを舞台に展開していることは、美術展覧会やミュージアムを論じる立場にも大いに示唆を与えるものと思います。

（２）予譲説話の展開、変容にかんしては、やはり、「フェティッシュ的ものとイメージ的なもの」の相違、対立、あるいは相互作用の問題があります。予譲の故事の展開、衣から絵像、写真へというのは、美術史における聖遺物とイメージ（触覚と視覚の問題）のテーマにつながる訳ですが、絵馬ということを思い起こせば、そもそも馬から絵馬へという変容あるいは展開があった訳で、つとに

「懸絵」と「絵馬」の関係を論じた柳田国男の指摘にもさかのぼることでもあるはずです。ということで、今回の結論としては、聖遺物からイメージへ、視覚と触覚の問題、「フェティッシュ的ものとイメージ的なもの」の問題を念頭にした絵馬の考察が課題に浮上して来ました。どうやらちょっと話が理に落ちたので、最後の蛇足あるいは今回の教訓。

日頃、恨みに思う人があれば、その人の衣服か持物を刺しましょう。一念は、きっと、通じるはずです。「晋の予譲の例を引いて」の教えですから。ただし間違って自分の指は突かないように。

読書案内

岩井宏實『絵馬』(ものと人間の文化史12、法政大学出版局、一九七四年)絵馬研究の第一人者であった岩井氏の編著は数多いが、そのなかでも代表的な絵馬研究でありいまだに必読の基本文献。同氏の『絵馬に願いを』(二玄社、二〇〇七年)は全国各地の小絵馬の写真図版が多く見て楽しい。

須藤功『大絵馬ものがたり』全5巻(農山漁村文化協会、二〇〇九年)日本各地の社寺を訪ねて大絵馬を調査撮影、写真図版を主題別、画題別に収めている労作。第一巻「稲作の四季」、第二巻「諸職の技」、第三巻「祈りの心」、第四巻「祭日の情景」、第五巻「昔話と伝説の人びと」。奉納大絵馬は、美術品であり歴史民俗資料であるとして、そこに地域の人々の営みや思いを読み解いていく。

木下直之『近くても遠い場所——一八五〇年から二〇〇〇年のニッポンへ』(晶文社、二〇一六年)木下氏の著作はいつも、これまでの「美術」の見方に、その強張った常識に風穴をあけてくれるが、本書では、見世物、絵馬堂、美術館、動物園、城などについて語り、とくに第四章にある「仏像を拝まなくていいの?」でのミュージアムと仏像と絵馬との関係は、現代の日本のミュージアム論に重要。

にわかの令和萬葉ブームの昨今ですが、大伴家持がいわゆる万葉仮名で、「恋《こひ》」に「孤悲」と当てるというのはご承知のことと存じます。これを初めて知った学生時代、私は、恋をひとりかなしむ、としたこの用法に、いたく、深く、思うところがありました。そんなことがどこかで影響していたのかもしれませんが、本書のもととなった公開講座は、「はしがき」にも言いましたとおり、前回の「恋する人間」、前々回の「悩める人間」につづいて、「〇〇する人間」はどうだろうということで検討されたこともあって、A先生からの提案された、「かなしみ」、それをここでは平仮名表記とすることで、漢字の意味に縛られない広がりを持たせたいという案に意見一致を見たのでした。

また検討のなかでA先生からは、竹内整一著『かなしみの哲学――日本精神史の源をさぐる』(NHKブックス、二〇〇九年)が示されて、いわば参考文献となりましたが、そこから得られたかなしみの位相は、すなわち、「かなしみ」は、自分の力の及ばないところ、自分の力の限界、もう少し広げていえば人間の力の及ばないところ、限界を知るときに立ち現われ、その時初めてそれを通して、無限なるものに接する途が開かれる、ということかと思われました。

翻って、本書に紹介され語られた様々の「かなしみ」もまた、いずれもが、自分の力を越えるもの、人間の力の限界を示すことであった、といえるでしょう。それは、逆にいえば、人間だから有限な存在だから、かなしむのであって、神や仏、悟りの境地ではかなしみはありえない、少なくとも無限な存在にかなしみはなじまない、ということになりますでしょう。

私たちにとって、かなしみは、文字どおり、かなしい、つらい、できることなら避けたいことです。しかし、私たちが有限の人間であることは越えられない絶対条件なのであって、それを自覚できるためには、かなしみを契機とするしかないだろう、私たちは、どうしてもそこから始まらねばならないはずです。

そのとき、有限なる人間、――ここまで来ればもうこういってもよいと思いますが、「かなしむ人間」――、の採るべき道は、あるいは為せることは、私たち人文学の立場からすれば、ただ、虚心に、眼の前にあるもの（資料、史料、データ、作品……）に瞳を凝らすこと、現場の声に耳を澄ますこと、それらをとおして、そのかなしみという状態を見つめ直し問い直し捉え直し続けることでしかないのではないか。この本書のいずれも誠実な論考に記された言葉、すなわち、問題の発見・検討、史料の吟味、現場の声を聞き、そして読み解き、考え直す……隠れた物語の掘り起しといった論者の姿勢からは、自分、人間の力を越える状況にいることに気付いた時の、人間の取るべき態度と姿勢、身の処し方、心の運び方、――平たくいうならば、生き方――、それがどのようなことであるか、あらねばならぬか、それを、決して声高にではなく、ひそやかに、示し諭しているように思われます。

かなしみは、あるいは悩み、恋も同様に、おそらく、いや間違いなく、人間であるからこそそのあり方、すなわち人間であることの証であって、であるからこそ、そのことを考え続け已むことをしない、より正しくいえば、已める訳にはいかない、それが私たちの「人文学」の基盤であり目標であり、あるいは「真面目」であるのかもしれません。

なお、私たちのここ十年ほどの公開講座のテーマには、「笑い力」「老い翔る」「ごかい・誤解?・」「生物という文化を探る」「旅と交流」「食と文化」「時間の不思議」「空間に遊ぶ」「悩める人間」「恋する人間」、そしてこの「かなしむ人間」があり、それにもとづいて文学研究科ライブラリ(本書より文学研究院ライブラリ)のシリーズとして刊行されています。今回、興味を持たれた方はこれまでの刊行物もぜひとも手に取っていただきたく思います。

最後になりますが、本書を出版するにあたり、今回も北海道大学出版会の佐藤貴博さん、また研究推進室の森岡和子さんにたいへんお世話になりました。ここに記してお礼を申し上げます。

編　者

執筆者紹介（執筆順）

林寺正俊（はやしでら　しょうしゅん）　一九七一年生、北海道大学大学院文学研究科博士後期課程修了。博士（文学）。現在、北海道大学大学院文学研究院准教授（宗教学インド哲学研究室）。著書に『中部経典Ⅲ（原始仏典第六巻）』（共訳、春秋社、二〇〇五年）、論文に「『三法度論』における教理の展開」（『日本仏教学会年報』第七九号、二〇一四年）、「日本古写経本『三法度論』の成立――「三法度経本」の編集とその動機」（『東アジア仏教研究』第一三号、二〇一五年）。

谷古宇尚（やこう　ひさし）　一九六五年生、東北大学大学院文学研究科博士課程満期退学。現在、北海道大学大学院文学研究院教授（芸術学研究室）。著書に“The Last Judgment in the Cathedral of Fidenza and the Eschatological Images in the Franciscan Context,” in B. Mulvaney, B. R. Franco (eds.), *The World of St. Francis of Assisi*, Siena, 2017（分担執筆）、論文に“The Formation of Landscapes in the Sakhalin and Kuril Islands,” *Actual Problems of Theory and History of Art*, 8, 2018; “La rappresentazione del mare nell'arte francescana,” *Hortus Artium Medievalium*, 22, 2016.

阿部嘉昭（あべ　かしょう）　一九五八年生、慶應義塾大学法学部法律学科卒。博士（文学）。現在、北海道大学大学院文学研究院教授（映像・現代文化論研究室）。著書に『黒沢清、映画のアレゴリー』（幻戯書房、二〇一九年）、『平成ボーダー文化論』（水声社、二〇一五年）、『換喩詩学』（思潮社、二〇一四年）。

笹岡正俊（ささおか　まさとし）　一九七一年生、東京大学大学院農学生命科学研究科単位取得退学。博士（農学）。現在、北海道大学大学院文学研究院准教授（地域科学研究室）。著書に『資源保全の環境人類学——インドネシア山村の野生動物利用・管理の民族誌』（コモンズ、二〇一二年）、『東南アジア地域研究入門』（井上真編、分担執筆、慶應義塾大学出版会、二〇一七年）、『森林と文化——森とともに生きる民俗知のゆくえ』（蛯原一平・斉藤暖生・生方史数編、分担執筆、共立出版、二〇一九年）。

吉開将人（よしかい　まさと）　一九六七年生、東京大学大学院人文科学研究科博士課程中退。博士（文学）。現在、北海道大学大学院文学研究院教授（東洋史学研究室）。著書に『中国の歴史——東アジアの周縁から考える』（濱下武志・平勢隆郎編、分担執筆、有斐閣、二〇一五年）、『旅と交流——旅からみる世界と歴史』（細田典明編、分担執筆、北海道大学出版会、二〇一五年）、『北方を旅する——人文学でめぐる九日間』（北村清彦編、分担執筆、北海道大学出版会、二〇一〇年）。

橋本　雄（はしもと　ゆう）　一九七二年生、東京大学大学院人文社会系研究科単位取得退学。博士（文学）。現在、北海道大学大学院文学研究院准教授（日本史学研究室）。著書に『中華幻想——唐物と外交の室町時代史』（勉誠出版、二〇一一年）、『NHKさかのぼり日本史　外交篇 7 室町 〝日本国王〟と勘合貿易』（NHK出版、二〇一三年）、（編著書）村井章介・橋本雄ほか編『日明関係史研究入門——アジアのなかの遣明船』（勉誠出版、二〇一五年）。

冨田康之（とみた　やすゆき）　一九五八年生、名古屋大学大学院文学研究科博士後期課程単位取得退学。博士（文学）。現在、北海道大学大学院文学研究院教授（日本古典文化論研究室）。著書に『海音と近松——その表現と趣向』（北海道大学出版会、二〇〇四年二月）、論文に「『鑓の権三重帷子』考——「悋気」と「よい男」のモチーフを辿って」（『北海道大学国語国文研究』第一五一号、二〇一八年六月）、「『女殺油地獄』考——与兵衛はなぜ蚊に喰われたか」(『日本文学』六四巻(一〇号)、二〇一五年一〇月)。

鈴木幸人(すずき ゆきと) 一九六六年生、京都大学大学院修士課程美学美術史学専攻修了。現在、北海道大学大学院文学研究院准教授(博物館学研究室)、著書に『太宰府系天神縁起絵の世界』(共著、財団法人太宰府顕彰会、二〇一二年)、論文に「金沢・崇禅寺の天神縁起絵について――「版本」「扁額」の天神縁起絵」(『北海道芸術学会紀要芸術論評』九号、二〇一七年)。

〈北大文学研究院ライブラリ 17〉
かなしむ人間
——人文学で問う生き方

2019年8月30日　第1刷発行

編著者　鈴 木 幸 人

発行者　櫻 井 義 秀

発行所　北海道大学出版会

札幌市北区北9条西8丁目 北海道大学構内(〒060-0809)
tel. 011(747)2308・fax. 011(736)8605 http://www.hup.gr.jp

㈱アイワード

ISBN 978-4-8329-3404-7

「北大文学研究科ライブラリ」刊行にあたって

このたび本研究科は教員の研究成果を広く一般社会に還元すべく、「ライブラリ」を刊行いたします。これは「研究叢書」の姉妹編としての位置づけを持ちます。「研究叢書」が各学術分野において最先端の知見により学術世界に貢献をめざすのに比し、「ライブラリ」は文学研究科の多岐にわたる研究領域、学際性を生かし、十代からの広い読者層を想定しています。人間と人間を構成する諸相を分かりやすく描き、読者諸賢の教養に資することをめざします。多くの専門分野からの参画による広くかつ複眼的視野のもとに、言語と心魂と世界・社会の解明に取りくみます。時には人間そのものの探究へと誘う手引きとして、また時には社会の仕組みを鮮明に照らし出す灯りとして斬新な知見を提供いたします。本「ライブラリ」が読者諸賢におかれて「ひとり灯のもとに文をひろげて、見ぬ世の人を友」(『徒然草』一三段)とするその「友」となり、座右に侍するものとなりますなら幸甚です。

二〇一〇年二月

北海道大学大学院文学研究科

北大文学研究院ライブラリ

1 言葉のしくみ —認知言語学のはなし— 高橋英光 著 四六・三二四頁 定価一六〇〇円

2 北方を旅する —人文学でめぐる九日間— 北村清彦編著 四六・二七八頁 定価二〇〇〇円

3 死者の結婚 —祖先崇拝とシャーマニズム— 櫻井義秀 著 四六・二九二頁 定価二四〇〇円

4 老い翔る —めざせ、人生の達人— 千葉 惠編著 四六・三三二頁 定価一八〇〇円

5 笑い力 —人文学でワッハッハ— 千葉 惠編著 四六・二一八頁 定価一八〇〇円

6 誤解の世界 —楽しみ、学び、防ぐために— 松江 崇編著 四六・三二六頁 定価二四〇〇円

7 生物という文化 —人と生物の多様な関わり— 池田 透編著 四六・三三二頁 定価二八〇〇円

8 生と死を考える —宗教学から見た死生学— 宇都宮輝夫著 四六・二六〇頁 定価二〇〇〇円

〈定価は消費税含まず〉

北海道大学出版会